엔지니어가 알아야 할
생산관리시스템의
'지식'과 '기술'

이시카와 카즈유키 지음 | 오영택 감역 | 황명희 옮김

BM (주)도서출판 성안당

エンジニアが学ぶ生産管理システムの「知識」と「技術」
(Engineer ga Manabu Sesankanri System no Chisiki to Gijyutsu : 6267-6)
© 2021 Kazuyuki Ishikawa
Original Japanese edition published by SHOEISHA Co.,Ltd.
Korean translation rights arranged with SHOEISHA Co.,Ltd. through Eric Yang Agency, Inc.

Korean translation copyright © 2022 by Sung An Dang, Inc.

▍많은 제조업에서 생산관리시스템 재구축이 필수가 되었지만

제조업의 생산 과정에서 관리 업무 형태가 날로 복잡해지고 있다. 제품의 기능과 제조 방식이 고도화되고 원재료와 부품을 조달하기 어려워짐에 따라 생산 관리의 난이도가 높아지고 있다.

판매와 조달도 글로벌화되어 물건의 움직임이 다이내믹해졌다. 고객의 요구는 갈수록 높아지는 한편 제품의 판매 수요는 급격하게 변동한다. '만들면 팔리는 시대'는 이제는 옛말이 됐다. 서플라이 체인의 공급 능력도 그때그때 변동하고 조달 리드타임도 장기화하고 있다. 현장에서는 인력이 부족하고 개선 활동도 한계에 달했다. 트럭도 부족하고, 물류에 병목 현상이 발생되고 있다. 이런 이유에서 공장 내외의 조직과 복잡하게 얽힌 고도의 관리 기술이 필요해진 것이다.

일본의 제조업은 일찍이 세계 정상의 생산력을 자랑했다. 그러나 제조 내지 현장력이라고 일컬으며 사람에 의해 돌아가는 공장은 변곡점에 직면했다. 채용난과 인력 부족으로 사람 관리에 시간을 할애할 여유가 없다. 때문에 우수 인재를 육성하지 못한 채 숙련자는 고령화되어 현장 위주의 사람에 의존한 생산 활동을 이어가는 데 한계에 이르렀다.

앞으로의 시대는 사람에 의존한 생산 활동이 아니라 시스템에 입각한 생산 활동을 하지 않으면 살아남기 어렵다. 그런 배경에서 복잡한 생산 활동을 지원하기 위해서라도 노후하고 한정된 일부 작업밖에 지원하지 못하는 과거의 생산관리시스템은 교체해야 한다. 따라서 많은 제조업에서 **생산관리시스템의 재구축**이 큰 테마가 되고 있다.

▌정보 시스템과 기술도 고도화

정보 시스템도 기술도 날로 발전하여 고도화되고 있다. 옛날에는 하나하나의 시스템 기능을 일일이 수작업했지만 지금은 패키지 시스템이 주류가 되고 있다. 업무의 상당한 범위를 커버한 통합 패키지가 있는가 하면 일부 업무에 특화한 전용 패키지도 있다.

많은 패키지 시스템 중 어느 것을 선택하고 어떻게 통합하면 좋은지에 대한 지식은 외부에서는 제공되지 않는다. 패키지의 선택과 통합·구축 활동은 제조업자 자신에게 달려 있다.

그렇다고 해도 제조업에서 과거에 생산관리시스템(Manufacturing Execution System)을 구축한 경험과 스킬, 개념, 방법론도 제조업 내부에서조차 거의 공유되지 않고 있다. 오랜 세월 생산관리시스템은 기업 내 일부 사람들 사이에서만 구축·운용되어 왔기 때문에 사내에서조차 시스템 구축 지식이 공유되지 않은 것이다.

내가 이 책을 쓰게 된 계기는 몇몇 회사의 요청을 받고 시스템 구축을 지원하는 과정에서 생산관리시스템의 재구축을 담당하면서 많은 문제를 느꼈기 때문이다. 생산관리시스템의 구축을 위해서는 생산 관리를 프레임워크화해서 업무 프로세스를 중심으로 기능을 생각해야만 한다고 인식하게 된 것이다. 그래서 이 책에서는 가능한 한 **생산 관리 구축을 위한 프레임워크와 업무 프로세스**에 대한 설명을 목적으로 집필했다.

IoT 센서, 클라우드 컴퓨팅, 빅데이터 해석 등 다양한 기술이 발전하고 있다. 그러나 파는 입장에서 팔기 위한 소개에만 급급한 나머지 실제로 최신 기술을 어떻게 제조 현장에 도입하고 전체를 구축해야 관리 수준이 향상되는지 확실히 알지 못한다.

아무리 패키지화가 진행했다고 해도 모든 기능을 하나의 패키지 시스템으로 실현하는 것은 불가능하다. 또한 제조 품목의 특성, 설비 특성, 고객과 공급자의 관계, 생산 방식에 차이가 있어 패키지 시스템을 그대로 적용할 수 있다는 보증도 없기 때문에 간단하게 도입할 수 없다.

IoT를 비롯한 각종 첨단 기술이라는 것도 단독으로 도입하면 거의 도움이 되지 않는다. 극히 일부의 업무를 효율화·고도화해도 전체 업무에 미치는 효과는 거의 없을 뿐 아니라, 오히려 주변 업무의 대응 공수와 관리 공수가 늘어 운용·유지에 막대한 비용이 드는 본말전도의 상황을 초래한다.

▌생산관리시스템의 재구축에는 업무 프로세스 지식이 필요

생산관리시스템 도입은 복잡하고 난이도가 높은 업무이다. 생산 활동 자체가 복잡하고 다양한 계층을 갖고 있다. 여러 조직이 연계되고 시간 축이 얽혀 있는 복잡한 업무로 구성되어 있다. 이런 복잡성을 이해하고 적절한 시스템 기능을 분명히 해야 한다. 따라서 생산관리시스템을 구축할 때는 업무 프로세스 지식이 필수이다. 어떤 기능이 연계되어 생산 관리가 성립되어 있는지를 이해하지 않고서는 생산관리시스템을 구축하는 것은 불가능하다.

유감스럽게 생산 관리를 종합적으로 설명한 서적은 드물며 전체상을 파악하고 있는 사람도 많지 않다. 현장에서 이해하고 있는 생산 관리는 범위가 좁고 애매하며 체계적이지 않다.

현장력을 살린 제조·공정 관리를 생산 관리와 혼동하여 작업 개선과 지시와 실적 관리만을 추구하여 생산 활동 전체의 통제에 주목하고 있지 않기 때문에 생산 계획과 자재 소요량 계산, 능력 계획, 원가 관리 등의 매니지먼트에 관한 업무 노하우도 정리되어 있지 않다.

지금 이 시점에서 **생산 활동에 관한 전체의 프로세스를 파악하고 전체상을 이해하면서 조직과 기능의 경계를 넘어서 업무 프로세스를 설계하지 않으면 안 된다. 그런 다음 필요한 시스템 기능을 분명히 하여 각 시스템의 기능과 데이터 연계를 마무리적으로 설계하는 실력을 갖추어야만 한다.**

사람에 의지하는 현장 판단만으로 적절한 제조는 더 이상 불가능하다. 생산 관리를 구조화하고 시스템과 룰에 따라서 정확한 지시를 내리고 지시에 따라 작업을 '누구나 가능'하도록 해야만 한다.

생산 관리 업무를 이해하고 시스템화 가능한 엔지니어가 필요

생산 활동을 둘러싼 환경은 점점 복잡해지고 있다. **생산 활동을 공장 경영 레벨에서부터 현장의 한 사람 한 사람의 작업 레벨까지 통합할 수 있는 구조가 필요하다.**

엔지니어에게는 생산에 관한 매니지먼트에 대한 이해, 제조·공정 관리에 대한 이해, 본사와 공장의 정보 네트워크와 제조 설비, IoT 센서 등의 기술에 대한 이해가 요구된다. 본사, 생산 관리, 현장 작업 간의 업무를 적절하게 연계할 수 있는 생산관리시스템을 도입하기 위한 스킬과 지식, 경험이 요구된다.

기업 경쟁력에 공헌하는 생산관리시스템은 현장 작업의 효율화에 그치지 않고 사람, 물건, 돈의 흐름을 적절하게 관리할 수 있는 시스템 기능을 실현해야만 한다. 변화가 격심한 최근에는 분석하고 예측하고 민첩한 대응이 가능한 시스템이 필요하다.

조직의 벽도 문제가 된다. 많은 기업의 생산 활동은 부문이 종적으로 구분되어 있기 때문에 조직 간의 연계를 이해하고 있는 사람도 적어졌다. 조직이 다르다 보니 서로가 무엇을 하고 있는지 알 수 없게 돼 버렸다.

부문 간을 연계한 생산관리시스템을 만들고 경쟁력 있는 생산 관리를 구축하기 위해서는 시스템을 도입하는 엔지니어가 리드해야 한다. 엔지니어는 생산 활동 전체를 보면서, 시스템 도입을 수행해 가야 한다. 개별적 최적의 사소한 요건을 듣고서 화면을 만들고 프로그램 테스트 레벨에서 업무를 마치는 시대는 끝났다.

제조업의 비즈니스 요구를 충족하기 위해서는 생산 활동의 흐름을 이해하고 기능을 명확화하여 요건을 정의해야 한다. 상세 계획과 프로그램 레벨이 아닌 업무 설계와 기능 요건을 정의하는 스킬이 필요하다. 엔지니어는 그만큼의 스킬과 경험이 요구되는 한편 전문가로서 업무를 추진하는 중요한 역할을 담당하고 있는 것이다.

▌생산 관리는 수익성·영속성을 지탱하는 경영 관리 지원 시스템

이 책은 엔지니어가 생산관리시스템을 구축할 때 생산 관리의 전체상과 생산관리시스템이 가져야 할 기능, 주변 시스템과 기술의 관계를 명확화할 수 있는 프레임워크를 제공하고 있다.

기업의 경쟁력에 공헌하기 위한 생산관리시스템 도입을 가능케 하는 항목을 가능한 한 많이 담았다.

제1장에서는 **제조업이 직면한 큰 변화와 생산관리시스템의 재구축 필요성**에 대해 해설하고 있다. 생산 관리가 기업의 영속성과 경쟁력 강화를 위해 중요해지고 있음을 알 수 있을 것이다.

제2장에서는 **생산 관리란 무엇인가**를 설명하고 있다. 생산 관리란 제조 현장 작업에 관한 업무만이 아니라 고객과 영업과의 연계, 사람, 물건, 돈에 관한 의사 결정과 장래의 리스크와 수요 변동을 예측한 계획과 의사 결정 등의 경영적인 매니지먼

트 활동을 포함한다는 것을 이해할 수 있을 것이다.

제3장에서는 생산 관리의 기능에 대해 **'생산 매니지먼트'라는 기능을 분류해 정의**하고 있다. 생산 활동을 업적과 연계시켜 매니지먼트하는 기능으로서 계획 업무의 중요성을 적었다. 생산 매니지먼트는 생산 관리가 현장에서의 작업 관리에 매몰되는 것을 피하고 생산 관리의 업무가 생산 활동상의 회사 업적에 대한 계획적 의사 결정임을 재확인하고 있다.

제4장에서는 **현장 작업, 제조·공정을 관리하기 위한 지시와 통제 기능**을 해설하고 있다. 일본의 제조업이 전문으로 해온 분야이지만 유감스럽게 사람에 의존해왔기 때문에 취약해졌다. '제조·공정 관리'를 시스템화해서 누가 해도 같은 작업이 가능한 제조 실행 시스템에 필요한 프로세스와 기능을 설명하였다.

제5장에서는 **원가 관리**를 해설하고 있다. 생산 관리에 관한 서적의 대다수는 원가 관리에 대해 언급하지 않았다. 그러나 계획, 지시·실행에 대해 원가 관리가 되지 않으면 생산 활동의 'PDC(Plan, Do, Check)' 사이클(88쪽)이 돌아간다고는 할 수 없다. 이 책에서는 원가 관리의 기능을 해설하고 생산관리시스템의 구축에 불가결한 원가 관리 시스템에 관한 필요성을 언급하였다.

제6장은 **생산 관리로서의 관리 지표**를 설명한다. 원가 관리와 함께 현장 관리를 위해 필요한 관리 지표를 소개하고 또한 '생산 매니지먼트'에 필요한 관리 지표를 소개하고 '가시화' 시스템 구축 포인트를 설명하였다.

제7장에서는 **최신 기술**에 대해 언급한다. IoT의 진전은 향후 생산 관리의 영역에 큰 영향을 미친다. 그러나 새로운 툴을 비판 없이 받아들이는 것은 실패의 근원이다. 기술도 규명이 필요하다.

제8장에서는 **생산관리시스템의 도입 성공 단계**를 설명하고 최적의 절차와 주의해야 할 포인트를 기술한다.

생산 활동은 매일 고도화하고 복잡해지며 기술의 영향을 받는다. 생산 활동은 단순히 물건을 만드는 '작업'이 아니라 기업의 수익성과 영속성을 담보하는 '매니지먼트' 기능으로 진화하고 있다.

이 책이 생산 관리를 고도의 '매니지먼트' 기능으로 이해하고 원재료부터 고객에게 제품이 배달되기까지의 업무 흐름을 시야에 넣어 시스템을 개혁·개선하고 도입하는 데 도움이 되기를 바란다.

목차

제 **4** 장 생산 관리 업무와 관련 시스템(2) 제조·공정 관리

제 **1** 장

제조업에 큰 변혁의 파도가 밀려온다

만들면 팔리는 시대의 개념으로는 공장을 매니지먼트할 수 없다

대량 생산 시대의 생산 관리 체제로는 시대에 대응할 수 없다

▌여전히 대량 생산 시대의 현장 QCD 관리 방법에 머물고 있다

만들면 팔리는 시대에서는 관리라는 것이 단순했다. **생산성 지표**와 **품질 지표**를 중심으로 관리하고 설비의 가동률을 높여 시간당 출하량을 높이고 양품률을 높이는 식으로 대응하면 됐기 때문이다.

일주일에 한 번이나 한 달에 한 번의 사이클로 생산 실적으로 집계된 결과 지표만 관리하면 생산이 원활하게 진행되는지의 여부를 알 수 있었다. 같은 제품을 장시간에 걸쳐 만들므로 노동자의 수와 노동 시간, 생산성을 측정하고, 결과를 보고 나서 개선해도 사이클상 충분했으며 측정과 대책에 시간이 걸려도 개선 효과가 있었다.

만들면 팔리는 시대의 관리에서 또 하나 중요했던 것은 **납기 관리**이다.

이 경우의 납기는 생산 계획에 대한 생산 실적의 계획 대비 납기 준수, 공급자의 납입 납기 준수를 가리켰다. 이것 역시 결과를 관리하고 개선 행동을 취하면 된다.

생산성의 관리 지표는 비용을 관리하기 위한 현장 관리 지표이다. 생산성이 올라가면 비용은 내려간다. 양품률은 품질 지표, 생산량에 의한 계획 준수는 생산의 납기 준수를 나타내는 지표이다. 이들 지표가 **QCD**(Quality; 품질, Cost; 비용, Delivery; 납기) **관리**이고, 현장 지표라고 해서 사람이 직접 관리한다.

그러나 만들면 팔리는 시대는 끝났다. 과거의 관리 방법과 관리 지표는 오히려 회사를 취약하게 만든다. 변화가 격심한 현재의 상황에 적응하여 보다 고도화된 관리와 적절한 관리 지표를 만들지 않으면 경쟁력을 잃고 만다.

▌생산성 지표의 최대화만으로는 오히려 비용이 악화한다

내가 아는 제조업체의 예이다. 이 업체에서는 고객 기업에게 재료가 되는 제품을 제조하고 있다. 이른바 산업재를 만드는 제조업이다. 원료를 구입하여 재료를 전 공정에서 제조하고 그 재료를 고객의 요구에 맞춰 고객 사양 제품으로 만드는 제조 형태이다.

고객 사양으로 만드는 공정은 단순하여 사람이 가공 작업을 한다. 가공 작업 공정에서 사용하는 재료는 전 공정의 거대 설비로 만든다. 이 설비는 초기비용과 운용 비용이 들기 때문에 설비를 최대로 가동하면 효율적이고 이익을 창출할 수 있는 구조라고 여겼다.

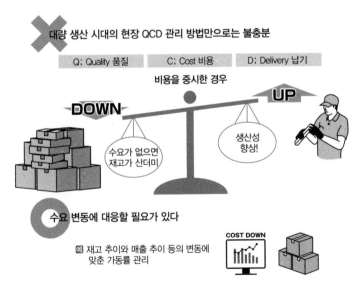

대량 생산 시대의 현장 QCD 관리 방법만으로는 불충분

| Q; Quality 품질 | C; Cost 비용 | D; Delivery 납기 |

비용을 중시한 경우

DOWN

UP

수요가 없으면 재고가 산더미

생산성 향상!

수요 변동에 대응할 필요가 있다

예 재고 추이와 매출 추이 등의 변동에 맞춘 가동률 관리

COST DOWN

◆만들면 팔리는 시대의 종언

소품종 대량 생산 시대는 전공정의 설비 가동을 최대화하면 이윤을 얻을 수 있었다. 때문에 다품종 소량 생산으로 변해도 여전히 전공정의 가동률을 최대화하는 것을 목표로 생산했다. 고객 수요와 재고는 일단 무시하고 전공정 설비의 최대 가동을 위해 예산을 만들고 예산대로 설비를 가동시킨다.

설비는 항상 90%의 높은 가동률을 유지한다. 그 결과 사용되지 않는 재료의 재고가 창고에 넘쳐나게 됐다. 고객의 요구에 맞지 않는 재료이기 때문에 고객의 요구에도 부응하지 못해 매출도 떨어졌다.

이 기업은 설비 가동뿐 아니라 재료의 재고 추이와 매출 추이 등의 변동에 맞춰 **가동률을 관리**해야 했지만 재고와 매출을 연동시켜 관리하지 않았다. 생산성만 오르면 이익이 오르는 것이 당연하다고 생각했기 때문이다. 재고 체류, 폐기, 매출 감소라는 흐름에서 오히려 비용이 악화하여 매출 이익을 악화시킨 것이다. 맹목적으로 설비를 풀가동할 것이 아니라 계획적인 가동 목표를 설정하고 제어하여 비용 최적화와 낭비의 배제를 양립할 수 있는 생산 매니지먼트를 해야 했다.

▌판매·생산 모두 소량 다품종이 되어 생산 관리의 난이도가 높아졌다

21세기에 설마 이런 제조업이 있을 리 없다고 생각할 것이다. 안타깝게도 여전히 많이 존재한다. 구태의연한 관리가 지금도 횡행하고 비즈니스 변화에 대응하지 못하는 제조업이 다수 존재한다.

QCD로 대표되는 과거의 지표만 관리하면 공장 이익이 보증되던 시대는 이제 끝났다. 물론 결과를 관리하는 QCD 관리는 기본으로서 중요하지만 그것만으로는 절대적으로 부족하다.

수요 변동에 적절하게 대응해야 하며 재고를 조절하는 능력도 필요하다. 다품종 소량용 계획을 입안하고 조달 난이도가 높아진 부재료를 입수해야 한다. 그만큼 관리해야 할 범위가 넓어져서 관리 난이도가 높아진 것이다.

만들면 팔리는 시대처럼 현장 관리만 제대로 하면 이익이 올라간다고 생각한다면 현장 관리에 매몰되고 만다. 결과적으로 환경의 변화에 맞춰 고도의 생산 관리를 구축하지 못한 것이다.

만들면 팔리는 시대의 생산 관리 체계로는 현재의 제조업에 필요한 생산 관리를 수행할 수 없다. 전사적인 시점에서 매니지먼트 기능으로서 생산 활동을 관리해야 한다. 다시 말해 다품종 소량화와 격심한 변동성, 생산의 고도화, 높아진 조달 난이도에 맞는 생산 관리를 재축해야 한다.

▎현장 관리가 아닌, 계획적인 예측 생산 매니지먼트로 변혁

특히 일본의 제조업은 현장이 강해서 현장이 제대로 돌아가면 이익을 낼 수 있었던 시대가 오랜 세월 이어졌기 때문에 높은 현장 관리 수준을 자랑했다. **현장, 현실, 현물**이라는 단어도 등장하여 제조 현장에서 일어나고 있는 현실을 현물을 보면서 검증하고 개선하여 높은 생산성을 달성해왔다.

카이젠(KAIZEN, 일본어로 지속적인 향상, 즉 자기비평을 통한 향상을 추구한다는 의미의 일본어로 성취동기의 기본 원칙이다_역자 주)이라는 단어는 세계 공통어가 됐다. 시스템에 돈을 들이지 않고 사람의 손으로 저비용 생산을 하는 것도 **린 생산 방식**(Lean Production, 인력, 생산 설비 등 생산 능력을 필요한 만큼만 유지하면서 생산 효율을 극대화하는 생산 시스템_역자 주)이라고 해서 칭찬받으며 다른 나라의 모범이 됐다.

그러나 현장 관리에만 치중한 나머지 시스템에 돈을 들이지 않고 사람에 지나치게 의존했기 때문에 **일본의 제조업은 현장 작업의 표준화는 완성됐지만 현장 작업 이외의 관리 업무 표준화와 시스템화가 지연됐다.**

결과를 관리하는 게 아니라, 앞날의 판매 계획 변동과 계획 변동에 영향을 미치는 판매 동향과 원재료의 조달 상황을 신속하게 파악하고, 예상에 기초해서 계획과 지시를 유연하게 변경하여 확실한 매출과 재고 리스크 및 제조비용의 조정이 가능한 매니지먼트 시스템이 필요해졌다. 생산 관리는 현장 관리뿐 아니라 회사의 수익을 최대화하는 계획적이고 예측 가능한 매니지먼트하는 구조로 변혁해야 한다.

1-2 사람에게 의존한 제조 방식으로는 공장 유지가 어렵다

수작업 생산 관리와 표계산 생산 관리로는 관리 수준이 높아지지 않는다

▌생산 관리에 필요한 업무는 거의 수작업으로 이루어지고 있다

요즈음 공장은 기계화가 진행되어 제조도 감시도 기계와 컴퓨터로 수행하고 있어 상당히 합리적이라고 생각할지 모른다. 그러나 실태는 그렇지 않다.

확실히 설비의 일부는 기계화되어 있지만 자동화 대상은 한정되어 있다. 기계화되어 있는 것은 포장과 같은 단순 반복 작업 공정이나 탱크와 반응기 등 사람이 들어갈 수 없는 공정 그리고 반송 기기 등이다. 물론 가공 설비도 조립 장치도 대부분 기계화되어 있다.

한편 이들 설비를 움직이기 위한 지시는 대부분의 경우는 사람을 거친다. 사람이 생산 계획을 입안하고, 그에 대한 지시를 종이로 현장에 건넨다. 현장에서는 생산 순서를 사람이 정하고 필요한 부재료를 사람이 판단해서 가지러 가고 기계를 준비해서 제조를 개시한다.

생산 실적은 보통 제어반에 표시되지만 그 숫자는 사람이 일일이 종이에 옮겨 적는다. 처리 수량, 불량 수량, 가동 시간, 준비 시간, 설비 정지 시간, 정지 이유 등의 실적도 종이에 적는다.

투입한 재고 수량과 완성된 품목의 입고 재고 수, 발주되어 입고된 구입 부재료와 수량, 현장에 투입된 부재료와 수량도 손으로 장부에 기입하고 잔고를 갱신한다.

생산 실적과 구매 입고 실적은 종이로 수집되어 생산 관리부와 구매부에 전달되어 다음 생산 계획과 발주 계산에 적용된다. 생산 계획도 발주 수량 계산도 표계산

소프트웨어에 실적을 입력해서 사람이 계산한다.

이처럼 **관리와 관련된 업무에는 시스템이라 불릴 말한 것을 거의 찾아볼 수 없다.** 기껏해야 종이와 표계산 소프트웨어 정도이다. 가령 시스템이라 불리는 것이 있다면 발주 시의 전표 출력이나 재고와 생산 실적을 등록하기 위한 장부와 같은 기능 정도이다.

물론 생산 관리의 기간 시스템이 도입되어 있는 기업도 많다. 그러나 대다수의 기업에서는 생산 계획과 지시, 실적 수집은 사람에게 의지하고 있고, 시스템은 어디까지나 일부의 계산 처리와 실적 등록, 전표 발행에 사용될 뿐이다. 생산 관리 업무의 대다수는 종이와 표계산 소프트웨어를 사용해서 사람이 담당하는 경우가 상당수 있다.

▌사람에게 의존하기 때문에 사이클은 더디고 길며, 사람의 '자질'에 의해 좌우된다

계획, 지시, 실적 수집, 실적의 피드백이 **사람에게 의존하고 있기 때문에 실적 수집과 데이터를 확인하는 데 시간이 걸린다.** 물론 현장에서 일어난 문제에는 대응하지만 생산 실적과 가동률, 설비 정지 이유가 생산 관리부에 전달되는 것은 늦은 밤이나 다음날로 넘어간다. 잘못하면 주말이나 월말이 되는 일도 있다. 사람이 실적을 수집하므로 대응할 수 있는 시간에 제약이 있는 것이다. 그 날의 작업이 모두 끝난 후에 작업자와 반장이 실적을 기록, 수집하기 때문에 계획에 바로 피드백되지 않고 사이클이 지연된다.

사람이 작업 지시와 실적 수집을 담당하기 때문에 작업의 수준이 사람의 자질과 경험에 의해 달라진다. 숙련자는 고도의 지시와 실적 파악이 가능한 반면 숙련되지 않은 사람은 지시 수준이 낮거나 실적 수집에서 틀리기도 한다. 지시와 실적 수집의 수준이 사람에게 의존하기 때문에 담당자의 자질에 크게 좌우된다. 숙련자와 비숙련자의 자질 차이가 크다 보니 부서 이동으로 다른 사람이 대신하면 문제가 생기기도 한다.

　업무 내용이 사람 중심으로 되어 있기 때문에 전임자가 무슨 일을 했는지 알지 못한다. 또한 부서를 이동하면서 업무를 가져가는 일도 있다. 사정이 이렇다 보니 생산 관리 소속인데 공장 경리 업무를 하는 등 부서와 업무가 맞지 않는 사태도 벌어진다.

생산 계획　생산 지시　제조 실행　실적 기록　실적 수집, 데이터 확인, 입력　생산 지표 계산　보고서 작성, 실적의 피드백

표계산 소프트웨어로 생산 계획 수립 / 종이 지시서를 인쇄해서 현장에 배포 / 제조 기록을 수작업으로 종이에 기입 / 제조 관리 기록서를 수집하러 다닌다 / • 종이에 기록된 제조 실적을 표계산 소프트웨어에 옮겨 적는다 • 입력 오류와 기록 누락을 확인하여 수정 / 표계산 소프트웨어로 수동 계산하여 관리 지표로 집계, 변환 / 보고용으로 데이터를 재가공하여 그때마다 자료를 작성

실수나 기입 누락을 재조사

월 1회 회의에서 실적을 피드백

Bad
• 사람이 관리 사이클을 돌리므로 공수와 시간이 걸리는 데다 오류도 많고 사이클이 길다.
• 작업 결과를 수집하는 데 시간이 길다 보니 대책이 더디고 개선 효과가 나오는 것도 느리다.
• 관리 수준이 사람에 의존하다 보니 고도의 관리가 불가능하다.

많은 제조업에서는 시스템화가 지연되어 사람이 생산 관리를 하고 있다.

◆수작업 · 표계산을 이용한 생산 관리

9

▌시스템화가 더딘 생산 관리 영역의 시스템 재구축은 필수

이처럼 제조업의 생산 관리는 거의 사람의 손으로 이루어지기 때문에 생산 관리의 시스템화를 통해 효율과 질을 높일 수 있는 여지가 크다. 또한 사람이 데이터를 수집, 처리하기 때문에 시간이 걸린다. 속도가 요구되는 현대 사회에서 월 단위로 돌아가는 더딘 관리 사이클은 치명적이다. 이런 방식으로는 변화를 따라가지 못해 뒤처질 수밖에 없다. 그런데다 사람에게 의존하기 때문에 부가가치가 없는 데이터 수집, 입력, 확인 업무에 인력이 막대하게 소요되고 있다. 생산 관리 업무가 오히려 비용을 증대시키는 결과를 초래한다.

많은 공장에서는 긴 세월 생산 관리 업무는 비효율적이고 관리 사이클은 더딘 데다 비용이 낭비되는 바람직하지 않는 상황에 놓여 있었다. 이러한 상황을 언제까지고 방치해서는 안 된다. **시스템화가 지연되고 있는 생산 관리 영역의 시스템 도입과 재구축이 필요하다.**

▌시스템에는 돈과 사람을 투자한다

일본의 제조업은 현장 관리를 우선해왔기 때문에 사람에 의한 관리를 중시하고 시스템에 돈을 들이지 않았다. 공장이 깨끗해지고 최신식 설비가 도입돼도 생산 계획과 현장 지시, 실적 수집은 여전히 종이를 사용하고 있다. 생산 관리가 종이와 사람의 손으로 돌아가고 있다는 얘기이다.

생산 설비에는 돈을 사용해도 시스템에 돈을 사용하는 것을 꺼리는 회사가 여전히 많다. 제조 현장은 세계에서 으뜸가는 효율화를 실현했는데 관리 업무는 전혀 효율화되어 있지 않다. 그로 인해 사람이 늘어도 여전히 야근과 휴일 근무가 만연하고 있고 생산성은 날로 저하되고 있다.

시스템에서 정보가 연계되지 않아 대응 속도도 더디다. 중간에서 작업자가 데이터를 가공하면서 연계하므로 오류가 일어난다. 인력도 부족해 숙련자가 줄고 신입이나 파견사원이 늘었다. 업무를 기억하고 직접 바른 판단을 해서 업무하는, 다시 말해 사람에 따라 편차가 있는 업무 자질과 사람의 도덕에만 의존하는 생산은 곤란해졌다.

업무를 표준화·시스템화해서 효율화하고 오류를 줄여 숙련자가 아니더라도 업무가 가능토록 해야 한다. 이를 위해서는 사람에게 의존한 생산 관리를 개선하여 시스템상에서 생산 관리가 돌아가도록 해야 한다. 시스템에는 돈을 투자하지 않으면 안 된다.

1-3 생산 관리는 생산 매니지먼트와 제조·공정 관리를 구별

현장 관리만이 아닌 프레임워크를 가진 매니지먼트로

▌현장 관리에 과도하게 의존하면 매니지먼트가 허술해져

품질과 생산성 향상이 경쟁력이던 시대에는 현장을 개선하면 제조업은 성장할 수 있었다. 때문에 현장 개선이 바로 제조업의 경쟁력이라는 개념이 생겼다.

그야말로 개선 방법이 산더미처럼 생겨나고 현장 개선을 추진하는 소집단 활동과 QC 활동이 왕성해졌다. 지금도 개선 활동 보고회를 개최해서 표창장을 수여하는 회사도 있다. 현장만 제대로 돌아가면 회사는 무사태평하다는 인식이 지금도 뿌리 깊다. 급기야 현장 관리만 제대로 되면 관리하지 않는 것이 관리라는 극단적인 말까지 생겨났다. 현장 개선 컨설팅이 지금도 존재하여 컨설턴트는 공장장과 작업자를 호되게 꾸짖어 "개선은 영원하다"라고 현장에 격문으로 독려하고 있다. 더는 효과가 없는 개선 활동을 무리하게 추진하는 기업도 있다. '마른걸레를 쥐어짜는' 식이다.

물론 제조업의 기초체력으로서 현장 개선 능력은 매우 중요하다. 그러나 그것만으로는 충분하지 않다. 더 말하면 극단적인 수준의 현장 개선으로 효과가 올릴 수 있었던 것은 소품종 대량 생산 시대의 이야기다. 작업을 개선하면 그 효과가 오래가기 때문이다. 같은 제품을 반복해서 대량으로 만들면 되므로 부재료의 공급과 인원 확보에 대해서는 거의 생각할 필요가 없었다. 시급한 업무 변동이나 계획 변동에 대비할 준비를 사전에 해둘 필요도 없었다.

지금은 소량 다품종에 수요 변동이 격심하여 부재료의 공급에 제약이 있고 인원

12

확보도 쉽지 않은 어려운 시대이다. 변화와 리스크, 제약 조건을 크게 생각하지 않아도 됐던 시대, 문제가 일어나도 사후 대응으로 충분했던 시대는 끝났다. 그런데다 작업 현장만으로는 대응할 수 없는 일도 많다.

예를 들면 반도체와 천연산품과 같은 부품과 원재료를 입수하기 힘들 때 현장에서 무엇이 가능할까? 제품의 생산·폐지가 단기간에 일어나고 갑작스런 생산 중지, 갑작스런 대량 주문이 있을 때 현장에서 무엇이 가능할까? 물론 우수한 현장 대응 능력은 필요하지만 그것만으로 해결할 수 없게 됐다.

제조 현장의 범위를 뛰어넘는 과제가 증가했다. 그 때문에 회사 조직 단위에서 어떻게 생산할지를 판단해서 방안을 강구하는 매니지먼트 업무가 필요해졌다.

현장 개선에만 의존한 제조업에서는 수요와 공급 예상, 분석, 조직과 회사를 걸친 리스크 대응과 같이 방향 제시가 필요한 매니지먼트 업무가 제대로 구축되지 않았다. 주문이 들어온 것을 대량으로 납기대로 품질을 유지하며 효율적으로 반복해서 만들면 되던 시대에는 필요가 없었던 긴장감 높은 판단 업무가 필요해진 것이다. 그러나 그런 매니지먼트 업무는 현장 개선에 과도하게 의존한 많은 기업에서는 제대로 구축해놓지 않았다.

▋현장을 개선하고 관리해도 생산 관리는 되지 않는다

현장의 개선과 관리는 정해진 것을 정해진 대로 실행하는 것을 약속하는 것이다. 그러나 정하는 것 자체가 크게 변동하는 시대에서는 무엇을 어떻게 결정하면 최적의 생산이 가능한지를 생각하는 것이 중요하다. 회사의 방향을 정하는 일이므로 현장에서 대응할 업무가 아니다.

예를 들어 사람을 갑자기 늘릴 수 없는 자동차 제조 현장에서 월 100대를 만들 수 있는 인력밖에 없는데 갑자기 수요가 200대로 늘어나면 만들 수 없다. 계획 대비

2배 내지 3배의 주문이 들어오면 현장의 능력만으로는 처리할 수가 없다.

현장 개선이라는 것은 정해진 틀 내에서 결과를 관리하는 것이다. 즉 계획과 지시에 따라 제조하고 지연과 정체가 있으면 개선한다. 작업 방법과 공정 순서, 기계를 조정하여 생산성을 높인다. 그러나 현장에서 아무리 개선과 관리에 힘쓴다고 해도 현장에 지시를 내리는 생산 계획과 수요가 변동하면 현장 개선은 소용없다.

아무리 현장 관리를 해도 생산 계획과 인원 계획, 구매 활동이 제대로 되지 않으면 제조업으로서의 성공은 없다. 생산 관리가 제 기능을 하지 못하면 제조업과 제조업을 둘러싼 상황에 대응하지 못한다.

▌생산 매니지먼트와 제조·공정 관리 기능을 구별해야

생산 관리라는 단어에 여러 가지 의미가 포함되어 있다. 개념이 애매한 탓에 업무 작성 방법이 모호하다 보니 깔끔하게 기능이 정의되어 있지 않다. 따라서 이 책에서는 생산 관리를 **생산 매니지먼트**와 **제조·공정 관리** 기능으로 나누어 다음 페이지와 같이 정의한다.

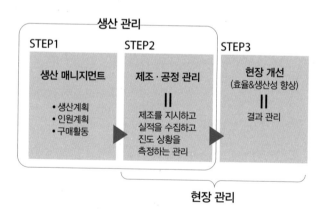

◆생산 관리와 현장 관리

제조·공정 관리는 현장 작업을 통제 관리하는 업무 기능이라고 정의하고, 한 단계 높은 계획을 세우는 업무 기능을 생산 매니지먼트라고 정의한다. 시스템을 도입하기 위해서는 이를 구별하는 것이 중요하다. 왜냐하면 각종 시스템은 이 업무 기능을 적용해서 조합하지 않으면 기능이 잘못 배치되어 시스템 도입이 제대로 되지 않기 때문이다.

또한 현재는 시스템을 패키지 단위로 도입하는 것이 일반적이기 때문에 패키지를 도입할 때 생산 매니지먼트와 제조·공정 관리를 구분하지 않으면 혼란을 초래할 수도 있다.

◆생산 관리를 생산 매니지먼트 기능과 제조·공정 관리 기능으로 나눈다

업무 기능	정의
생산 매니지먼트 기능	생산을 적정하게 성립시키기 위해서 사람, 물건, 돈을 계획적으로 준비하고 미래의 변동과 리스크에 대응하는 계획, 분석, 조정, 의사 결정을 수반하는 경영적(매니지먼트) 업무 기능
제조·공정 관리 기능	생산 매니지먼트에서 준비된 사람, 물건, 돈을 전제로 계획대로 제조 활동을 수행하고 QCD를 준수하기 위한 지시, 통제, 실행, 진척, 실적 추적, 현장 발생 상황 대응, 개선 활동을 수행하는 작업 통제 업무 기능

▌생산 관리를 프레임워크화한다

생산 관리에 관해서는 업무 기능의 전체 구조와 시스템 적응을 프레임워크화할 필요가 있다. 공장의 생산 활동은 복잡하게 계층화되어 있다. 공장 외의 **서플라이 체인 매니지먼트**(SCM)와도 관련되어 있다. 생산 매니지먼트와 제조·공정 관리의 관계도 복잡하다. 그렇기 때문에 프레임워크를 갖지 않고 보면 이해하기 어렵기 때문이다.

생산 관리의 프레임워크를 다음과 같이 정리한다.

(1) SCM 기능

수요에 대응하는 계획 업무 기능으로 판매 계획, 출하 계획, 재고 계획, 구매·생산 계획(생산 요구로서의 생산 요구 계획)을 입안하는 기능이다. 일반적으로 **PSI 계획** (Purchase 또는 Production, Sales 또는 Ship, Inventory; 사입·판매·재고 계획 또는 생산·판매·재고 계획, 2-3 참조)이라 불린다.

판매 계획 대신 수요 예측과 수주와 사전통보를 사용하는 경우와 상담 정보를 사용하는 경우도 있다. 또한 SCM 계획은 대상 기간·입안 사이클에 맞춰 장기 계획, 연도 계획, 월차 계획이 입안된다.

3년 정도의 계획은 **장기 계획** 또는 **3개년 계획**이라 한다. 1년 정도는 **연도 계획** 내지 **실행 계획** 또는 **연도 예산 계획** 등으로 부르고, 수개월부터 3개월 정도의 계획은 **월차 계획, 분기 계획**이라고 한다.

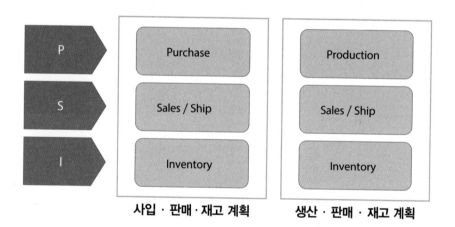

사입 · 판매 · 재고 계획   생산 · 판매 · 재고 계획

◆PSI 계획이란?

(2) 생산 매니지먼트 기능

SCM 기능에서 생산 요구 계획을 토대로 생산과 조달 필요 수량(<u>소요량</u>)을 계산하

고 기본이 되는 생산 계획(**기준 생산 계획**, 1-4 참조)과 조달 계획을 세운다. 생산 계획, 조달 계획 모두 계획 대상 기간과 입안 사이클에 따라서 장기 생산·조달 계획, 연도 생산·조달 계획, 월차 생산·조달 계획이 입안된다.

기본적으로 월차 사이클의 생산·조달 계획이 생산과 조달 지시의 토대가 되는 **제조지시서**와 **구매지시서**를 만드는 기능으로 이어진다.

생산 매니지먼트 기능에서는 수량뿐 아니라 생산 계획을 성립시키기 위한 능력 계획을 입안한다. **능력 계획**이란 설비 가동 계획과 인원 계획이다. 능력 계획도 계획 대상 기간·입안 사이클에 따라서 장기 능력 계획, 연도 능력 계획, 월차 능력 계획이 입안된다. 장기 능력 계획은 설비 투자 계획으로 이어지고 연도 능력 계획은 설비 투자 실행, 인원 채용으로 이어진다. 월차 능력 계획은 작업 시프트 계획과 가동 조정으로 이어진다.

이 책에서는 생산 매니지먼트 기능에 구매 매니지먼트 기능을 포함한다. 구매 매니지먼트 기능에는 공급자 선정과 계약·가격 관리를 하는 **구매 계약 관리** (Sourcing; 소싱, 2-5, 3-5 참조)와 구매지시서 발행 기능이 있다. 또한 제조·공정 관리에서 올라오는 실적 데이터를 토대로 원가 계산을 하는 기능도 이 책에서는 생산 관리 기능에 포함한다.

(3) 제조·공정 관리 기능

제조·공정 관리 기능에서는 제조지시서를 토대로 상세한 공정 개발과 작업을 전개하고, 이어서 제조 지시를 한다. 또한 제조 지시를 토대로 수행된 제조 실적을 수집하여 지시와 실적을 관리한다. 이 과정에서 로트와 추적(Traceability)을 관리한다. 창고 자재 관리와 제품 출하 창고 관리, 배차관리도 이 영역에 포함된다. 제조 실행 관리에서 중요한 과정이다.

공정을 전개할 때 공정 능력을 고려하거나 개별 설비를 선택해서 적정한 제조 투입 순서를 정하는 계획을 입안하는 기능을 **소일정 계획 기능**이라 부른다. 이 기능은 생산 관리와 제조·공정 관리 사이에 위치하지만 기능상으로는 제조·공정 관리 기능의 일부로 인식한다.

이 책에서는 구매지시서를 받아서 **발주 관리**(Purchasing)를 제조·공정 관리에 포함한다. 발주 작업, 발주 잔고·입고 예정 관리, 납기 조정, 납입 입고 수입, 검수 등의 작업이 있고, 이것들은 제조에서 중요한 기능에 해당하기 때문이다.

제조 지시가 내려오면 현장에 작업 지시를 해서 작업을 통제하고 실적을 수집하는 것은 제조·공정 관리 기능이다. 보통은 제조부와 생산 기술 부분의 관리 분야로 인식된다. 네트워크를 통해서 설비 간에 기기를 제어·통제하는 구조와 기기제어반과 핸디터미널, 태블릿에 지시를 표시하여 제조 실적을 수집한다.

(4) 공장 IT 인프라

최하층은 제조 현장의 통신 네트워크 인프라가 된다. 공장에 물리적으로 케이블을 깔지, 무선 LAN을 선택하거나 서버를 설치할지 또는 클라우드를 활용할지를 선택한다. IoT의 기반이 되는 툴과 센서도 이 영역에 속한다.

1-4 생산 매니지먼트 기능·시스템 구축이 중요

생산 관리, 제조·공정 관리, 설비 인프라에 적합한 시스템 기능 배치

▌생산 관리 프레임워크에 대응하는 시스템의 종류

앞 항의 생산 관리 프레임워크에서 제시한 기능을 보다 상세하게 확인한다. 각 기능에는 다음 표와 같은 상세한 기능이 있다.

◆각 생산관리시스템과 상세 기능

생산 관리 프레임워크	상세 기능
SCM 기능	· 이 책에서는 상세 기술 대상 외
생산 매니지먼트 기능	· 생산 계획(기준 생산 계획)·조달 계획 · 제조지시서·구매지시서 · 구매 계약 관리(소싱) · 원가 계산
제조·공정 관리 기능	· 소일정 계획 · 제조 지시 · 실적 수집·관리 · 발주 관리 · 입고 예정 관리, 수입
공장 IT 인프라	· 실적 데이터 취득 · 설비 제어

이들 관리층(layer)에는 최적의 애플리케이션과 IT 툴이 있다. **프레임워크의 각 계층에는 최적의 시스템이 있어, 적절한 것을 선택하여 조합하면 복잡한 추가물 (addon)과 추가 개발이 불필요하다.** 반대로 프레임워크를 갖지 않고 붙여넣기식의 애매한 업무 정의에 시스템마저 부적절하게 선택하면 복잡한 추가물(addon)과 추가 개발이 필요해져 개발 기간과 비용이 늘어난다. 그런데도 기능이 충분하지 않아

사람의 손을 거치지 않으면 업무가 제대로 돌아가지 않는 시스템이 되고 만다.

　사람만 모아서 수작업으로 업무를 구축하는 식의 시대에 뒤떨어진 방법은 비효율·고비용을 초래하는 한편 관리 수준이 낮고 사람 중심의 시스템이 된다. 생산 관리 프레임워크를 제대로 정의한 계층과 기능에 적합한 시스템을 선정하는 것이 중요하다. 그러면 각 기능을 지원하는 시스템에 대해 살펴보자.

(1) 생산 관리의 입구가 되는 SCM 계획 시스템; SCP

　생산 관리에 연동하는 SCM 기능에서 생산 요구 계획을 입안해서 생산 매니지먼트에 연결하는 역할이 **SCP**(Supply Chain Planner)라 불리는 서플라이 체인 계획 시스템이다. SCP는 수요 예측 기능, 판매 계획 기능, 재고 계획 기능, 생산 요구 계획 기능, 구입계획 기능을 갖추고 있다. 이른바 PSI 계획 기능이다.

(2) 생산 매니지먼트를 담당하는 기간 시스템; ERP와 중심이 되는 MRP

　SCP에서 생산 요구 계획을 받아서 생산 활동을 준비하는 계획과 지시의 토대가 되는 지시서를 만드는 기능을 하는 것이 **ERP**(Enterprise Resource Planning)라 불리는 시스템이다. 생산 요구 계획을 기준 생산 계획(**MPS**; Master Production Schedule)으로 정의하고 구성 품목의 소요량을 계산한다.

　MPS는 제품의 생산에 필요한 수량, 완성 납기일을 제시하는 계획이다. 예를 들면 제품 A를 100개, 4월 30일 완성 납기로 만들어 달라는 요구를 말한다.

　구성 품목의 **소요량 계산**이란 제품을 만들기 위해 필요한 구성 품목에 해당하는 부품과 원재료를 언제 몇 개 만들어야 하는지를 계산하는 것이다. 예를 들어 제품 A를 100개, 4월 30일까지 생산하기 위해서는 부품 A1을 4월 28일에 100개, 부품 2A를 마찬가지로 4월 28일에 200개 만들어야 한다고 계산한다. 제품의 구성 품목이 되는 '부품과 원재료의 필요량'=**소요량**으로 계산하는 것이다.

소요량 계산은 **MRP**(Material Requirement Planning)라 불린다. MRP의 결과, 구성 품목의 생산 수량과 구입 수량, 필요한 납기일이 계산되어 지시가 내려지면 제조 지시서, 구매지시서가 설정된다.

생산 관리에 관련한 ERP의 중심 기능은 MRP이다. MRP의 소요량 계산으로 지시서가 제작되어 제조와 구매 발주 지시로 이어지기 때문이다.

한편 MRP는 원가를 집계하는 데도 사용된다. 제조 실적과 납입 실적에 의해서 지시서가 실행된 것이 확인되고 소요량 계산과는 반대로 구성 품목을 '아래에서 위로' 거슬러 올라가며 재공품(work in process, 在工品), 제품으로 실적 원가를 적산해서 **원가를 계산**한다.

MRP는 자재 소요량 계산, 지시, 실적 집계와 원가 적산을 하는 기능을 갖고 있고, 제조에 관련한 사람, 물건, 돈에 관한 자원을 관리하는 의미에서 생산 관리의 근간을 담당하는 시스템이다.

(3) 제조·공정 관리를 담당하는 제조 실행 시스템; MES

대응하는 패키지 시스템은 **MES**(Manufacturing Execution System; 제조 실행 시스템)라 불린다. ERP에서 제조지시서를 수령 받으면 공정을 전개하고 제조 지시를 현장에 내린다.

제조 지시가 떨어지기 전에 제조 순서 계획과 설비 할당을 계획하는 소일정 계획을 담당하는 패키지 시스템이 **스케줄러**이다. 제조 순서에서는 준비(절차)를 최적화하거나 능력의 부족 또는 여유를 조정해서 최적화한 계획을 입안한다. 또한 설비에 범용성이 없고 품목과 설비의 연결이 명확한 경우 설비 단위의 제조 순서 계획까지 입안한다.

제조 순서 계획이 포함된 계획이 세워지면 MES로 **SOP**(Standard of Procedure; **작업 표준**)에 적합한 제조 지시를 수행한다. SOP에는 작업 절차와 작업 속도, 조임 토크, 회전 속도, 온도 등의 제조 조건과 같은 작업 표준이 제시되어 있다. MES에서 지시할 때 SOP가 표시되어 있으면 작업이 바르게 이루어지도록 통제가 가능하다.

한편 자재 관리를 담당하는 창고 관리 시스템으로 **WMS**(Warehouse Mana gement System)라는 것이 있다. WMS를 이용하면 제품과 공급자로부터 납입된 부자재 등이 WMS에 입고·입하 처리되기도 한다(후술).

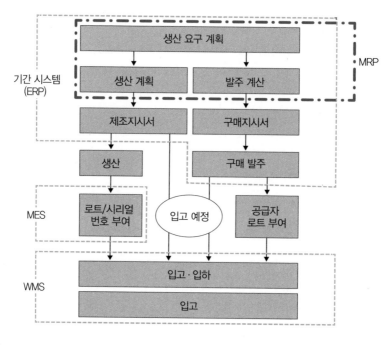

◆**발주 계산의 시스템 연동**

(4) 공장 IT 인프라; 제어반·IoT 단말기에서 PLC로

공장 IT 인프라가 되는 것이 **PLC**(Programmable Logic Controller), 설비 제어 장치, 핸디터미널(HT)과 현장 PC, 라벨 프린터, 계량기, 계측기, IoT 센서 등의 복합적인 장치이다.

이들 각 장치가 네트워크로 연결되어 있어서 데이터 연계가 가능하다. PLC는 프로그램 로직이 기입된 장치로 MES에서 받은 지시를 설비에 연계할 수 있도록 변환한다. 또한 설비에서 수집한 데이터를 저장하고 변환하여 MES에 건네는 기능을 한다.

복잡한 제어와 데이터의 수집이 필요한 경우 **SCADA**(Supervisory Control and Data Acquisition)라 불리는 시스템을 도입하기도 한다. SCADA는 설비의 감시 제어와 설비에서 데이터 취득을 의미하는 **FA**(Factory Automation)·**PA**(Process Automation)용 시스템이다. SCADA는 PLC와 연계하여 제어 데이터를 넘기거나 설비의 가동 데이터를 수집한다.

┃생산 관리의 데이터 흐름

계획·지시 데이터는 업무의 기능 계층을 상위에서 하위로 향해 'SCM ⇒ 생산 매니지먼트 ⇒ 제조·공정 관리 ⇒ 공장 IT 인프라'로 흘러간다. 시스템의 흐름으로 보면 계획·지시 데이터는 'SCP ⇒ ERP ⇒ MES ⇒ PLC ⇒ 기기'의 순이다.

실적 데이터는 계획·지시 데이터와는 반대 방향인 '기기 등 ⇒ PLC ⇒ MES ⇒ ERP ⇒ SCP'로 되돌아간다. 설비 제어 측 실적 데이터는 '기기 등 ⇒ PLC ⇒ SCADA'로 되돌아간다. ERP는 수취한 실적 데이터를 토대로 원가를 계산한다. 업무 기능 계층으로 말하자면 '공장 IT 인프라 ⇒ 제조·공정 관리 ⇒ 생산 매니지먼트 ⇒ SCM'으로 하위에서 상위로 되돌아가게 된다.

또한 실적 데이터를 집약, 집계해서 관리 지표 등을 '가시화'하는 구조가 **BI** (Business Intelligent)이다. BI의 데이터 소스가 되는 것은 계획·지시 데이터가 SCP, ERP, MES가 된다. 실적 데이터는 MES, SCADA, ERP에서 취득한다. 이러한 기능 관련과 적응 애플리케이션이 생산 관리 전체 시스템 구성의 프레임워크가 된다.

▌생산 관리를 구성하는 주변 시스템 기능

ERP, MES는 생산 관리의 근간이 되는 시스템인데, 생산 관리를 시스템으로서 성립시키기 위해서는 그 외의 주변 시스템이 필요하다.

우선 ERP가 가진 품목 구성을 관리하는 **BOM**(Bill of Material; 부품 구성표, 1-9 참조)에 품목의 구성과 품목의 최신 데이터를 제공하는 **PLM**(Product Lifecycle Management; 제품 라이프사이클 관리, 7-3 참조), 또는 **PDM**(Product Data Management; 제품 데이터 관리, 7-3 참조)이라 불리는 시스템이 있다. 제품에서 부품, 원재료에 이르는 구성을 관리하고 있다. BOM에 있는 품목 정보와 구성 정보는 MES에 연계된다.

창고 관리를 실현하는 WMS도 있다. 구입 부자재와 제품 등 현품을 관리하는 시스템으로, 생산 결과, 공장에서 출하 가능한 제품으로 영업 창고에 인도될 때 제품으로서의 현품 정보를 취득하는 것이 WMS이다. WMS의 현품 데이터는 ERP와 MES에 연계한다.

또한 수주와 출하를 담당하는 ERP의 판매·물류 기능, 무역 문서와 수출입을 관리하는 무역 관리 시스템, 공장 작업자의 근태를 관리하고 원가 계산의 토대가 되는 데이터를 제공하는 인사·근태 관리 시스템 같은 주변 시스템이 있다.

제약 제조사와 같이 품질 관리가 중요한 경우는 **LIMS**(Laboratory Information Management System; 품질 정보 관리 시스템)라는 시스템을 갖추고 있는 곳도 있다.

클레임이나 불량 관리를 하는 시스템도 있다.

◆생산 관리 기능과 주요 적합 시스템

	주요 업무 기능	주요 적합 시스템
SCM 기능	(SCM은 이 책에서 상세 설명 제외)	· SCP(Supply Chain Planner)
생산 매니지먼트 기능	· 생산 계획(기준 생산 계획) · 조달 계획 · 제조지시서·구매지시서 · 구매 계약 관리(소싱) · 원가 계산	· ERP(Enterprise Resource Planning) · MRP (Material Requirement Planning) · BOM(Bill of Material)[연계된 주변 시스템] · PLM(Product Lifecycle Management) · PDM(Product Data Management) · LIMS(Laboratory Information Management System) · BI(Business Intelligence) · 무역 관리 시스템 · 인사·근태 관리 시스템
제조·공정 관리 기능	· 소일정 계획 · 제조 지시 · 실적 수집·관리 · 발주 관리 · 입고 예정 관리, 수입	· 스케줄러 · MES(Manufacturing Execution System) [연계된 주변 시스템] · WMS(Warehouse Management System)
공장 IT 인프라	· 실적 데이터 취득 · 설비 제어	· PLC(Programmable Logic Controller) · SCADA(Supervisory Control and Data Acquisition)

생산 관리의 근간이 되는 ERP·MES와 연계된 주요 시스템은 앞 페이지의 표와 같은 장치인데, 제조 특성과 품목에 따라서 기타 서브 시스템이 등장하기도 한다. 오랜 세월 제조업은 현장 작업을 수행하면서 그때그때 필요한 기능을 추가해서 생산 관리에 관련된 시스템을 구축해왔다. 그러다 보니 사람 중심으로 되어 시스템이 복잡해졌다. 기능별로 패키지화된 IT를 능숙하게 사용하기 위해서라도 **지금부터는 생산 관리의 프레임워크를 제대로 정의하고 적합한 애플리케이션을 선택해서 심플하고 효율적인 장치를 구축할 필요가 있다.**

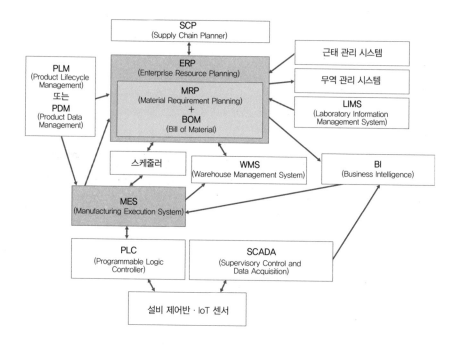

◆생산 관리에 관련된 시스템군

QCD 관리는 물론 원가 관리를 포함한 사이클을 고속·고도화한다

지표 관리와 수량 관리만으로는 부족하다, 돈도 관리해야 한다

▍전통적인 작업 관리와 QCD 관리 등의 지표 관리는 짧은 사이클로

생산 관리에서 전통적인 현장 관리인 작업 관리와 QCD 관리 등의 지표 관리는 계속해야 한다. 이들은 생산량, 양품률, 불량률, 수율, 직행률, 가동률, 생산 진도, 계획 준수율, 납기 준수율 같은 과거부터 관리되고 있는 지표로, 향후에도 관리를 해야 함은 말할 것도 없다. 제조 현장에서는 개선 활동을 촉진하여 개선 효과를 눈에 보이는 형태로 측정·가시화할 수 있는 장치가 필요하다.

▍생산 관리로서 수치 관리는 월단위 사이클보다 더 짧은 사이클화 필요

그러나 대다수의 공장에 **실적 수집 시스템이 제대로 통합, 구축되어 있지 않기 때문에 사람의 손으로 수집하고 있는 실정이다.**

제어반에 표시된 수치와 투입한 대수와 중량을 수집계해서 종이에 옮겨 적고 지시된 수량이 준비됐는지를 지시서에 손으로 적는다.

또 정지 횟수·시간, 정지 이유, 가동률이나 일시 정지 횟수·시간, 복구 시간을 사람이 일지에 기입하는 작업은 일본 제조업에서는 흔한 일이다.

수작업으로 실적을 수집하므로 생산 관리와 SCM에 실적 피드백을 월 1회밖에 할 수 없는 회사도 많이 있다. 모든 데이터가 월말·월초에 마감한 후 며칠 걸려서 집계·계산해야 비로소 알 수 있는 회사도 많다.

▎현품 재고와 장부 재고가 맞지 않아 정확한 재고를 파악할 수 없다

또한 **현장 재고의 수불을 관리하지 않기 때문에 월말까지 현장 재고와 장부 재고가 맞지 않는 일도 있어** 발주 계산을 하려 해도 부정확한 수치로 할 수밖에 없으며, 월 1회 재고를 마감하는 것도 수작업으로 하고 있다. 그 결과, 재고 조사에서 큰 차이가 나는 일도 빈번하다.

▎생산 관리의 일환으로 수치를 관리해야 하지만, 수치 관리만으로는 부족하다

생산 관리에서는 정체 없이 생산을 하기 위한 준비뿐 아니라 실적을 파악해서 개선하는 것도 중요한 기능이다. 실적 수집은 필수이기 때문에 수작업으로 현장 수치를 수집하는 것은 시스템이 갖춰지지 않은 상황에서는 어쩔 수 없다. 현장의 IT화가 필요하다.

그러나 생산 관리의 역할은 개선만은 아니다. 공장에 충분한 이익을 가져다줘야 하고 재고를 줄여서 현금 흐름을 개선해야 한다. 단순히 현장의 수치가 좋아지는 것이 아닌, 이익을 낳고 돈을 버는 생산을 실현해야 한다.

일찍이 내가 만난 클라이언트 중에는 제지 메이커와 제관 메이커, 화학 메이커등의 장치 산업도 많았다. 장치 산업은 설비 투자 금액이 방대하여 투자를 회수하기 위해서라도 장치의 가동률을 최대화해야 한다. 이 때문에 품종 수가 적고 대량 생산했던 시대에는 설비 가동률을 높이면 투자를 회수하는 것이 수월했기에 어떻게든 설비 가동률을 최대화하기 위해 품종 교체 빈도를 줄여서 **일괄 생산**했다.

그러나 지금은 소량 다품종 시대이다. 무리하게 설비를 가동하면 필요 없는 반제품이 많이 생긴다. 또한 일괄 생산에 의해서 특정 품종의 설비가 점유하면 필요한 품목을 만들 수 없는 사태도 발생한다.

이렇게 되면 재고 정체, 폐기 또는 결품, 판매 기회 손실이라는 결과로 이어진다.

아무리 설비 가동률 수치가 좋아져도 낭비되는 재고 정체가 일어나 판매 기회를 잃으면 오히려 회사의 수익을 악화시킨다. 즉 관리 수치가 목표를 달성하더라도 돈의 지표가 되는 재무 수치에 악영향을 미친다면 본말전도이다.

▌원가 관리와 매출·이익 관리도 통합해서 수행해야 한다

이러한 사태를 피하기 위해 생산 관리자는 과거와 같이 공장 생산 활동의 수치를 관리해야 할 뿐 아니라 **생산 결과가 원가와 현금 흐름에 어떤 영향이 있는지를 이해하고 매출과 이익 같은 재무 수치를 최대화하는 대응** 방법을 알아야 한다.

공장의 이익만을 생각하면 회사 전체에 피해를 끼칠 가능성도 있다. 현대의 생산 관리자는 공장에 갇혀 공장만을 생각해서는 안 되고 공장의 생산 활동이 전사에 미치는 영향을 고려하여 영업과 물류, 판매회사와 애프터서비스 부문 등 타 부서와의 연계를 고려하면서 회사 전체를 생각할 수 있는 자질이 필요하다.

◆관리 업무의 변화

관리 업무	기존의 관리	지향해야 할 관리의 고도화
지표의 관리와 대응	• 주로 결과 관리에 의한 개선 – 작업 관리 – QCD 관리	기존의 관리에 추가해서 • 주로 계획 관리 – 실적과 결과에 기초한 영향의 추정 – 재계획 – 투자 재검토 – 리스크 저감책
관리 사이클	• 관리 사이클 – 월단위 • 현장 즉응(리액션)	기존의 관리에 추가해서 • 관리 사이클의 짧은 사이클화 – 주 단위화 – 일 단위화 • 매니지먼트층의 즉응(리액션)
관리 단위	• 수치 관리 – 대수 – 시간	기존의 관리에 추가해서 • 금액 관리

생산 관리에서 글로벌 매니지먼트 개념의 부재는 치명적이다

공장을 넘어 글로벌로 매니지먼트해야

다거점화에도 불구하고 생산 총괄 기능이 없다

국내 제조에서도 여러 곳에 공장을 가진 기업이 적지 않다. 그래서인지 생산 관리 업무가 공장 단위로 개별 운영되고 있는 기업이 꽤 많다. 본래 공정의 정의와 작업 표준, 관리 방법, 지표의 정의·계산식과 수집 사이클 등은 전 공장에서 공통화해야 하지만 이러한 것조차 소홀히 하는 기업이 많다.

관리와 작업 방법이 표준화되어 있으면 부서를 이동해도 바로 업무할 수 있는데, 공장 공통의 표준을 정의하는 기능이 없다 보니 인수인계라고 해서 후임자가 혼자서 할 수 있을 때까지 몇 개월이나 걸려 시간이 낭비되고 있다.

또한 시스템도 공장마다 제각각으로 도입되고 있어 연계가 불가능하고, 막상 연계하려고 해도 막대한 인터페이스 구축비용을 들여야 한다. 모든 공장에서 같은 IT 기기와 패키지를 도입했다면 경험도 축적되고 구입비용도 줄일 수 있으며 효율적인 운용이 가능하지만 이를 총괄하는 기능이 없는 것이다.

국내에 있는 어느 공장이든 업무 방법과 관리 방법, 시스템을 통일할 수 있는 표준화 촉진 생산 총괄 기능이 필요하다.

공장은 전 세계로 확산되는데, 업무도 IT도 표준화되어 있지 않다

비단 국내만의 이야기는 아니다. 판매도 생산도 해외로 진출하고 있다. 그러나 해외 공장의 경우 설비 도입과 같은 기술적인 지원과 공장 가동 시의 생산 관리 업무를 지도하기는 하지만 일단 가동하고 나면 독립채산이 되어 독립성을 갖고 독자적인 생산 관리를 하는 것이 일반적이다.

생산관리시스템도 구축과 운용에 제약이 있기 때문에 현지의 IT 벤더에게 구축 업무를 맡긴 결과 본사와 자국 내 공장, 타국 공장과 시스템이 다를 뿐 아니라 생산 관리 업무도 독자화하는 결과를 낳고 있다.

또한 **해외 공장에서 국내와 다른 관리 지표를 이용하는 탓에 보고를 받아도 상황을 이해하지 못해 판단할 수 없는 경우도 생긴다.** 시스템도 서로 달라 해외 공장에 데이터를 제공해줄 것을 요구해도 데이터의 수집 방법과 기준, 계산식에 차이가 있어 데이터의 의미를 알 수 없고 원하는 데이터를 제공받지 못하는 일도 일상다반사이다.

이런 상황에서는 자국 내에서 해외 공장 상태와 실적을 제대로 파악하지 못한다. 내가 아는 제조업에서도 담당자가 바뀌면 숨어 있던 재고가 드러나거나, 전혀 수율이 오르지 않는데 오랜 세월 원인이 되는 장소를 특정할 수 없는 등 허술한 상황이 이어지고 있다.

▍작업 표준화뿐 아니라 설비, 공정 정의, 원가 구조, 지표를 표준화

국내와 해외를 가리지 않고 사업 특성과 설비 특성은 고려해야 하지만 작업 표준과 관리에 관련된 표준은 가급적이면 통일해야 한다. **특히 생산 관리에 관한 관리 항목, 관리 표준은 가능한 한 통일하는 것이 좋다.** 그렇지 않으면 같은 기준의 데이터를 취득하지 못해 각 공장의 양부를 통일된 기준으로 판단할 수 없기 때문이다. 비유하자면 '사과와 귤'이 아니라 '사과와 사과'를 비교할 수 없으면 통일된 비교가 불가능하다.

가급적이면 설비도 표준화해야 한다. 이것은 생산 기술 영역이지만 같은 사업, 같은 제조를 하는 거라면 가능한 한 설비도 표준화할 필요가 있다. 그래야 조작도 표준화되고 보수 업무도 표준화되기 때문이다.

추가해서 공정 정의와 원가 구조도 같아야 한다. 같은 품목을 만드는 데 A공장과 B공장에서 공정을 구분하는 방법이 다르면 독자적인 작업 표준이 필요하다. 또한 공정 분리 방법이 상이하면 실적 수집의 포인트가 달라 원가 계산에 피드백할 때 실적 연계 방법이 달라진다. 결과적으로 공장마다 자체적으로 개별성을 허용해버려 한층 더 복잡해진다.

마찬가지로 관리 지표도 계산 방법과 원 데이터, 수집 사이클과 계산 사이클 등을 통일하지 않으면 안 된다. 지표를 계산하는 방법이 다르면 공장별 비교가 곤란해져 개선 지도를 할 수 없다.

▌멋대로 시스템을 도입하지 않도록 메인 공장·본사에서 IT 통제

시스템을 멋대로 도입하면 그에 따른 별도의 투자 비용이 발생해서 비효율적인데다 공장마다 IT 기술자가 필요해져 A공장의 시스템 담당 인력과 인재와 B공장의 시스템 담당 인력을 따로 둬야 하는 상황이 된다.

시스템 조작이 다르기 때문에 자리를 이동하면 조작 방법에 익숙해지는 데도 시간이 걸리며 본사에서 데이터를 자동으로 수집하려고 해도 개별 인터페이스가 필요해 막대한 시스템 개발 비용이 든다.

생산 관리 업무를 표준화해서 총괄하는 데 그칠 게 아니라 IT도 통제하는 기능이 필요하다. 글로벌 생산 총괄 기능과 병행해서 글로벌 IT 통제 기능이 필수이다.

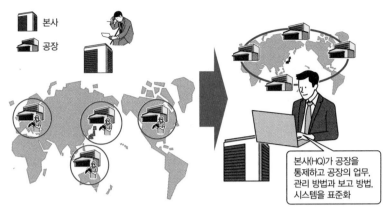

본사

공장

본사(HQ)가 공장을
통제하고 공장의 업무,
관리 방법과 보고 방법,
시스템을 표준화

공장 단독 관리로 인해 공장별 표준화 및 통제가 되지
않고 관리 수치도 통일되어 있지 않기 때문에 데이터를
취합하지 못해 보고도 관리도 원활하지 않는다.

어느 공장에 가도 같은 기준으로 공장이 관리·
운용되어 같은 기준의 데이터를 바로 파악할 수 있다.

◆공장 단독의 관리에서 통합의 글로벌 매니지먼트로

이를 위해서는 생산 관리 업무를 표준화해 통제 기능을 가진 **메인 공장**과 생산

관리시스템을 비롯한 글로벌로 IT를 통제하는 **헤드쿼터**(HQ) 기능이 본사에 있어야

한다.

▌본사가 관리 · 통제하기 위한 회의체와 SCM

이러한 표준화는 생산 총괄 기능의 필요성은 충족하지만 충분하지는 않다. **항상**

지시를 내리고 감시·통제하는 업무가 필요하다.

이 업무라는 것은 예산을 통제하는 것인데, 반기, 분기, 월 단위로 실시하는 생산

총괄 회의 등의 지시와 보고, 조정, 의사 결정을 포함한 회의체 운영을 통해 본사가

관련 회사를 총괄 지배하는 것이다. 예산대로 생산하고 있는지, 관리 지표 결과는

어떤지, 앞으로의 계획 달성 전망은 어떤지 등을 각 공장에 보고하도록 한다. 특히

대규모 투자는 공장에서 마음대로 집행할 수 없도록 한다. 대규모 투자의 예산 집행

결재 권한을 본사가 갖도록 한다.

 개선 진도, 문제점 보고와 대책, 각국에서 도움과 조정이 필요한 점을 검토하고 생산 총괄을 조정하는 경영층이 의사 결정을 한다. IT 투자도 이 의제에 포함해서 메인 공장과 본사의 HQ가 연계해서 결재하는 형태로 한다.

 글로벌의 물건 거래가 있는 경우는 생산 총괄 기능뿐 아니라 판매를 하는 영업, 부품과 원재료를 글로벌로 조달하는 글로벌 조달 기능도 함께 글로벌 SCM으로서 회의체를 갖고 진행해야 한다.

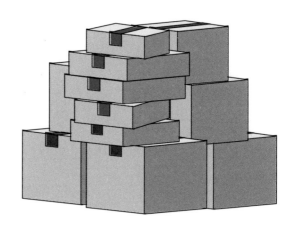

1-7 IoT · 로봇으로 공장을 시스템화한다

표계산 작업은 시스템이 아니다. 생산 관리자는 시스템에 정통해야 한다

▌IoT 실현에는 공장의 시스템화가 필수

모든 사물과 관련되는 데이터를 인터넷화하는 IoT(Internet of Things) 활용이 활발하다. 제조 현장의 설비와 사물에 관련된 정보도 인터넷 기술에 의해서 간단하게 수집하고 데이터베이스화해서 활용할 수 있는 세상이 도래할 거라고 한다. 그런 날이 곧 오겠지만 현 단계에서는 전제 조건이 갖추어져 있지 않다. 공장 내의 시스템화가 아직 불충분하다.

IoT 센서를 설비에 부착해서 기계 가동과 이상 진동, 소리, 온도 등을 수집해도 **그 자리에서 데이터를 취득하면 끝이다. 왜냐하면 공장이 네트워크화되어 있지 않기 때문이다.** 고립된 섬처럼 단독으로 존재하는 설비의 데이터를 수집해봐야 그 어디에도 저장되지 않기 때문이다.

또한 IoT 센서만 부착한다고 해서 의미 있는 데이터를 추출한다고 보장할 수 없는데, 즉흥적으로 IoT 센서를 설치해 아무런 효과적인 정보도 수집하지 못하는 상황도 속출하고 있다.

특히 '빅데이터 해석' 같은 유행어에 편승한 경우 실패하는 경우가 많다. 원래 통계 지식이 없어 상관관계와 인과관계를 혼동하거나, 인과관계를 확인하기 위한 가설에 기초한 모델화를 수행하지 않는 한 데이터를 얻어도 아무런 관계도 없는 실적만 수집되는 상황에 빠진다.

수집하는 데이터에서 무엇을 추측할 수 있는지, 그 인과관계는 타당한지 등을 모

델화해서 검증하고 확증을 갖고 도입하지 않으면 IoT 센서가 무용지물이 돼 버린다. 또한 모델화했을 때 취할 수 있는 데이터에 신빙성이 있는지의 여부도 검증해야 한다. 통계적으로 의미 있는 데이터를 취할 수 있는지, 인과관계를 보증할 만한 데이터적인 뒷받침은 있는지를 검증해서 확신이 서지 않으면 낭비로 끝날 가능성이 있다.

▌계획⇒지시⇒제어, 실적⇒가시화의 시스템화

데이터를 확보하는 것이 중요하다고 해서 단순히 실적만 취해도 의미는 없다. 예를 들어 내가 아는 제조업에서 공정상에 있는 부품에 **RFID**(Radio Frequency Identifier)라 불리는 전자 태그를 부착하고 그 부품이 있는 위치를 파악하여 남아 있는지 이동했는지를 측정하는 곳이 있다. RFID는 전자 태그이므로 RFID를 읽을 수 있는 리더를 두고 식별하면, 그 장소를 벗어났는지 또는 그 장소에 머물고 있는지를 전자적으로 파악할 수 있다. **RFID는 개당 비용이 여전히 비싸서 도입하려면 투자 비용이 많이 든다.**

이 기업에 RFID를 부착하면서까지 부품을 추적하고 있는 이유를 묻자, 정체되어 있지는 않은지를 감시하고 있다고 한다. 그러나 현장에서는 가동률을 높이기 위해 절차를 최소화하고 일괄 생산하는 방식을 취하고 있다. 이래서는 당연히 체류한다. 일괄 가공된 부품은 다음의 조립 공정에 사용될 때까지 체류하기 때문이다. 이 기업은 가공 공정은 일괄 제조하고 조립 공정은 수주가 있으면 조립하기기 때문에 가공품이 제조 중인 상태로 체류하는 것이 당연한 생산 방식이다.

계획적인 체류가 당연한 생산 방식인데, 체류하고 있는지를 측정하는 것이 얼마나 의미가 있는 걸까. RFID에 비싼 돈을 들였지만 계획적인 체류는 의미 있는 체류이므로 감시 방법을 바꾸어야 한다는 논의가 있었다. 결과적으로 단순한 일시적인 체류를 문제 삼지 말고 계획·지시에 대한 진도를 관리하는 데 있어서 그 체류가 계획적으로 타당한지를 가시화해서 장기 체류만 감시하기로 했다.

어차피 RFID를 부착하는 김에 제조 실적을 수집, 축적하여 계획 준수와 작업 시간의 준수 상황, 수집한 실적 트렌드를 가시화하는 관리 방법으로 변경됐다.

이처럼 단순히 상황을 가시화해도 그것이 타당한지의 여부를 판단하는 기준이 없으면 의미가 없다. **계획과 지시의 대비가 가능한 측정과 가시화를 수행하기 위해 트렌드를 반영해서 악화하는지 개선하는지를 판단할 수 있는 측정 방법으로 바꾼 것이다.**

IoT와 RFID로 기술적으로 데이터를 수집할 수 있게 됐다고 해서 가장 효과적이고 의미 있는 데이터 수집과 가시화를 하지 않으면 투자가 낭비되므로 주의가 필요하다.

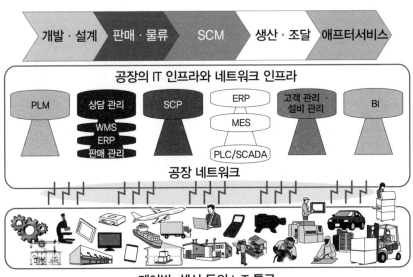

◆IoT 툴을 활용 하려면 공장의 네트워크 정비가 필수

▌설비⇔제어반·센서⇔지시·실적 수집을 위한 IT 인프라 정비

제어반과 IoT 센서를 사용해서 수집한 데이터와, 계획과 지시를 비교하기 위해서는 제어반과 IoT 센서를 PLC 및 SCADA와 연결하고 다시 MES로 연결하지 않으면 안 된다. 연결되어 있지 않으면 오히려 데이터를 손으로 수집해야 하는 등 더 번거롭다.

제어반과 IoT 센서가 지시·실적을 축적하는 MES나 SCADA와 연계되어 있지 않으면 결국 사람의 손으로 데이터를 비교할 수 있도록 가공하고 집약해야 하는 수고로움도 따른다. 그런데다 MES나 SCADA로 수집한 실적도 BI의 형태로 비교나 트렌드의 가시화가 불가능하다면 단순한 수치에 불과하기 때문에 그것을 분석하기 위해서는 다시 또 수고가 들어간다. 공장 내 IT 인프라를 정비하지 않으면 IoT 센서로 관리 수준을 개선하는 것은 어렵다.

▌공장 IT 인프라는 설비 투자와 IoT 투자의 구분, 표준화가 필요

제조업 설비에 관련된 시스템 기반은 생산 기술부와 설비 제조사가 구축하고 생산관리시스템은 정보 시스템부가 구축하게 돼 있어 양자가 구분되어 있다. 그런데다 제조 실행 시스템인 MES는 역할 분담이 명확하지 않은데, 굳이 말하자면 생산 기술부와 설비 제조사, 계장기기 제조사가 도입하고 있는 경우가 많아 결국 공장에 관련된 시스템 도입을 통합해서 수행하는 기능이 없다.

그 결과 IoT 센서를 포함해서 MES와 연결하려면 누가 주도해야 하는지를 알 수 없어 도입하는 데 어려움이 있다. 또한 프로젝트화해서 추진하는 역할도 결여되어 있다.

지금은 IT가 빠르게 발전하고 있어 그에 맞춰 공장 인프라·설비 투자와 IT 투자의 구분과 표준화, 역할 분담이 요구되고 있다.

설비와 제어반, IoT 센서, PLC 투자는 생산 기술부가 판단하고 SCADA와 MES 투자는 IT 부문이 판단해야 한다. 설비에 가까운 공장 인프라는 공장의 개별성도 있기 때문이다. 한편 SCADA와 MES는 공장 전체에서 표준화해야 하므로 IT 부문이 투자를 판단하고 표준화를 유지한다.

또한 IoT 센서와 PLC, MES, SCADA를 도입할 때는 공사로 취급할 게 아니라 IT 도입 프로젝트로 받아들여 IT 부문도 반드시 참가한다. IoT 센서와 PLC 도입은 생산 기술부가, MES와 SCADA는 IT 부문이 주도한다.

생산 관리를 중요 자질로 인식하고 인재를 육성

작업 개선뿐 아니라 생산 관리 교육으로 인재를 키워야 한다

∥ IE 교육, QC 교육, 개선 방법도 중요하지만 그것만으로 부족하다

기업에 소속되어 있는 사람은 깨닫지 못하겠지만 기업을 지탱하는 인재와 자질에 먹구름이 드리우고 있는 건 아닐까? 인재의 대다수는 소속 조직 안에서 전문가일 뿐 **회사 전체에서 업무가 어떻게 흘러가는지를 모른다.**

제조업에서는 작업을 분석해서 개선하는 **IE**(Industrial Engineering; 생산공학), 품질과 업무를 분담해서 개선하는 **QC**(Quality Control; 품질 관리) 등의 현장 개선 방법을 오래전부터 가르쳐왔다. 제조라고 해서 장인의 기술 전수도 중요하게 여겨왔다.

그 결과 이전부터 해오던 개선과 사소한 기술에만 치우치다 보니 시스템적 제조를 위한 관리기술이 발달하지 못해 생산 관리와 생산 기술 같은 생산을 둘러싼 기능이 쇠퇴했다. 생산 관리와 생산 기술 등의 교육 수법이 개발되지 않은 것은 물론 표준화도 되지 않고 사람 중심으로 되어 체계적인 교육이 이루어지지 않았다.

시스템으로서 체계를 만들지 않았기 때문에 생산을 시스템으로 다루는 개념이 자리잡지 못해 사소한 개별 기술에 고집하여 전체를 시스템으로 효율적으로 연결해서 매니지하고 컨트롤하는 개념이 약하다.

따라서 문제가 일어나도 임시방편에 빠진 결과 이쪽을 수정하면 저쪽에서 문제가 일어나는 상황이 쭉 이어졌다. 가령 "왜'를 5회 반복하라'와 같은 캐치프레이즈는 문제를 특정하는 데 효과적이지만 시스템 전체를 파악하지 않고, 문제가 발생한 현장의 최하층에서 거슬러 올라가 원인을 찾다 보니 시야가 좁은 임시방편적인 리

제1장 제조업에 큰 변혁의 파도가 밀려온다

스크를 겪고 있다.

▌개인의 책임으로 돌리지 않고 시스템을 수정해야 한다

또한 사람 중심의 관리를 전제로 하기 때문에 문제가 드러나면 문제를 일으킨 개인에게 책임이 있다고 여기고 책임을 전가한다. 이런 식이면 사람이 바뀌어도 여전히 문제가 일어나기 때문에 영원히 해결되지 않는다.

문제는 생산을 매니지하고 컨트롤하는 관리·지시 방법, 즉 시스템에 있으며 업무 방식과 절차를 바꾸어 지속적인 대책을 강구해야 한다.

내가 아는 제조업에서는 투입 원료와 투입해야 할 설비 및 투입 순서를 틀리는 오류를 없애기 위해 사람을 늘려서 더블 체크하는 방법으로 대응한 회사가 있었다. 그런데도 오류가 발생하자 세 명이 트리플 체크까지 하는 사태가 됐다. 이 예와 같이 사람의 문제라고 판단해서 사람을 늘려서 대응하는 방법은 너무도 비효율적이다.

그래서 **핸디터미널**(HT)로 지시하고, 투입 시의 원재료와 설비의 대조 작업을 바코드를 사용해서 핸디터미널로 읽어들여 오류를 없애는 데 성공했다. 또한 투입 순서 오류도 지시 사항 하나하나를 순서대로 핸디터미널에 보내고 그 순서에 따라서 바코드로 읽으면서 투입한다. 가령 순서가 잘못된 원재료의 바코드가 읽히면 에러가 표시되도록 해서 방지한다.

이렇게 해서 트리플 체크와 같이 사람에 의존한 방식이 아닌 시스템으로 컨트롤할 수 있도록 함으로써 설령 혼자서 작업해도 오류가 일어나지 않는다. 임시방편인 트리플 체크가 아니고 근본부터 지시와 체크 방법을 바꾸어 사람이 판단하지 않아도 핸디터미널의 지시에 따르면 오류가 생기지 않도록 한 것이다.

현장에서 임기응변식으로 대처하는 것이 아닌 시스템 자체를 바꾸어 해결책을 강구하는 활동이야말로 중요하다. 그러려면 생산 관리와 제조·공정 관리, 생산 기술이 협력해서 해결할 필요가 있다.

▎생산 관리를 프레임워크화해서 교육해야

업무 방법을 바꾸려면 생산 관리를 프레임워크로 받아들이고 원인과 결과의 시야를 넓혀 **업무 흐름과 각 업무의 전후 관계 및 영향 범위를 생각하는 자질을 키울 수 있도록 교육해야 한다.**

작업 레벨의 업무 이야기 전에 어떻게 생산이 준비되는지의 계획 업무부터 가르친다. 또한 결과물로서 현장 실적을 수집하고 끝낼 게 아니라 제조 결과인 각 실적의 수치가 원가와 경리 수치, 나아가 재고와 매출·이익에 어떻게 영향을 미치는지를 알아야 한다. 그렇게 하지 않으면 제조 현장에서 일어난 혼란이 단순한 작업 문제인지 그렇지 않으면 계획이 미흡한 탓인지 알 수 없으며, 금액으로 환산한 수치에 아무런 영향을 미치지 않는 현장을 개선하는 오류를 범할지도 모르기 때문이다.

생산 관리의 프레임워크를 알고 시스템으로서의 원인 파악, 해결책 지시가 가능하도록 해야 한다.

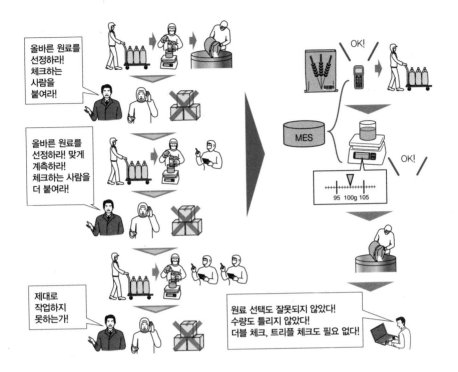

◆ 개인에게 책임을 전가하지 않고 시스템을 수정한다.

생산 관리와 엔지니어링 체인의 연계 과제

기능·제조 설계와의 연계, 공정 관리와 원가 계산과의 공정 인식 제조의 과제

▌설계와 생산 관리는 BOM과 공정 순서에 따라 연계된다

공장에서 생산을 성립시키려면 생산 관리만으로는 불가능하다. 생산 관리의 전제로 설계 업무가 제대로 돼야 한다.

설계 흐름은 **엔지니어링 체인**이라고 부른다. 생산 관리를 중심으로 한 생산 활동은 **서플라이 체인**이라고 하며 엔지니어링 체인과 서플라이 체인은 BOM으로 연계된다.

BOM은 제품을 최상 위에 두고 부품을 전개하는 장치이다. 제품 A의 아래에 부품 B, 부품 C, 부품 D가 있고, 부품 B는 자부품 B1, 자부품 B2, 자부품 B1은 원재료 X로 만들어져 있다는 식의 구성을 나타낸 것이다.

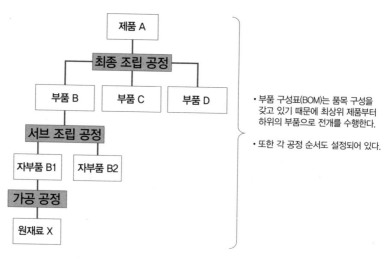

· 부품 구성표(BOM)는 품목 구성을 갖고 있기 때문에 최상위 제품부터 하위의 부품으로 전개를 수행한다.

· 또한 각 공정 순서도 설정되어 있다.

◆부품 구성표(BOM) 이미지

제조를 성립시키기 위해서는 BOM에 공정 순서를 설정한다. 제품 A는 최종 조립 공정을 거쳐 완성되며 부품 B는 서브 조립 공정을 거치고 자부품 B1은 원재료 X를 가공 공정에서 가공해서 완성하는 예이다.

BOM은 최종 내부 제조 소요량 계산, 외주 발주 계산, 구매품 발주 계산이 가능한 구성을 취한다.

설계 BOM, 제조 도면, 생산 BOM, 서비스 BOM

설계 업무는 제품의 기능을 설계하고 종합 도면을 작성한다. 또한 상세한 부품 도면을 만든다. 작성은 CAD 등을 이용해서 설계 부분이 담당한다. 기능 설계가 끝나면 도면이 완성되고 설계용 부품 구성으로서 **설계 BOM**이 생긴다.

기능 도면은 어디까지나 제품의 기능 구성을 나타낼 뿐이므로 이것만으로는 제조할 수 없다. **기능 설계상의 부품 도면만으로는 조립하는 순서를 알 수 없다.** 예를 들면 부품 도면에 하네스(harness)가 붙어 있다고 해도 조립 순서로 말하면 먼저 본체에 하네스를 붙이고 나서 부품을 나중에 조립하는 경우 도면상은 본체에 하네스가 붙어 있는 형태로 제조 부문에 건네지지 않으면 제조 순서인 공정을 짤 수 없다.

제조를 성립시키기 위해서는 공정 지식을 가진 생산 기술부와 협력해서 **제조 도면**(3-9 참조)을 작성해야 한다. 앞에 나온 하네스의 예에서는 본체 조립 공정에서 부품 도면에 있는 하네스를 본체에 조립하게 되어 있어 부품 도면과 제조 도면을 바꾸어두지 않으면 안 된다. 생산 관리에서는 제조 도면을 토대로 본체를 제조할 때 하네스를 조립하는 공정을 만들어 제조용 BOM(생산 BOM)으로 사용한다.

생산 단계에서는 양산품과 함께 보수용 부품=**서비스 부품**이 만들어진다. 서비스 부품은 양산이 끝나도 계속되기 때문에 부품 구성이 바뀌는 설계 변경이 자주 일어난다. 따라서 생산 BOM뿐 아니라 설계 BOM에서 **서비스 BOM**을 만들어 유지·관리해두지 않으면 안 된다.

엔지니어링 체인에서의 흐름은 '기능 도면 ⇒ 설계 BOM ⇒ 제조 도면 ⇒ 생산 BOM ⇒ 서비스 BOM'이 된다.

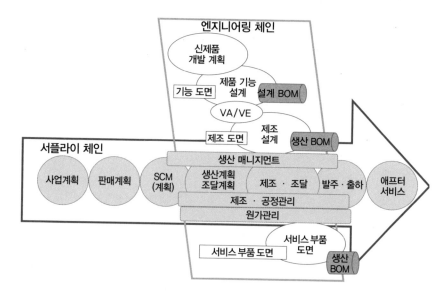

◆ 서플라이 체인과 엔지니어링 체인의 관계

▌취약해진 생산 기술을 생산 관리에 전가하는 것을 막아야

생산 기술 부문이 제조 설계를 할 능력이 없어 이를 대신해서 생산 관리 부문이 기능 도면을 보고, 부품을 공정에 분배하고, 제조 도면 없이 조립 순서를 생각해서 생산 BOM을 만드는 기업도 많아졌다. 이렇게 하면 본연의 업무인 제조 설계를 담당하지 못해 효율적인 공정 조립을 보증할 수 없다. 제조 도면이 없는 상태에서 설계가 변경된 경우 일일이 생산 BOM의 구성을 좇아 생산 관리가 부품을 바꾸지 않으면 안 되는 낭비 공수가 발생된다.

취약해진 생산 기술 부문의 업무를 생산 관리 부문이 대신해서는 생산 관리 본연

제
1
장

제조업에 큰 변혁의 파도가 밀려온다

의 업무에 영향을 미친다. 제조업은 생산 관리뿐 아니라 생산 기술의 강화, 엔지니어링 체인 업무 기능을 재구축해야 하는 상황에 놓였다.

▌생산 매니지먼트, 제조·공정 관리, 원가 관리표의 공정 인식 조정

또한 공정 설계가 취약하다는 것은 공정에 대해 제대로 인식·정의되어 있지 않다는 뜻이기도 하다. **공정 인식**이란 공정의 구분이다. 공정은 가공 공정, 조립 공정과 같은 식으로 정의된다.

공정 인식은 조직 계층별로 차이가 있다. 생산 관리에서는 계획을 입안하고 계획의 진도와 실적을 파악할 수 있는 공정을 관리한다. 한편 원가 관리에서는 원가를 계산하는 공정을 인식하고 실적을 집계한다. 공장의 가동 상황과 설비의 작업 할당 및 진도를 파악하는 공정 관리에서는 공정을 세분화해서 볼 필요가 있다.

각 관리 단계에 맞춰 공정을 정의하고 지시와 실적의 수집 포인트를 정하지 않으면 안 되는데, 계층별로 관리 목적이 다르기 때문에 실적 데이터를 수집하는 시스템이 잘못 배치될 가능성이 있다.

예를 들면 생산 기술 부문이 공정의 가동 상황을 파악할 목적으로 설비별로 고액의 투자를 하고 가동 센서를 부착했다고 하자. 그러나 그 공정의 가동 실적은 생산 관리에서도 원가 관리에서도 필요 없으며 가장 큰 단위인 공정의 최종 실적만 취하면 충분한 경우가 있다. 반대로 최종 공정의 설비에는 센서가 없어 사람이 일지에 손으로 기입해서 실적을 수집하는 예는 이루 다 열거할 수 없다.

공정 관리상의 관리 포인트, 생산 관리상의 관리 포인트, 원가 관리상의 관리 포인트를 통합해서 실적 수집 장치를 도입하여 각 계층에서 활용할 수 있는 시스템을 도입하는 공장 내 시스템의 설계·도입 활동이 필요하다. **이를 위해서라도 마무리된 공정 인식을 재정의하지 않으면 안 된다.**

생산 관리 업무를 재정의한다

생산 관리 업무와 시스템의 프레임워크화를 실현해야

▍생산 관리의 프레임워크 정리

생산 관리는 오래 전부터 존재하던 업무 기능이지만 그 의미가 정립되지 않은 채 용어가 앞서 도입됐다. 이러한 점에서 생산 관리라고 하면 마치 작업 공정 관리를 고도화하는 것이라고 받아들이기 쉽지만 실제로는 생산 활동 전체의 질 향상에 도움이 되는 업무 기능을 말한다.

일반적으로 연상되는 생산 관리는 매우 좁은 범위의 기능으로 공정 진도와 매출 실적, 가동 실적을 관리하는 등 이른바 제조·공정 관리의 수준이다. 기존의 좁은 범위의 생산 관리는 협의의 생산 관리라고 할 수 있겠다.

그러나 **생산을 성립시키기 위해서는 생산 계획, 능력 계획, 자재 계획과 구매 계**

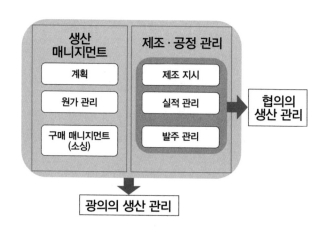

◆광의의 생산 관리와 협의의 생산 관리

획이 필요하다. 또한 결과를 관리하기 위한 원가도 필요하다. 이러한 생산을 성립시키는 계획과 의사 결정에 관한 매니지먼트 업무 또한 광의의 생산 관리 업무 기능이다. **광의의 생산 관리 = 생산 매니지먼트**에서는 판매 계획과 수주를 연계할 필요가 있어 SCM 업무와의 연계가 중요해진다. 생산 활동 자체는 SCM의 중심이 되는 기능이다.

▍생산 매니지먼트와 제조·공정 관리가 모호해서는 안 된다

일본 제조업의 경우 생산 매니지먼트 기능과 제조·공정 관리 기능의 영역(계층) 구분이 애매하다. 때문에 시스템 선택과 구축의 관점에서 복잡기괴한 추가 개발이 생길 리스크를 안고 있다. 두 영역의 인식·정의가 모호하기 때문에 필요 이상으로 복잡하고 낭비되는 시스템을 구축하거나 사람의 손으로 시스템 간을 연결하는 결과를 초래하고 있다.

예를 들면 생산 매니지먼트 영역에서 해야 할 소요량 계산 기능을 제조·공정 관리 영역인 소일정 계획으로 수행하거나 상세한 작업 공정의 작업 전개·지시까지 생산 매니지먼트로 수행하다 보니 과도한 기능을 부적합한 시스템에 요구하는 일이 자주 있다. 결과적으로 패키지로는 적합성이 떨어져 말도 안 되는 복잡한 시스템을 추가 개발하거나 사람이 데이터를 가공해서 도입하는 상황을 초래한다. 이를 방지하기 위해 **생산 관리와 제조·공정 관리를 엄밀하게 구별하고 적절한 패키지를 조합하도록 하자.**

▍생산 관리 프레임워크와 시스템 프레임워크의 통합

생산 관리를 생산 매니지먼트와 제조·공정 관리로서 재정의해서 계층화한다. 최상위를 생산 예산·공장 예산으로 하면 생산 계획 ⇒제조지시서·구매지시서가 된다.

제조·공정 관리는 계획적으로 의사 결정된 제조지시서를 받아서 생산 순서 계획상의 소일정 계획을 세우고 공정을 전개하며 작업 지시·순서 지시로 이어진다. 구매지시서는 발주로 이어지고 입하 시에 발주 품목이 제대로 입고됐는지를 체크하기 위한 입고 예정이 된다.

이어서 공정, 설비에 자재 출고와 제조를 지시해서 생산 활동이 이루어진다.

작업의 결과로서 자재 입출고 실적, 설비 투입 실적, 작업 실적, 매출, 실패·불량 실적, 설비 가동 등의 작업 실적과 가동 실적이 수집되면 제조·공정 관리상의 지시가 완료된 것으로 보고 스테이터스(상태, status)를 변경한다. 완료된 것의 스테이터스를 변경하는 것을 **취소**라고 한다. 지시를 취소한 실적은 생산 매니지먼트 측에 연계되어 지시서를 취소하고 생산 실적, 입출고 실적, 재고 실적 등의 실적이 계상된다.

생산 매니지먼트상 집약된 수량 베이스의 실적은 금액으로 환산되어 원가로 적산되고 원가 계산에 반영된다. 금액뿐 아니라 분석이나 판단에 필요한 매출, 양품률과 수율 등의 품질 정보, 납기 준수, 가동률 같은 지표도 집계, 가시화된다.

일련의 계획⇒지시⇒실행의 흐름과 실적의 흐름은 계층화해서 서로의 차이를 체크하는 V자형 계층 관계에 있다. **생산 관리의 V모델**이라고 해도 좋을지 모르겠다.

생산 매니지먼트 총괄 기능의 설치와 생산 IT 통제의 필요성

생산 관리 V모델은 시스템이 적절하게 배치·연계되도록 설계되어 있으면 사람의 손을 거치지 않고도 시스템에서 데이터가 연계되도록 구축할 수 있다.

그러나 일본의 제조업은 프레임워크를 갖고 업무와 시스템을 만들지 않았기 때문에 각 계층이 연결되어 있지 않고, 시스템도 누락되어 사람이 그 틈새를 연결해서 표계산 소프트웨어나 종이로 데이터를 건네고 있다.

유감스럽게도 생산 관리 전체를 프레임워크화해서 업무 시스템을 설계하고 마무리해서 도입하는 사례는 드물다. 시스템 전체를 정합해서 설계하고 생산 관리를 표준화하는 활동의 필요성이 다시금 제기되고 있다.

일본은 제조업이 강하다고 평가받고 있지만 실상은 그렇지 않다. **공장이 다르다고 해서 관리 방법이나 IT가 서로 다른 체계라면 제대로 된 관리 · 통제는 불가능하다.** 생산 매니지먼트를 총괄하는 기능의 설치와 생산 IT를 조직적으로 통제하지 않으면 제각각 운영되어 통합할 수 없는 공장군이 되고 만다.

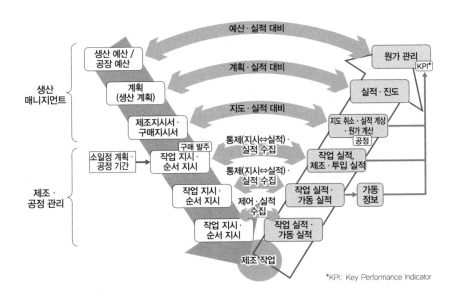

◆생산 관리의 V모델

▌현장은 중요하지만 생산 매니지먼트는 어디까지나 위로부터의 통제 관리

일본의 제조업은 전후(戰後) 물건이 귀하던 시대부터 발전해왔다. 고도 경제 성장기의 소품종 대량 생산 시대에 자원이 '사람'밖에 없었던 탓에 현장 작업을 가장 중요하게 여기고 현장이 효율적으로 움직임으로써 부가가치를 만들어내는 수단으로 인식했다.

눈으로 보는 관리, 실수 방지 시스템이나 5S, IE, QC, 소집단 활동 같은 현장 개선을 통해서도 충분히 돈을 벌었던 시대가 길었기 때문에 체계적으로 생산 활동을 구축하고 IT를 활용하겠다는 개념 자체가 희박했다.

현장을 우선해서 현장주의, 즉 '관리하지 않는 것이 최고의 관리'임을 내세워 현장을 중요하게 여겨왔다. 물론 맞는 말이지만 결국 현장의 개선 방법밖에 만들지 않았기 때문에 생산 활동을 전체적으로 총괄 관리하는 기능 설계와 통제 관리를 수행하는 장치와 시스템 구축에 소홀했다.

대량 생산·대량 소비 시대가 끝나고 다품종 소량 생산에 대한 대응과 제품의 개폐, 조달 제약의 고도화 등과 같은 변화가 격심한 시대가 되자 현장 개선 방법만으로는 경쟁에서 이길 수 없게 됐다.

생산 매니지먼트는 리스크를 신속하고 조직적으로 파악해서 의사 결정해야 하는 기능이다. 이를 위해서는 신속하게 실적을 파악하고 고도로 분석하여 적절하게 계획을 변경하고 적시에 지시를 내릴 수 있어야 한다. 그러한 업무 틀은 현장에서 자연발생적으로 생기는 게 아니라 어디까지나 위로부터 업무 설계, 시스템 도입과 통제 관리가 필요하다.

현장은 중요하지만 그것만으로는 경쟁에서 이길 수 없다. **생산 매니지먼트는 어디까지나 위로부터의 통제 관리를 말한다.**

▎'제조'를 말하는 사이에 낙오되지 않도록

최적의 생산 관리 체제를 만드는 것이 제조업에 놓인 긴급한 과제이다. 엔지니어링 체인이 약화되고 서플라이 체인은 복잡해졌다. 변화가 격심한 만큼 예상해서 신속하고 적절하게 대응하지 않으면 안 된다.

작금의 엄격한 변화에 견딜 수 있는 구조를 재구축하지 않으면 안 된다. 유감스럽지만 이러한 변화에 대한 기업 변혁의 요구에 대해 '제조'라는 자잘한 제조 기능의 탐색이나 집중만으로는 살아남기 어려울 것이다.

'제조'라는 정서적인 단어에 얽매여서 일본 제조업의 '장인의 기술'을 내세우며 자기만족에 빠져 있어서는 세계 경쟁에서 이길 수 없다. 세계의 경쟁은 생산 활동 전반을 프레임워크화·표준화하여 어느 공장에서든 같은 매니지 업무와 관리 시스템을 구축하고 있다. 전 세계의 어느 공장에 가더라도 같은 방법과 데이터를 기준으로 당장 매니지먼트할 수 있는 것이다.

지금은 '제조'라는 문구에 빠져 있을 때가 아니라, 합리적인 생산 관리 업무와 시스템을 재구축할 때다.

생산 관리의 미래 ① 생산관리시스템의 재구축 물결

피할 수 없는 생산관리시스템의 재구축과 변혁의 요구

■ 생산관리시스템의 노후와 스파게티화* 현황

일본 제조업의 대다수는 오래된 호스트 시스템으로 생산 관리가 구축되어 있다. 호스트도 노후하여 소프트웨어의 보수도 하드웨어의 보수도 중단된 상황이다. 어떻게든 최신 시스템 기반으로 이행(컨버전) 작업을 해서 연명하고 있지만, 더 이상 재구축을 미룰 수 없다. 일시적인 이행 작업을 해서 극복한다고 해도 긴 세월 추가 개발을 반복한 결과 소스 코드(Source code)의 스파게티화로 사양을 아는 사람도 자료도 없어 유지하는 것이 더는 곤란하다.

■ 생산 업무를 숙지한 종업원과 IT 인재의 고갈

복잡한 생산 활동 전체를 파악하고 이해하는 종업원도 거의 없다. 단편적인 업무를 이해하는 사람은 있지만 자신의 작업과 전후 업무와의 연관성을 이해하지 못하고 있다. 생산 관리 부문 담당자는 표계산 소프트웨어로 계획을 만들 뿐이어서 현장의 제약을 알지 못하고, 조달 담당자는 MRP**의 구조를 알지 못한다. 현장 관리자는 계획 입안을 알지 못하고, 공장 경리 담당자는 원가 계산 지식이 전혀 없기도 한다.

IT 인재 역시 단편적인 업무마저도 이해하지 못해 시키는 대로 하는 보수 대응 인력 수준이다. 프로그램 수정 경험만 있을 뿐 대규모 시스템의 요건 정의와 설계 경험이 없음은 물론 프로젝트 매니지먼트 자질이 전무하다. 생산 업무를 숙지한 종업원과 IT 인재가 고갈된 상태는 곧 위기 상황이다.

■ 자사 업무의 기초적인 이해와 생산 관리의 학습, IT 구축 자질 향상이 필요

어떻게든 시스템 이행으로 몇 년의 시간을 벌 수 있다. 그 사이에 생산 인재도 IT 인재도 자사 업무에 대한 기초적인 이해와 생산 관리 프레임워크를 학습할 필요가 있다. IT 인재는 IT 구축 자질을 높여야 한다. 경영진도 시스템은 알지 못한다고 손을 놓고 있을 때가 아니라 위기의식을 갖고 사람에게 투자해야 한다.

*스파게티화: 프로그램의 구조가 복잡해져 시스템의 사양을 아무도 모르는 현상.

**MRP: Material Requirement Program, 컴퓨터를 이용하여 최종 제품의 생산 계획에 따라 그에 필요한 부품 소요량의 흐름을 종합적으로 관리하는 생산관리시스템

제 **2** 장

생산 관리란 무엇인가?

생산 관리의 목적은 공장의 수익성을 높이는 것

생산 관리는 공장이라는 거대한 '변환' 장치를 움직이는 관리 장치

▎공장은 물건의 부가가치를 높이는 활동을 수행한다

제조업 관련 업무에 종사할 기회가 있으면 반드시 공장 견학을 해보기 바란다. 제조업을 대상으로 하는 업무, 특히 생산 관리 업무에 종사한다면 공장 견학을 하면 구체적인 물건 제조 방법을 이해할 수 있고 실질적인 현장 개념이 생긴다.

공장 안을 들여다보면 컨베이어벨트 위를 흐르는 제품의 속도, 작업자의 일사분란한 움직임, 생산 라인과 파이프가 복잡하게 돌아가는 것에 눈을 빼앗길 것이다. 맥주 공장의 거대한 발효조, 정련 공장의 거대한 노에서 나오는 열, 반도체 공장 클린룸의 청정함과 자동화된 설비, 식품 공장의 복잡한 반응조와 그물과 같이 촘촘한 파이프에 놀랄 것이다.

자동화 라인이 정비된 식료품 공장이나 자동반송차가 돌아다니는 제약 공장에서 사람이 육안으로 수율을 고속으로 골라내는 작업은 물론 용접 불꽃, 거대한 프레스기의 판을 때리는 소리에도 압도될 것이다.

공장이라고 해도 무엇을 만드는가에 따라 설비와 제작 방법, 사람의 움직임이 여러 가지로 다르다.

공장 안에서 일어나는 것은 물건을 만드는 일이다. 원재료를 투입하고 설비와 사람의 손을 거쳐 제품으로 완성한다. 공장이란 **그대로는 유용하지 않는 것을(부가가치가 낮은 것=원재료)을 생산이라는 프로세스에 의해서 사람에게 사용 가치가 있는 것(부가가치가 높은 것=제품)으로 바꾸는 장소이다.**

▌공장에서는 흘러가는 대로 맡기면 물건을 완성할 수 없다

공장에는 많은 설비가 있고 몇 가지 공정이 있다. 다종다양한 원재료와 부품이 관리되고 많은 사람이 움직이고 있다. 공장 외부와의 관계도 복잡하다. 다양한 고객, 출하지를 고려하여 수주·포장하고 트럭을 수배해서 출하한다. 공급자(**서플라이어**)도 많아 각각의 공급자에게 발주하고 납기를 관리해서 공장에 납입하도록 한다. 공장은 관리해야 할 대상이 매우 다양하고도 복잡하다.

이렇듯 많은 대상을 능숙하게 다루고 컨트롤하지 않으면 생산 활동에 혼란을 초래하고, 그 결과 정해진 납기를 준수하지 못해 품질이 악화하고 비용은 상승한다.

흘러가는 대로 맡겨두면 제대로 물건을 완성할 수 없다. 제조 작업, 출고 작업, 원재료 투입, 설비 가동, 공급자 등을 통제하고 일사분란하게 흐름을 구축하려면 상당한 노력이 필요하다. 공장에서는 많은 관계자와 연계해서 계획하고 지시를 내리고 진도 상황과 실적을 확인한 후에 재계획하고 대응하는 관리 장치가 필요하다. '**계획**'하고 '**지시**'하고 실행을 '**통제**'하고 '**진도 상황과 실적을 파악**'해서 관리 사이클을 돌리는 것이 제대로 물건을 만들기 위해 필요한 생산 관리의 기능이라고 할 수 있다.

▌생산 관리가 공장의 수익을 높인다

정교하게 계획하고, 지시·실행·통제하고 진도와 실적을 파악해서 품질을 유지하고, 계획한 비용 범위 안에서 납기를 지키고 물건을 제조해야 공장은 예상한 수익을 올릴 수 있다.

공장을 제대로 운영할 수 없으면 생산 활동이 얽혀서 생산성이 악화하고 비용이 상승해서 수익이 떨어진다. 납기를 지키지 못해 고객에게 피해가 가고 매출은 올라가지 않는다. 이러한 일이 일어나지 않도록 **공장이라는 거대한 변환 장치를 능숙하게 움직이는 장치가 생산 관리이다.**

생산 관리에서의 4M이란

공장을 움직여서 제품을 만들려면 사람과 설비, 원재료와 부품 같은 '자원'을 준비해야 한다. 계획적으로 준비하지 않으면 막상 물건을 만들려고 해도 만들 수 없다. 다시 말해 계획이라는 기능이 필요하다.

또한 계획만으로도 물건은 만들 수 없다. 지시가 필요하고, 지시를 하려면 제조 규칙에 해당하는 작업 표준이 있어야 한다. 작업 표준에 따라서 작업 지시를 하고 원재료와 부품, 재공품(在工品)을 투입하여 가공과 조립 같은 변환 작업을 해야 지정된 품질과 비용으로 납기대로 제품이 만들어진다.

생산 관리에서는 **4M**이라는 단어가 등장한다. 4M이란 사람(Man), 설비(Machine), 원재료와 부품(Material), 작업 표준(Method)을 말한다. 사람(Man), 설비(Machine), 원재료와 부품(Material)의 3M은 계획의 대상이며 지시와 통제의 대상이다(2-6 참조). 작업 표준(Method)은 지시와 통제를 하는 근거가 된다.

4M을 동렬로 나열할 의미는 별로 없지만, 기억해 두면 손해는 없을 것이다.

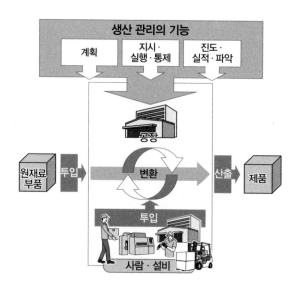

◆공장을 움직이는 생산 관리의 구조

2-2 생산 매니지먼트와 공정 관리, 구매 관리를 식별한다

광의·협의의 생산 관리와 구매 관리의 연계

▌생산 관리란 생산 활동을 다루고 컨트롤하는 기능

복잡한 공장을 막힘 없이 움직이기 위해서는 고도의 장치가 필요하다. 이 장치가 바로 **생산 관리**이다. 생산 관리는 해외에서 들어온 **프로덕션 컨트롤**이라는 관리 방법을 번역해서 소개한 것이다. 프로덕션 컨트롤은 정확히는 제조 통제라고 번역해야 하지만 생산 관리가 됐다.

컨트롤이란 설정된 기준값 범위에 들어오도록 작업을 통제하는 것이다. 통제라는 개념에서 일본의 제조업은 관리 수준을 높였다. 그러나 통제·지시 전에 통제해야 할 기준값을 만드는 업무가 존재한다. 그 기능이 **계획**이다. 계획은 생산 매니지먼트에 속하는 업무 기능이다.

계획에 의해서 기한(**납기**)이 정해지고 투입하는 사람과 원재료, 설비가 정해지며 필요한 물건을 조달한다. 계획에 따라서 들여야 할 비용과 품질이 결정된다. 생산 활동을 성립시키고 수익을 확보하기 위한 지시·실행 기준을 만드는 것이 계획이다. 생산 활동의 기준값·목표값이 만들어지고 기준값대로, 목표값대로 생산됐는지를 체크하고 재계획하는 매니지먼트 활동이 중요한 기능인 것이다.

▌생산 관리에는 공장을 운영하는 기능이 있다: 생산 매니지먼트

생산 활동을 매니지먼트하는 기능은 공장을 운영하는 기능이라고 생각해도 좋다. 공장 경영에 관련된 계획적인 활동이다.

생산 계획에 기초해 자재 구입 계획, 인원 계획, 설비 능력 계획 같은 공장의 조업 계획을 세우고 또한 필요에 따라서 설비 투자와 외주처에 생산 위탁 계획을 세운다.

계획은 수량뿐 아니라 금액으로 환산된다. 판매 계획과 출하 계획, 발주가 있으면 매출 계획이 된다. 재고 계획을 세워 생산 수량을 정하는데 재고 계획은 자산으로서 금액 계산되어 재고 금액이 된다.

생산 계획에서 자재와 인원 등은 비용이 되어 원가에 집약되고 제조 원가의 계획이 된다. **금액으로 환산된 계획값이 달성해야 할 금액상의 목푯값이 된다.** 금액의 토대가 된 수량, 납기, 인원, 조업도와 가동률 등이 작업의 목푯값이 되고 작업을 컨트롤한 결과 달성해야 할 기준값이 된다. 계획적으로 생산 준비를 하고 달성해야 할 기준을 만드는 것이 생산 관리에서의 생산 매니지먼트이다. 생산 매니지먼트는 공장 경영 그 자체라고 해도 과언이 아니다.

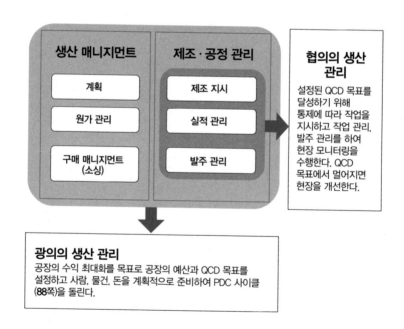

◆생산 매니지먼트에는 계획과 원가 관리, 구매 매니지먼트가 포함된다

▌생산 관리에는 작업을 컨트롤하는 기능이 있다: 제조·공정 관리

생산을 매니지먼트하는 계획이 입안되고 계획이 지시로 바뀌면 작업이 실행된다. 작업 지시는 계획에 기초한 수량 지시와 사전에 작업 표준서에 정해진 규칙에 따라서 실행된다. 또한 필요한 자재는 계획에 기초해서 발주되어 입고된다. 입고된 원재료는 제조 지시와 동기한 출고 지시에 의해 현장에 반입되어 제조에 사용된다. 지시한 대로, 설정된 기준대로 제조가 진행되도록 QCD를 관리하는 업무가 생산 관리에서의 제조·공정 관리이다.

▌모니터링 기능: 제조·공정 관리와 생산 매니지먼트

제조 지시가 계획한 수량대로, 정해진 납기대로 제조되어야 한다. 품질과 비용을 보증하는 것은 **작업 표준서**이다. 지시대로, 기준대로, 규칙대로 제조됐는지를 모니터하는 것이 제조·공정 관리에서의 진도 관리, 실적 관리이다. 만약 지시대로, 기준값대로, 규칙대로 제조하지 못한 경우는 현장에서 추가 지시와 개선 활동으로 대응한다.

제조 실적을 집계해서 계획에 대한 실적 달성 정도, 진도를 모니터링하고 계획을 재검토하는 것이 생산 매니지먼트의 모니터링 기능이다. 실적을 돈으로 환산하는 것이 원가 계산, 공장 회계이다. 또한 생산 매니지먼트에서는 계획에 대한 예산 실적, 예정을 확인한다. 사람이 부족하면 고용하고 남으면 쉬게 하고, 설비 능력이 부족하면 투자 비용에 관련된 재계획과 의사 결정도 수행한다.

▌구매 관리를 생산 관리에 포함해서 생각한다

생산 계획과 연계해서 구매 업무도 진행된다. 이 책에서는 현장의 원재료나 자재의 구매 활동은 생산 관리의 한 요소로 취급한다. 생산 활동을 성립시켜 공장 수익에 영향을 주는 업무이기 때문이다.

생산 관리와 연계해서 공장의 생산을 성립시키는 중요한 기능이 **구매 관리**이다. 구체적으로는 품목 선정, 공급자 선정 기능이 있다. 이 기능은 소싱(2-5, 3-5 참조)이라 불리기도 한다.

소싱은 구매 관리의 매니지먼트 기능에 해당하고, 적절한 품질, 적절한 가격, 적절한 납기로 납입할 수 있는 품목과 공급자를 선정하는 기능이 된다. 여기서 선정된 품목과 공급자는 공장의 QCD에 크게 영향을 미치기 때문에 중요한 구매 매니지먼트 기능이 된다.

또한 공급자와 계획적으로 연계하여 가격을 조정하고 확실한 조달을 보장하기 위해 공급자와 리스크를 분배하는 기능이 있다. 공급자와 계획 연계하는 기능으로 생산 매니지먼트로서 중요한 구매 매니지먼트 기능이다.

한편 발주, 입하, 입고, 납기 조정, 구입·대손금 계상 같은 실행 업무가 있다. 계획이 지시대로 이루어지는지를 통제 관리한다.

이 책에서는 이것을 조달 관리라고 부르며 구매 계획에 따라 업무를 수행한다.

▍생산 관리와 인접하는 기능과의 관계

생산 관리라고 해도 단독으로 존재하는 것은 아니다. 생산 관리에 관련된 주변 업무에 관한 기능과 연계 없이 적절한 생산 관리는 성립하지 않는다. 설계와 생산 기술의 연계, 고객과 영업 등의 수요 측 기능과 연계, 배차와 수송, 무역 같은 공장 외부와 물류 연계 등 중요한 기능과의 연관성을 고려하면서 적절한 업무 연계를 생각하지 않으면 안 된다.

2-3 생산 매니지먼트 업무는 계획, 자재 소요량 계산, 원가 계산

생산 매니지먼트는 공장의 수익을 계획·통제하고 실현하는 것

▌생산 매니지먼트의 주요 업무는 계획 업무

생산 매니지먼트의 주요 업무는 계획이다. 계획은 다음과 같이 분류할 수 있다.

(1) 생산 · 판매 · 재고 계획

생산·판매·재고 계획은 판매 계획이나 사입·판매·재고 계획의 생산 요구, 수주와 사전 정보 같은 수요에 대해 필요한 제품의 재고 계획을 세워 재고를 충당하기 위해 생산 계획 수량을 입안하는 업무이다. PSI 계획이라고도 한다.

(2) 기준 생산 계획

생산·판매·재고 계획의 생산 계획 수량을 토대로 공장에서 생산 계획 수량을 입안하는 것이 기준 생산 계획이다. 생산·판매·재고 계획은 월 또는 주 단위로 통합한 계획 수량이 많고 월이나 주 단위의 계획을 일 단위의 계획으로 좁히는 것이 기준 생산 계획이다. 여기서 말하는 월 단위와 주 단위, 일 단위 계획을 통합한 것을 <u>버킷(Bucket)</u>이라고 한다.

(3) 능력 계획

기준 생산 계획을 성립시키기 위해 생산 능력을 계획하는 것이 능력 계획이다. 능력 계획에는 조업 계획, 인원 능력 계획, 설비 능력 계획이 있다.

조업 계획에서는 공장의 조업 상태를 계획한다. 실제로 생산에 사용할 수 있는 시간에서 회의나 설비 보수 등의 비가동 시간을 빼서 실가동 시간 베이스의 조업 시간을 계획한다. 인원 능력 계획에서는 조업 계획 내의 필요한 인원, 가동 시간, 교대조 편성 등 사람에 관련된 필요 인원, 시간 공수, 교대 횟수 등을 계획한다. 설비 능력 계획에서는 설비의 실가동 시간과 시간당 매출 계획을 검토한다.

(4) 자재 소요량 계산

기준 생산 계획을 토대로 필요한 부품과 원재료 등 구성 부품의 계획 수량을 계산한다. 예를 들면 자동차 1대당 타이어 4개, 핸들 1개와 같은 식이다. 자재 소요량이 계산되면 제조지시서와 구매지시서를 만들 수 있다.

(5) 소싱(Sourcing)

구입 품목과 공급자를 선정한다. 구입 대상 후보가 되는 공급자에게 사양을 제시하고 설계와 견적을 요구한다. 여러 공급자 중에서 1사를 선택하고 가격과 납기, 품질 등 각종 교섭을 해 구매처로 확정한다.

설계가 불필요한 품목과 범용품 등은 품목을 선정하고 마찬가지로 공급자를 선정한다. 가격 교섭을 하고 구입 품목과 구입처를 결정한다.

(6) 조달 계획

장기적인 계획에 따라 자재 소요량을 계산하는 경우 조달 계획도 길어진다. 장기란 발주 대상 기간을 넘기는 이후의 기간을 말하며, 몇 주일에서 몇 개월까지의 계획이다. 조달 계획은 장기적인 구입량에 의한 구입 자재 재고의 변동, 자금 조달, 공급자와의 조정 등에 사용한다.

◆생산 매니지먼트의 주요 계획 업무

생산 매니지먼트 업무	주요 생산 매니지먼트 업무의 기능
생산·판매·재고 계획	판매 계획과 사입·판매·재고 계획의 생산 요구, 수주와 사전 정보 같은 수요에 대해 필요한 제품의 재고 계획을 세우고 생산 계획 수량을 입안한다.
기준 생산 계획	생산 계획 수량을 토대로 공장에서 생산 계획 수량을 입안한다.
능력 계획	• 생산 능력을 계획한다. • 능력 계획에는 조업 계획, 인원 능력 계획, 설비 능력 계획이 있다.
자재 소요량 계산	• 기준 생산 계획을 토대로 필요한 부품과 원재료 등 구성 부품의 계획 수량을 계산한다. • 자재 소요량 계산 결과를 토대로 제조지시서와 구매지시서를 만들 수 있다.
소싱	구입 품목과 공급자를 선정한다.
조달 계획	• 장기적인 자재 소요량을 계산하는 경우 조달 계획이 된다. • 장기적인 자재 구입량에 따른 구입 자재 재고의 변동, 자금 조절, 공급자와의 조정 등에 사용한다.

생산 계획의 중심이 되는 자재 소요량 계산과 BOM

생산 계획의 중심은 **자재 소요량 계산**이다. 완성품에서 구성 품목을 계산할 때는 구성 품목의 구조를 가진 BOM이 필요하다. 조립형 제조업에서 말하는 부품 구성표라는 명칭은 화학이나 식품 같은 프로세스 산업에서는 **성분표(레시피)**라고 한다. 생산 계획에서 가장 중요한 시스템이 자재 소요량 계산 기능과 BOM이다.

자재 소요량이 계산되면 필요한 제조 지시를 하기 위한 제조지시서와 발주를 하기 위한 구매지시서가 발행된다.

계획에 대한 실적과 향후의 전망을 생각한다

각종 계획에 대해 실적이 수집되고 계획에 대한 실적 대비와 향후의 계획 전망을 세울 수 있다. 예를 들면 생산 능력이 떨어진 것은 왜일까, 능력은 앞으로도 계속 저하할까, 대책은 어떻게 세워야 할까 등 실적을 파악한 예산 실적 대비와 전망을 기준으로 재계획한다. 계획을 입안하려면 실적을 모니터하는 기능과 재계획 하는 기능이 필수이다.

생산 활동의 모니터링 결과를 원가 계산에 의해서 금액 환산한다

수량과 시간 같은 실적을 금액으로 환산하는 것이 **원가 계산**이다. 원가 계산에 의해서 물건이나 돈으로 바뀌어 계획한 원가대로 제조되고 있는지, 공장 이익을 달성하고 있는지 등을 확인한다.

계획에 대한 예산 실적 차이를 검증하고 비용을 낮출 필요가 있는지, 추가 설비 투자가 필요한지 등 이윤을 창출하는 원가의 조정과 자금 조달에 영향을 미치는 투자 계획을 다시 세운다.

제조 원가 보고서의 작성과 재무 관련 연계

원가 계산 결과에 따라 **제조 원가 보고서**가 만들어진다. 제조 원가 보고서는 제조된 제품이 얼마큼의 비용을 들여서 만들어졌는지를 통합하는, 이른바 공장의 성적표이다. 제조 원가는 재고 조사 자산인 제품으로 대체되고 제품 재고 평가액으로 환산되어 재무 회계에 반영된다. 제품 재고는 판매 후에 매출 원가의 일부가 된다.

공장이 이익을 낳는 장소라고 회사에서 인식하는 경우 공장은 **프로핏 센터**라 부른다. 그 경우 공장에서 제품으로 대체될 때 공장 이익을 붙인다. 공장의 제조 원가에 공장 이익을 붙인 제품의 가격(가치)을 **공장 인도 가격**이라고 한다.

공장이 이윤을 내지 않는 장소라고 회사에서 인식하는 경우 공장은 코스트 센터라고 부른다. 이때는 공장에서의 제품 가격(가치)은 제조 원가가 된다.

2-4 제조·공정 관리에서 관리해야 하는 것은 지시, 실행, 실적, 진도

제조·공정 관리는 목표·지시대로 QCD를 달성하는 것이 중요

▌제조지시서를 제조 지시로 바꾸어서 현장 지시를 한다

제조·공정 관리는 제조지시서를 제조 지시로 바꾸어서 현장 작업자에게 지시를 전달한다. 무엇을 어느 정도 어떤 순서대로 제조할지 등 작업에 관련된 지시 수량을 제시하는 것이다.

제조지시서는 만들어야 할 품목 수와 납기밖에 없지만 제조 지시는 보다 구체적으로 작업자에게 물건을 만들게 하기 위한 정보가 추가된다. 다시 말해 제조 지시에서는 제조지시서에는 다 표시할 수 없는 상세 공정 전개와 작업 수순을 포함한 상세한 작업 내용을 기록하고, 가공 순서와 조립 순서 같은 구체적인 작업 순서에 반영하여 현장에 지시를 내린다.

▌실행 통제는 작업 표준서와 지시서에 따른다

작업 표준서에 따라서 **작업을 전개**한다. 작업 순서에 따라서 작업을 해야 올바른 순서를 지킬 수 있고 목적한 품질이 되도록 통제할 수 있다.

작업 지시가 시스템화되어 있지 않은 경우는 생산 지시 수량만 현장에 전달하고 현장에 놓여 있는 종이 작업 표준서에 따라서 작업을 한다.

작업 지시가 시스템화되어 있는 경우는 현장의 작업 단말기나 핸디터미널에 작업이 표시된다. **시스템화되어 있으면 작업 순서를 지키지 않았을 때 작업을 차단하는 등 통제를 강화할 수 있다.** 작업 지시에 따른 실시 결과도 시스템으로 실적 데이터

를 수집할 수 있으므로 통제뿐 아니라 실적 수집도 수월해진다.

자재의 출고와 계량도 지시에 기초해서 수행하도록 통제한다. 출고 지시와 계량 지시가 시스템화되어 있지 않으면 사람이 판단해야 해서 작업 품질에 편차가 생겨 정확도에 문제가 생기는 경우도 있을 수 있다.

▌구매지시서에 따라 공급자에게 발주하고 입고 예정을 관리한다

구매지시서를 토대로 발주한다. 발주는 EDI(전자 데이터 교환)와 팩스, 인쇄물 우송, 메일 첨부 발송 등의 방법을 이용한다. 발주한 결과는 **발주 잔고**라 불리며 납입·입고되기까지 잔고 관리된다. 발주 잔고는 입고 예정이 되고, 납입·입고 시에 취소 대상이 된다.

◆제조·공정 관리의 중요 업무는 실행 통제 업무

제조·공정 관리 업무	주요 제조·공정 관리 업무의 기능
제조 지시	• 제조지시서에는 표시되지 않는 상세 공정과 작업 수순을 포함한 상세한 작업을 전개한다. • 가공 순서와 조립 순서 같은 작업 절차에 반영하여 현장에 지시를 한다.
발주·입고 예정 관리	• 구매지시서에 따라 발주한다. • 발주한 결과는 발주 잔고라 불리며 납입·입고되기까지 잔고 관리된다. • 발주 잔고는 입고 예정이 되고 납입·입고 시에 취소 대상이 된다.
실적 관리	• 지시에 따라 이루어진 제조와 출고 등의 결과를 수집한다. • 완성과 손실 수량, 불량 수량 등을 수집하여 양품률·불량률을 계산한다. • 발주에 대한 납기 지연 건수, 선행 납입 건수, 납품 물건의 불량 건수 등도 수집한다. • 납입 실적에서 납기 준수율과 납입 불량률 등을 계산한다.
진도 관리	• 실적을 수집하면 지시의 진도를 파악할 수 있다. • 제조 지시에 대한 지연, 초과 진도, 발주에 대한 납입 지연, 납입 만회 상황 등의 납입 진도를 관리한다.

█ 실적 관리와 진도 관리를 토대로 다음 행동을 결정한다

제조와 출고 결과는 실적으로 수집한다. 이것을 **실적 관리**라고 한다. 완성품과 손실 수량, 불량 수량도 실적으로 수집하여 양품률·불량률을 계산한다. 발주에 대한 납기 준수율 등도 발주 건수에 대한 납기 준수 건수에서 집계한다.

실적을 수집해서 지시에 대한 진도를 확인할 수 있다. 진도 상황을 관리하는 것을 **진도 관리**라고 한다. 제조 지시에 대한 지연, 초과 진도, 발주에 대한 납입 지연, 납입 만회 상황 등은 진도 관리의 일종이다.

시스템화되어 있으면 실적을 자동 수집할 수 있지만 그렇지 않은 경우는 종이에 기입해서 기록하는 방법으로 한다. 종이에 기록하는 경우는 기록 누락, 실수, 일괄 기록에 의한 오류 등 정확도에 문제가 있을 뿐 아니라 실적 수집에도 시간이 걸리는 단점이 있다.

설비의 가동 실적도 수집한다. 시동, 가동, 정리·전환, 단시간 가동 중지, 장시간 가동 중지 등 가동 시간을 수집하여 설비의 가동 시간을 종합한다. 가동 실적도 시스템화해서 자동 수집하느냐, 사람의 손으로 종이에 기록하면서 집계하느냐에 따라서 정확도와 실시간성에 차이가 난다.

제조 현장에서는 제조 실적과 가동 실적을 수집, 분석해서 대응한다. **현장의 실적 데이터는 설비가 정지되는 원인을 조사하여 개선 활동에 활용한다.** 또한 진도 관리에서는 생산 지연에 대한 만회 방법을 검토한다.

█ 실적 데이터 수집의 간소화, 속도, 정확성을 추구한다

그러나 현장의 실적 데이터가 시스템으로 수집되지 않고 종이 등으로 수집되면 실적의 수집과 기록, 실수의 체크와 보정, 집약이 번거로워져 관리가 원활하지 않을 수 있다. 현장이란 곳은 바쁘다 보니 데이터를 취합할 여유가 없다. 시간이 지나 정확성이 결여된 데이터를 수집해도 사용할 수 없다. 번거로우면 데이터가 제대로 수집되지 않는다.

그런데다 대충 수집했기 때문에 데이터가 잘못되면 데이터의 신뢰성이 떨어져 분석에도 사용할 수 없다. 그런데도 아무도 보지 않는 데이터를 계속해서 수집해서 사람이 집계하는 무의미한 상황도 발생한다.

실적 데이터의 수집을 시스템화하면 인력을 줄이고 속도를 높여 정확한 데이터를 수집하게 한다. 제조 현장에서 수집한 실적 데이터는 기간 단위로 통합해서 생산 매니지먼트 측에 피드백해 분석과 의사 결정에 활용하므로 매우 중요하다.

2-5 구매·발주·납기 관리와 소싱을 식별한다

공급자 선정, 가격 교섭, 공급자 능력과 납기 관리

▌구매 관리에서는 공급자 선정 업무를 한다

생산관리시스템에서는 구매 관리와 발주 관리가 중요하다. 이들 업무는 생산 활동을 성립시키는 중요한 기능이기 때문이다.

구매 관리에서는 실제로 발주하기 전의 준비로 확실한 발주·납입을 성립시키기 위한 구매 매니지먼트 업무가 필요하다. 구매 매니지먼트 업무는 생산 매니지먼트의 한 요소이다.

우선 부품과 원재료를 구입하는 상대인 공급자를 선정해야 한다. 구입처는 조달하는 품목의 충분한 품질과 비용이 담보되어야 한다. 공급자로서 충분한 수준의 업무를 할 수 있는지가 중요한 관점이다. 또한 지속적으로 공급이 가능한지 기업의 신용도와 규모도 중요하다.

생산 활동이 막힘 없이 이루어지고 지속적인 거래가 가능한지를 판단하여 공급자를 선정한다.

▌구입 단가의 교섭, 결정, 기타 조건을 사전에 결정한다

공급자 선정과 함께 중요한 업무는 **구입하는 부품과 원재료의 가격을 결정하는 것**이다. 설계 부문과 연계해서 사양을 건네고 견적을 받는다.

제품을 기획했을 때의 견적 원가에 맞지 않는 경우는 비용 절감 교섭을 해서 가격을 정한다. 아울러 납입 형태와 불량률의 허용 범위, 납기, 납입 형태의 결정, 수송 방법과 비용 부담, 청구와 지불 기한, 지불 방법을 합의한다.

공급자를 선정하고 구입 품목을 정하여 가격을 결정하는 업무를 소싱이라고 부른다.

자재 소요량 계산 결과에 따라 조달 계획을 입안하고 공급자와 합의한다

공급자를 선정하고 구입 가격이 정해져 거래가 시작됐다면 필요에 따라서 조달 계획을 개시한다. 조달 계획을 개시함으로써 장기적인 계획에 기초해서 구입 수량을 제시하고 공급을 확실하게 교섭한다.

계획은 어디까지나 계획이므로 변동 가능성이 있다. 때문에 **계획이 상향 변동하는 허용치와 하향 변동할 때의 보상 유무** 등을 결정해둬야 한다. 상향 변동폭이 결정되면 발주 수량이 늘어나도 합의한 범위 내에서는 공급이 보증된다. 하향 변동이 있을 때 보상 규정이 있으면 공급자도 중요 거래처로 상대해준다.

장기적인 계획에 기초해서 자재 소요량을 계산하고 조달 계획을 입안해서 공급자와 공유하는 것은 확실한 구입을 보장하기 위한 계획 업무이다. 발주 수량과 거래 보증을 할 필요가 있기 때문에 금액 조절이나 재고에 영향이 생기므로 생산 매니지먼트상 중요한 의사 결정 사항이 된다.

구매지시서에 따라 공급자에게 발주하는 발주 관리

바로 직전의 자재 소요량을 계산해서 구매지시서를 발행한다. 자재 소요량 계산과 구매지시서의 실행 기능 책임은 생산 관리 부문에 있는 경우와 구매 부문에 있는 경우가 있다.

컴플라이언스의 시점에서 발주 계산을 하는 부문과 발주하는 부문을 나누는 편이 좋다. 자재 소요량을 계산하고 발주 수량을 계산해서 구매지시서를 만드는 역할까지는 생산 관리 부문, 발주는 구매 부문으로 기능을 분담하는 것이 바람직할 것이다. 발주하는 기능은 구매 관리의 기능이다(한편 구매 기능을 구매 관리라고 보고 따로 소개한 책도 있지만, 이 책에서는 생산을 성립시키는 요소로서 인식하여 공장의 기능에 포함하고, 구매 기능인 발주 업무는 실행 기능으로 인식하여 제조·공정 관리의 일부로 다룬다).

발주 업무에서는 여러 회사에 발주하는 복수 구매 기능이 필요한 기업도 있다. 또한 발주 방법도 EDI 연계, 팩스, 메일 송신, 우편 등의 방법이 있으며 각 수단에 따라 대응한다.

▌공급자의 납입 실적을 수집하여 QCD를 관리한다

공급자에게 발주한 후 실제의 납입 실적을 기록하고 납기 준수율과 불량률 등을 측정한다. 납기가 지연된 경우는 독촉하되, 발주 잔고가 누적된 경우는 더욱 엄격하게 독촉한다. 품질에 문제가 있을 때는 공정 조사를 포함하여 개선 요구를 함으로써 확실한 조달이 가능토록 생산 활동을 지원한다. 또한 정기적으로 비용 조정 교섭도 한다. 구입 단가가 내려가면 원가 개선에 기여할 수 있기 때문이다.

공급자에게 발주하는 구매발주 관리 및 납기 관리와, QCD의 실적 관리 업무는 실행 통제 업무와 실적 관리 업무가 된다. 생산 매니지먼트에 의한 계획에 기초한 지시와 실행·실적 관리가 되기 때문이다.

◆ 소싱과 구매 발주·납기 관리

소싱과 구매 발주·납기 관리 업무	주요 소싱과 구매 발주·납기 관리 업무의 기능
소싱	• 가격과 납입 형태·납입 품질(양품률 등)과 납기 조건을 정하는 매니지먼트 업무 • 구매 활동의 QCD를 유지하는 전 준비 단계로 기업 간의 교섭을 통해 진행한다. • 공급자 선정: 구입처가 되는 공급자를 선정한다. • 가격 교섭: 구입하는 품목의 가격을 교섭하여 결정한다. 정기적인 비용 조정도 교섭한다. • 공급자 능력: 공급자가 확실히 납입할 수 있도록 공급자의 제조 능력을 관리한다.
구매 발주·납기 관리	• 구매지시서에 따라 발주·입고 예정을 관리한다. • 공급자의 납입 실적을 수집하여 QCD를 관리한다.

2-6 생산 활동의 수지를 관리하는 원가 관리

공장의 돈의 흐름을 관리하고 수익을 가시화한다

▌공장이 관리하는 원가는 제조 원가, 목적은 원가 통제와 원가 절감

원가에는 **판매 원가**와 **제조 원가**가 있고 공장에서 관리하는 것은 제조 원가이다.

원가 관리의 목적은 주로 원가 통제와 원가 절감에 있다. **원가 통제**란 예산(계획)에 따라서 원가의 기준을 정하고 정한 대로 생산을 수행할 수 있도록 조절하는 것이다. 정한대로 생산을 수행하지 못하면 비용이 증대하여 손실을 초래한다. 또 하나의 목적은 **원가 절감**이다. 공장에서 이익을 이끌어내기 위해서는 당초 정한 원가를 개선해서 절감할 필요가 있다. 이른바 비용을 낮추는 것이다. 한 번 정한 원가를 금과옥조와 같이 지킬 게 아니라 계획적으로 개선해서 낮출 수 있도록 하는 것이다.

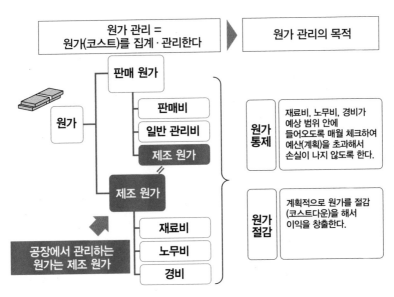

◆원가관리의 역할과 목적

공장의 수익을 관리하는 원가 계산이란 무엇인가?

그러면 원가 계산이란 무엇일까? 물건을 만드는 데는 코스트가 든다. 생산 결과 소요된 코스트를 집계한 것이 **원가**가 된다. 원가 계산이란 코스트를 집계하는 방법이다. 원가란 다음 3가지 코스트를 집계한 것이다.

▪ 노무비

노무비란 공장에서 일하는 사람들의 이른바 인건비를 가리킨다. 제조 현장에서 일하는 사람, 포크리프트를 운전하는 사람, 설비를 정비하는 사람, 생산 관리 부문에 종사하는 사람, 공장 경리, 공장 인사부, 총무부 등 사람에 관련된 인건비를 노무비라고 한다.

▪ 재료비

재료비란 생산에 투입되는 부품과 원재료의 코스트를 말한다.

▪ 경비

경비란 노무비, 재료비 이외의 생산에 관련된 코스트를 말한다. 수도광열비, 설비 상각비, 수선비, 원재료 등의 폐기에 관련된 비용, 보험료, 공장 건물의 상각비, 고정자산세 등 다양한 코스트 항목이 있다.

원가는 직접비와 간접비로 나뉜다

위의 노무비, 재료비, 경비는 직접비와 간접비로 나뉜다. **직접비**란 물건 품목을 만드는 데 직접 집계할 수 있는 비용이다. 이에 반해 **간접비**란 물건=품목을 만드는 데 직접 집계할 수 없고 간접적으로 비율 등으로 안분해서 할당하는 비용을 가

◆ 직접비와 간접비의 분류

직접비	간접비
직접 노무비 • 제조 현장에서 제조 업무에 종사하는 작업자의 인건비 • 작업자 단가인 임금 비율과 작업 시간(임금 비율×공수)으로 제조된 품목에 집계된다.	**간접 노무비** • 생산 관리 부문과 생산 기술 부문, 공장 경리 등 직접 제조에 관련되지 않고 간접적으로 관련된 부문의 인건비 • 간접 노무비는 일단 비용을 모아서 품목의 생산 수량과 같은 분배 기준으로 룰에 따라서 품목에 할당한다.
직접 재료비 제조에 사용되는 원재료	**간접 재료비** • 제조에 직접 사용되지 않고 간접적으로 사용된다. 윤활용, 회수·재생된 촉매, 일시적인 보호재 등 • 간접 재료비도 기준에 따라서 할당한다.
직접 경비 제조에 직접 사용되는 경비. 금형의 상각비, 외주 가공비	**간접 경비** 생산 관리 부문과 생산 기술 부문, 공장 경리 등 간접 부문의 노무비, 수도광열비, 공장 건물의 감가상각비, 고정 자산세 등

리킨다. 이 안분 방법을 **배부**라고 한다. 직접비와 간접비는 다음 표와 같은 내용이다.

직접비란 제조별로 제조 품목에 직접 집계(직접 부과)하는 반면 간접비는 일단 경비를 모아둔다. 경비를 일시적으로 모으는 것을 **원가 센터**라고 한다. 원가 센터에 집계된 간접비는 각 품목에 코스트로 분배된다.

▌원가는 재공품의 계정에 집약되고, 공장 출하 시에 제조 원가에 반영한다

회계 분개(分介) 처리에서는 노무비, 재료비, 경비는 직접·간접을 가리지 않고 생산 중인 물건인 **재공품**(在工品)에 집약된다. 재공품은 공정 중 재고이다. 원가는 일단 재공품이라고 하는 재고 자산으로 계상되지만 공장 출하 시에 제조 원가에 할당된다. 이 경우 공장 출하란 영업 부서에 인도 또는 외부 매출을 의미한다. 원가 계산은 코스트를 재공품이라고 하는 재고에 집계함으로써 각 품목의 원가가 된다.

코스트가 상승하여 원가가 악화하면 재공품의 평가액이 올라가 제조 원가에 할당될 때 금액이 상승한다. 그렇게 되면 이익이 저하한다. 재고 금액도 늘고 제조 원가도 올라간다.

코스트다운이란 각 원가 비목을 개선해서 낮추고 재공품에 집계되는 코스트를 줄이는 것을 말하며, 재공품의 재고 금액을 낮춤으로써 제조 원가에 계정되는 원가를 낮추는 것이다. 재공품의 평가액이 내려가고 제조 원가에 할당되는 원가가 내려가면 그만큼 이익이 늘어난다.

▌원가 계산은 생산 매니지먼트와 통합해서 생각한다

원가는 생산 계획에 의해 사전에 계획된 사람, 물건이 어느 정도 결정된다. 계획한 비용대로 제조하기 위해서 제조를 지시·통제하고 실적을 집약해서 신속하게 원가를 계산해야 한다. 계획과 실적을 대비하여 예정대로 진행되는지 아니면 문제가 있는지를 파악하고 개선 행동을 취해야 한다.

원가 계산은 단순한 경리 집계 작업이 아니다. 공장의 생산을 매니지먼트하기 위한 중요한 지표이며, PDC 사이클(88쪽)의 C에 해당하는 결과와 차이를 실시간으로 피드백할 필요가 있는 업무이다.

▌원가 계산과 원가 관리는 생산 관리의 3M 중 'Money'를 취급한다

생산 관리 용어인 4M과는 별도로 3M이라는 단어가 있다. 3M은 사람(Man), 물건(Mono: 설비와 원재료, 부품), 돈(Money)이다.

3M이라는 단어 자체에는 큰 의미는 없다. 생산 관리는 일반적으로 사람, 물건, 돈을 취급하는 업무로 불리기 때문에 알기 쉽게 약칭해서 3M이라 부른다.

지금까지 생산 관리를 소개하는 대다수의 서적에서는 Money에 해당하는 원가

계산과 원가 관리를 다루지 않고 있다. 물건의 움직임과 사람의 움직임만을 관리하면 끝이 아니라 모든 활동을 금액으로 환산해서 사업으로 파악하는 것은 생산 관리에서 필수이다.

원가 관리 없는 생산 관리로는 회사의 이윤 최대화라는 목적을 달성하기에는 역부족이다. 생산 관리에서의 생산 매니지먼트 영역에서 원가 관리는 필수이다.

생산 관리 관련 주변 업무와 그 연관성

수요, 품질, 창고, 출하, 배차, 무역, 설계의 연관성

생산 관리와 주변 업무 기능 연계의 중요성

생산 관리 업무는 생산 관리 단독으로는 성립하지 못한다. 관련되는 업무 기능과 적정하게 연계되어야 비로소 질 높은 생산 관리 업무가 성립된다. 또한 생산 관리에 관련된 시스템도 공장 외부의 시스템과 밀접하게 연계하기 때문에 생산 관리 주변 업무와의 연관성을 명확히 해두지 않으면 좋은 시스템을 도입할 수 없다.

수요 정보와 연계된 사입·판매·재고 계획, 내시·수주 정보

생산 관리의 주변 업무 중 생산 관리 업무와 생산 관리에서 사용하는 데이터의 기초가 되는 것이 **수요 정보**이다. 수요 정보는 사입*·판매·재고 계획의 사업 계획과 내시*(사전 정보)·수주 등의 정보이다.

사입·판매·재고 계획이란 판매 계획에 대한 제품 재고 계획을 세우고 재고를 충당하기 위한 영업의 일환으로서 사업 계획을 입안하는 것이다. **사입·판매·재고 계획은 판매 회사와 영업 부문이 입안한다.**

사입·판매·재고 계획의 사업 계획은 생산·판매·재고 계획과 생산 계획에 반영된다.

사입·판매·재고 계획에 의한 사업 계획은 취급 결정에 따라 영업 부문에서 생산 조직에 발주하거나 판매회사에서 발주하기도 한다.

본래 영업 부문은 같은 회사 안에 있기 때문에 발주라는 표현은 이상하지만, 관

습적으로 발주라고 부르기도 한다.

또한 판매회사의 경우는 다른 기업이므로 발주라고 불러도 지장이 없을 것이다.

사입·판매·재고 계획에 기초한 사입 계획과는 달리 고객으로부터 직접 수집하는 수요 정보도 있다.

▍출하 관리와 연계된 출하 지시, 배차, 인도, 입하 실적 수집

고객 발주는 자사에는 수주가 된다. 수주와 납입 지시를 받으면 완성된 제품에 출하 지시를 내린다.

출하 지시를 받으면 창고에 있는 제품의 재고를 할당해서 출고 및 피킹 지시가 내려온다. 이때 출하 로트의 선입선출을 준수해서 직전 출하 로트 번호보다 오래된 로트 번호가 출하되는 로트 역전이 일어나지 않도록 제어해야 한다.

선입선출과 로트 역전을 방지하기 위해서는 창고 관리 시스템에 제조 관리에서 부여된 로트 번호를 인계해야 한다.

출하가 결정되면 배차 계획을 세우고 트럭을 수배한다. 트럭이 오면 피킹한 제품을 건네고 필요에 따라서 고객의 입하 실적 데이터를 취득하거나 납품 수령서를 수령한다. 공장에서의 매출 계상에 필요하기 때문이다.

---

*사입(仕入)이란 '상거래를 목적으로 물건 따위를 사들임'이란 뜻으로 매입에 가깝다. 또한 구매와 구분되며 자사에서 생산한 제품과 다르다. 따라서 여기서는 사입이란 용어를 그대로 사용하는 것이 합리적이다. 참고로 구매는 제조 생산에, 사입은 판매 영업에서 사용한다. _감역자 주

*내시(內示)란 '몰래 알림, 사전 통보' 개념으로 사전 정보를 말한다. _감역자 주

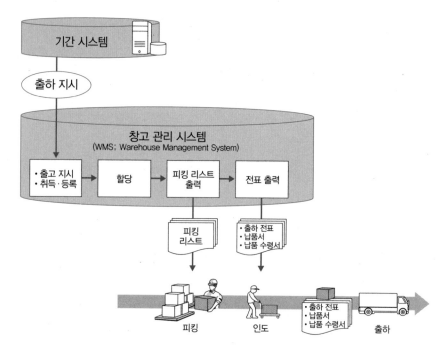

◆창고 관리 시스템의 구조

▌출하 후의 물류 추적, 무역 업무와 연계

출하 후, 고객에게 도착하기까지를 추적하는 업무가 **물류 트래킹**이다. 물류 트래킹은 수송 도중의 스테이터스를 관리한다. 항만을 나왔는지 또는 도착했는지, 컨테이너 야드에 있는지 통관 절차 중인지, 또는 통관 절차가 완료됐는지 등의 상태를 관리한다.

물류 트래킹의 스테이터스 관리에 필요한 데이터를 일일이 제조업이 보유하거나 수집하는 것은 불가능하다. 물류 트래킹 데이터는 통관업자, 선박회사, 항공회사, 트럭업자 등으로 나뉘어 있기 때문이다. 그러나 **현재는 이러한 물류 트래킹을 수집해서 제공해주는 회사도 있으므로** 그런 회사를 활용하면 된다.

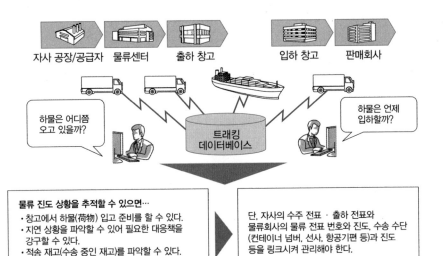

◆물류 트래킹의 개요

또한 수출의 경우는 하물(荷物)의 내용물을 나타내는 패킹 리스트, 청구용 인보이스, 출하 지시를 하는 선적 지시서 등 무역 업무에 필요한 문서를 만드는 업무도 필요하다.

무역 업무에 필요한 데이터는 주로 문서로 존재한다. 무역 관리 시스템의 상당한 부분이 무역에 관한 문서를 데이터베이스화한다. 다만 무역 문서에 기록된 정보는 기간 시스템(ERP, Enterprise Resource Planning; 전사적 자원 관리)의 출하 데이터에 있는 것도 많으므로, **가능하면 무역 관리 시스템을 도입하여 기간 시스템(ERP)과 연계할 것을 추천한다.**

엔지니어링 체인으로서의 설계, 생산 기술과 연계

이미 그 중요성에 대해서는 앞에서 언급했지만, 생산 준비 단계로 설계, 생산 기술과 연계해서 생산 BOM과 서비스 BOM을 만드는 업무가 있다. 설계 변경의 신속한 연계와 시제작, 신제품 기동, 양산화, 양산 종료, 서비스 부품화 같은 제품의 라이프사이클에 관련된 업무 변화와 시스템 연계는 생산 관리에 미치는 영향이 크기 때문에 업무 룰도 시스템 연계도 제대로 정해둬야 한다.

◆생산 관리에 관련한 주변 업무

생산 관리에 관련한 주변 업무	주요 생산 관리에 관련한 주변 업무의 기능
수요 관리	• 생산 관리 업무와 생산 관리에서 사용하는 데이터의 기초가 된다. • 수요 정보로서 사입·판매·재고 계획의 입안과 내시(사전 정보)와 수주 정보를 취득한다.
출하 관리	• 수주와 출하 지시에 따라서 완성된 제품을 출하한다. • 출하를 위해 트럭 등을 배차하고 납입처에 하물을 인도하고 입하 실적을 수집한다.
물류 추적	• 출하 후, 고객에게 도착하기까지를 추적하는 업무 • 수송 도중의 스테이터스를 관리한다.
무역 관리	• 무역에 필요한 서류를 준비해서 무역업자에게 전달한다.
설계·생산 기술	• 생산 BOM과 서비스 BOM을 만든다. • 생산을 실행하는 준비로서 중요한 업무 연계가 된다.

2-8 생산 매니지먼트로서의 공장 연계·글로벌 매니지먼트

연계화·글로벌화하는 공장의 수급 관리, 생산 배분, 구매 관리

▌판매와 생산·조달의 글로벌화가 확대되는 제조업

제조업의 거래가 글로벌화된 지도 꽤 오래됐다. 이미 제조업의 대다수가 해외에서 판매하고 해외에서 생산하고 있다. 전 세계에 고객이 있고 판매회사가 설립되어 있다. 공장도 전 세계에 건설되고 부품과 원재료도 각국에서 조달하고 있다. 각 나라의 판매회사에 납품하는 물건은 그 국가에 있는 공장에서 출하되고 있으며 공장 간에서도 부품이 거래되어 서플라이 체인이 복잡해지고 있다. 또한 동일 제조업의 서로 다른 공장에서 주문을 받는 공급자가 있어 공장 간의 조정도 필요해지고 있다.

한 공장 안에서 생산 매니지먼트와 제조·공정 관리를 했던 생산 관리가 국가를 넘나드는 관리로 확대함으로써 관리가 복잡해지고 있다.

▌전 세계의 판매회사와 연계된 글로벌 사입·판매·재고 계획

각국의 판매회사에 제대로 물건을 배달하기 위해서는 계획적인 생산과 조달이 필수이다. 국경을 넘나드는 거래에서 배로 수송하는 경우 생산과 물류를 합한 리드 타임이 2개월 내지 3개월 걸리기도 한다.

이 기간의 변동을 흡수하기 위해 제품과 부품의 재고 수량 합의와 비용을 적정화하기 위한 공장 능력에 대비하기 위해서라도 해외 판매회사의 사입 계획이 필요하다.

▌국가를 초월한 분업으로 글로벌 생산·판매·재고 계획 관리가 필요

또한 공장 간에서도 거래가 발생한다. 때문에 각 공장의 생산·판매·재고 계획을 통합하여 **공장과 국가 간에 생산·판매 계획을 공유할 필요가 있다.** 생산 매니지먼트의 범위가 하나의 공장에 머물지 않고 전 세계 공장의 계획 관리와 수익 관리에 확대되어 있으면 각국에 있는 공장의 계획과 예산을 통합해서 관리해야 한다.

여러 공장에서 같은 제품을 만들고 있는 경우 상호 간에 생산을 조정해야 할 경우가 있다. 예를 들어 A국가의 공장에서 생산 수량이 과잉 상태가 되어 능력상 다 조달하지 못하게 된 경우 같은 제품을 만드는 B국가의 공장에서 나누어 생산함으로써 고객에게 피해가 가지 않도록 해야 한다. 이러한 업무를 **생산 배분**이라고 한다.

국가를 초월한 생산 배분 조정은 물류 리드타임이 서로 다르고 수요에 대해 생산 계획을 입안하는 대상 기간이 변하기도 하므로 조정하는 것이 어렵다. 가령 북미 시장 제품을 북미 공장에서 만드는 경우는 다음 달 생산 계획에 반영하지만, 중국에서 제조하는 경우는 3개월 이후에 반영하는 등 계획 대상의 타이밍이 다르다.

또한 생산 배분을 함으로써 다른 제품의 생산에 영향을 미치는 일도 있어 조정이 필요하다. 생산 능력과 조달한 부품에 제약이 따르면 어느 쪽을 우선해야 할지 등을 조정하는 기능도 필요하다.

생산 배분을 하기 위해서는 글로벌 사입·판매·재고 계획, 생산·판매·재고 계획과 생산 계획, 능력 계획, 조달 계획을 가시화하는 것이 필수이다.

▌글로벌 조달품의 관리도 필수

조달 업무 역시 글로벌화하고 있다. 여러 국가의 복수 공장에서 하나의 공급자에게 조달하는 것도 일상적인 일이 됐다. 만약 각국의 공장이 같은 부품과 원재료를 거래하는 거라면 공장 간, 공장과 공급자 간을 조달하는 **글로벌 조정 기능**이 필요하다. 조달의 글로벌 조정에도 글로벌로 통합된 사입·판매·재고 계획, 생산·판매·재고 계획과 생산 계획, 조달 계획이 필요하다.

▌글로벌 원가 관리도 필수

각국 공장의 원가도 통합해서 관리하는 것이 이상적이다. 어느 공장의 원가가 우수한지 또는 문제가 있는지를 가시화하는 것이 중요하다.

생산성이 높은 공장, 품질이 높은 공장, 납기 준수 능력이 높은 공장 또는 그 반대인 경우에도 공장을 가시화해서 본사로부터 개선 요구를 할 수 있게 한다.

▌글로벌 계획 통합, 수발주 조정과 시스템 표준화

글로벌 조정을 수행하기 위한 글로벌 계획과 수발주에 관련된 시스템은 일원 관리가 가능한 가시화를 제공하지 않으면 안 된다. 가능하면 동일 시스템으로 업무하고 데이터를 일원 관리할 수 있는 것이 이상적이다. 글로벌 단위로 도입해야 할 시스템을 표준화하는 것도 필요하다.

◆**생산 매니지먼트로서 공장 연계·글로벌 매니지먼트 주변 업무**

생산 글로벌 매니지먼트 주변 업무	주요 생산 글로벌 매니지먼트에 관련된 업무의 기능
글로벌 사입·판매·재고 계획	• 전 세계 판매회사의 사입·판매·재고 계획을 공장 간에 연계한다. • 전 세계의 판매 계획을 통합해서 관리하고 아울러 세계의 제품 재고 수량·금액을 통제한다.
글로벌 생산·판매·재고 계획	• 전 세계 공장의 생산·판매·재고 계획을 통합하고 각국에서 생산 능력을 조정하거나 상호 부자재의 생산 요구 계획을 연계한다. • 공장 간 생산 수량과 생산 능력이 일치하지 않으면 조정한다.
글로벌 조달 관리	• 각국 공장의 조달처가 같은 경우 때로 거래가 발생한다. • 같은 그룹의 공장이 경쟁하지 않도록 글로벌 부품 공급자와 통합적으로 조정한다.
글로벌 원가 관리	각국 공장의 원가를 수집, 비교하여 개선을 촉구한다.
글로벌 시스템 통제	각국에서 같은 시스템을 도입할 수 있도록 시스템 도입을 통제한다.

생산 관리의 미래 ② Production Control은 생산 관리인가?
제조 통제를 생산 관리라고 오해한 결과

■ **미국을 넘어서라, '싼 게 비지떡'이라는 상식을 뒤집다**

전후 일본은 미국의 과학적 관리 방법을 도입했다. 통계적 품질 관리 방법을 배우고 QC나 IE(생산공학) 등의 방법을 도입했다. 일본 국내에서도 개선 기술 연구가 활발히 진행되어 품질과 생산성은 눈에 띄게 향상됐다. 싼 게 비지떡이라고 일본 제품을 무시하는 풍조를 뒤집고 일본은 세계에서 칭찬하는 품질과 생산성을 자랑하는 국가가 됐다.

■ **Production Control을 생산 관리라고 번역하고 PDC를 PDCA로 바꾸었다**

현장 개선을 통해 생산성을 높인 일본은 이러한 통제·개선 방법을 도입할 때 Production Control을 생산 관리라고 번역했다.

때문에 개선 기술만을 중시하고 생산 매니지먼트를 이해하는 사람이 몇 안 되는 상황이 돼 버렸다. 생산 관리에서 중요한 계획 업무를 일부 인재가 작업적으로 수행할 뿐, 계획이 공장의 수익을 결정하는 중요한 의사 결정이라는 의식은 희박했다.

또한 PDC(Plan, Do, Check)라는 계획, 실행, 검증 사이클에 멋대로 A(Action)를 붙여서 PDCA 사이클로 해버렸다. 그 결과 즉시 대응 가능하고 불합리한 점을 보정하는 식으로 대응하는 데 초점을 두게 돼 장기적인 계획 대응(Planning)을 저해했다.

지금도 많은 제조업에서 '두더지잡기'식의 사후대응에 쫓기어 예측한 사전 계획 대응이 불가능한 것은 계획 대응(Plan과 Check[검증]에 기초한 Replan[재계획])을 촉구하는 PDC에 A를 붙여버린 마인드를 가졌기 때문일 것이다. 생산 관리는 계획적인 대응도 중요하다.

■ **현장주의는 지금도 중요하지만 그것만으로는 매니지먼트가 아니다**

물론 현장주의는 지금도 중요하다. 그러나 그것만으로는 제약 조건하에서 자원(리소스)을 계획적으로 활용해서 공장 수익을 최대화하고 예측하는 경영 활동이 소홀해진다. 생산 관리의 주요 역할은 작업 개선이 아니라 생산 활동을 매니지먼트(경영 기획)하는 것이다.

제 **3** 장

생산 관리 업무와 관련 시스템(1)
생산 매니지먼트

업무 흐름에서 본 생산 관리

업무 흐름에서 생산 관리의 전체상과 필요한 시스템을 파악한다

업무 프로세스와 시스템은 뗄 수 없다

생산관리시스템을 도입, 구축하는 과정에서 업무 흐름을 모르고 개별적인 상세 기능에만 역점을 둬봐야 별 의미가 없다. 어느 한 업무의 세세한 작업 요건만을 충족한다고 해도 관련된 업무에 필요한 충분한 데이터와 기능을 제공할 수 없기 때문이다.

예를 들어, 청구서를 자동으로 작성하는 시스템을 구축할 필요가 있다고 하자. 이때 청구서의 항목을 인쇄하는 장치를 검토한 경우 확실히 필요한 항목을 인쇄하는 기능은 만들 수 있지만, 고객과 고객 주소, 출하한 품번과 수량, 출하된 로트 번호, 출하일, 납입처 등도 출력할 수 있을까?

내가 알고 있는 한 제조업의 예를 들면, 청구서를 만들기 전에 수주 담당, 생산 담당, 출하 지시 담당이 별도로 작업하고 그 결과가 청구서에 집약된다. 그러나 각 조직에서 작업의 연계를 무시하고 청구서 시스템을 설계했기 때문에 청구서를 만들기 위해 필요한 데이터가 시스템에 없어, 결국 필요한 데이터를 전부 화면에 옮기는 인쇄용 워드프로세서와 같은 시스템이 되고 말았다.

만약 수정하거나 재구축하는 거라면 업무 흐름에 따라서 수주 시의 등록, 정산 시의 등록, 출하 지시에서의 등록과 같은 흐름을 좇아 데이터를 연계하고 필요한 기능을 구축하되, 청구서 작성 단계에서는 사전 작업 데이터에 이어서 자동으로 작성해야 한다. 그렇지 않으면 그것은 청구서 시스템이 아니라 워드프로세서나 마찬가지다.

또한 설계 단계에서는 청구 담당이 마지막에 미스를 체크하는 식이었다. 그러나 그러한 체크 작업은 업무 프로세스의 상류에 해당하는 수주 단계에서 시스템으로 체크해야 한다. 상류의 업무에서 미스를 없애면 청구 담당이 체크할 필요가 없기 때문이다.

이처럼 시스템을 만들 때는 업무 프로세스에 따라서 요건을 추출하고 업무를 설계한 결과를 토대로 시스템 기능을 명확히 정의해야 한다.

조직마다 제각각 업무는 업무, 시스템은 시스템으로 나누어서 요건을 정하는 게 아니라 업무 프로세스에 따라서 업무와 시스템을 일체로 검토해야 한다.

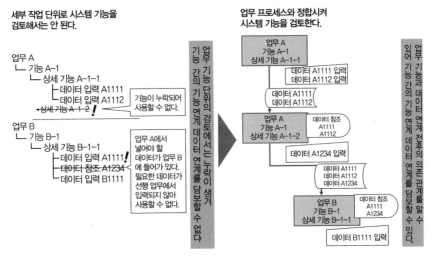

◆업무 프로세스와 시스템은 뗄 수 없다

┃업무 프로세스를 안다는 것의 의미와 패키지화 흐름

시스템 부문의 제안으로 실제 업무를 잘 이해하지 못한 채 시스템을 도입하거나 사용자의 요구대로 사용하기 쉽도록 모든 요구 기능을 수용하다 보면 터무니없이 개발이 방대해진다. 현장을 잘 모르는 상태에서 시스템을 도입하면 사용할 수 없게 되거나 과잉 사양으로 만들어져 공수와 비용이 늘어난다.

과거와 같이 생산관리시스템을 사내에서 개발하는 거라면 현장의 요구에 모두 부응할 수 있었을 것이다. 그러나 지금은 패키지가 주류이다. 패키지 시스템을 도입한다면 원하는 기능을 모두 반영할 수는 없다. 업무 기능 중에서 필수인 기능과 반영하지 않아도 되는 기능을 구별해야 한다.

도입하는 패키지 시스템이 자사의 업무 기능에 맞는지도 판단해야 한다. 그러려면 **패키지를 선정할 때 자사의 업무 프로세스와 필요한 기능을 파악할 필요가 있다.**

업무 프로세스를 알고 있으면 필수 기능, 있으면 좋지만 없어도 어떻게든 되는 기능, 불필요한 기능을 구별할 수 있어 저비용에 안전하게 시스템을 도입할 수 있다. 또한 잘못된 패키지를 선정할 리스크도 낮아지고 추가 개발 가부 판단도 가능하다. 시스템을 도입할 때 업무 프로세스를 아는 의미는 크다. 업무 프로세스의 흐름을 이해해야 필요한 시스템 기능을 알 수 있기 때문이다.

▌생산 관리 패키지 시스템은 업종 특성과 생산 방식에 주의

생산 관리 패키지를 도입한다고 해도 뭐가 됐건 상관없는 것은 아니다. 패키지 시스템에는 전문 또는 비전문 시스템이 있다.

특히 주의해야 하는 것은 업종 특성이다. 조립 계열의 업종에 맞는 패키지 시스템과 화학품, 약품, 식품 같은 프로세스 계열의 업종에 맞는 패키지 시스템이 있다. 그리고 둘 다 가능한 패키지도 있으므로 검토가 필요하다.

또한 생산 방식도 중요하다. 예측 생산에 적합한 패키지, 수주 생산에 적합한 패키지, 개별 수주 생산에 적합한 패키지가 있다. 각각 전문 분야와 비전문 분야가 있으므로 자사의 업종 특성과 생산 방식에 적합한 시스템을 선택할 필요가 있다.

3-2 생산 매니지먼트의 핵심은 계획 관리와 원가 관리, KPI 관리

계획은 SCP와 ERP, 원가는 ERP, KPI는 BI로 관리한다

▌생산 매니지먼트에 의한 계획 기능의 개요

생산 매니지먼트의 주축을 이루는 것 중 하나는 계획 기능이다. 계획 기능이 생산 매니지먼트의 주축인 이유는 경영적인 판단을 하기 때문이다.

계획에 따라서 먼저 생산 활동에 투입되는 사람, 물건, 돈이 결정된다. 사람, 물건, 돈이 결정되어야 생산액이 결정되고 비용과 원가가 정해지고 공장의 이익이 정해진다. 계획이란 생산 활동을 매니지하는 것이라고 할 수 있다.

생산 매니지먼트의 계획 기능 중에서 핵심은 생산 계획이지만, 생산 계획이라고 해도 다양한 형태가 있다. 생산 계획은 단순하게 생산의 수량을 계획하는 것만은 아니다. 좀 더 복잡한 계획과 판단을 해야 한다. 생산 계획은 생산 수량을 중심으로 해서 시간 축에 따라서 입안해야 할 시간 축 계층을 구별해서 계획을 세워야 한다.

시간 축이란 계획의 대상 기간을 가리킨다. 장기 계획, 중기 계획, 연도 계획(3-4 참조), 월차 계획, 주차 계획, 일차 계획, 생산 순서 계획 같은 시간 축의 계층이 있다.

◆계획의 계층① 시간 축

계획의 시간 축 계층	대상 기간
장기 계획	3년에서 5년
중기 계획	3개년 계획, 1년에서 3년
연도 계획	연도 단위의 계획, 1년에서 1.5년
월차 계획	월 단위의 계획, 1, 2개월에서 수개월
주차 계획	주 단위의 계획, 1주일에서 수주일
일차 계획	1일 단위의 계획, 1일부터 수일
생산 순서 계획	시간 단위의 계획

이 가운데 일차 계획과 생산 순서 계획은 보다 실행 지시에 가까운 업무이므로 제조·공정 관리의 기능 분류라고 생각해도 좋다. 매니지먼트라기보다는 지시에 해당하므로 다음 장에서 자세하게 설명한다.

시간 축의 각 계층에서 의사 결정된 계획 결과가 상호의 계층에 영향을 미친다. 영향이란 제약 조건이다. 긴 기간의 상위 계획이 하위 계획의 제약 조건을 결정한다.

예를 들면 중기 계획에서 결정된 생산 능력 계획이 제약 조건이 되어 월차 계획에서 사용할 수 있는 생산 능력에 제약이 따른다. 중기 계획에서 매월 160시간 생산이 가능하다고 설정됐다고 하면 월차 계획에서는 계획된 160시간의 범위를 제약 조건으로 해서 월차 생산 계획을 짜지 않으면 안 된다.

계획의 계층에는 지리적·물리적 거점 계층도 있다. 영업 부문이 고객에 대한 판매 계획을 입안하는 **수요 계획**, 영업 창고의 팔고, 사입하고, 재고를 보유하는 계획인 사입·판매·재고 계획, 공장 창고의 만들고, 영업 창고에 인도하고, 재고를 보유하는 계획인 생산·판매·재고 계획, 공장의 생산 요구 수량을 계획하는 **기준 생산 계획**이다.

수요 계획에도 계층이 있다. 수요 계획이란 수요 예측, 캠페인 계획, 고객 내시(사전수요), 수주 등의 수요를 통합한 계획이다.

사입·판매·재고 계획은 판매 계획(= 수요 계획), 재고 계획, 사입 계획을 통합한 계획으로 영업 창고의 계획에 해당한다. 영업 창고가 여러 곳에 있는 경우는 각 영업 창고별로 사입·판매·재고 계획이 입안된다.

생산·판매·재고 계획은 영업 창고의 사입·판매·재고 계획과 연계해서 수행하고 공장 재고의 계획이 된다. 여러 영업 창고의 사입·판매·재고 계획의 사입 계획을 통합해서 공장 창고의 판매 계획(= 출하 계획)으로 한다. 여러 영업 창고에 출하 계획을 조달하기 위해 필요한 재고 계획을 세우고 재고를 유지하기 위해 필요한 생산 계획 수를 입안한다.

일반적인 생산 관리 교과서에서는 생산·판매·재고 계획의 판매 계획(= 출하 계획)을 총소요량, 생산·판매·재고 계획의 생산 계획을 순소요량이라 부른다. 이 책에서는 굳이 이 단어를 사용하지 않기로 한다. 소요량이라는 단어에는 단순한 산출 결과라는 의미가 있기 때문이다. 계획에는 사람의 의사가 개입된다. 계획은 단순한 계산 결과인 소요량이 아니라 제약 조건과 다양한 장래 리스크를 가미해서 사람이 의사를 정해서 결정하는 것이다.

생산·판매·재고 계획의 생산 요구 계획에 따라 기준 생산 계획이 입안된다.

기준 생산 계획은 사입·판매·재고 계획의 수량을 생산하기 쉬운 수량으로 통합한다. 생산에서 효율적인 최소 생산 단위로 묶는 것이다. 예를 들면 한 대밖에 요구가 없어도 담당자가 자신의 의사를 담아서 10대의 기준 생산 계획을 세우는 것이다.

기준 생산 계획은 자재 소요량 계산(MRP)을 하기 위한 정보로 입력된다. 앞의 예로 말하면 10대의 제품을 만드는 기준 생산 계획 수량이 MRP에 넘어가고 MRP에서 자재 소요량을 계산한다.

MRP에 입력되는 것을 **독립 수요, 독립 소요**라고도 한다. MRP에 건네기 전의 사입·판매·재고 계획, 생산·판매·재고 계획, 기준 생산 계획의 입안은 SCP가 담당한다.

MRP(ERP)의 자재 소요량 계산에 의해 필요한 구성 품목의 소요량이 계산된다. 여러 공정에 걸쳐서 각 공정에서 필요한 소요량(종속 수요 또는 종속 소요)이 계산된다. 순소요량의 근접 부분은 제조지시서와 구매지시서에서 절단된다.

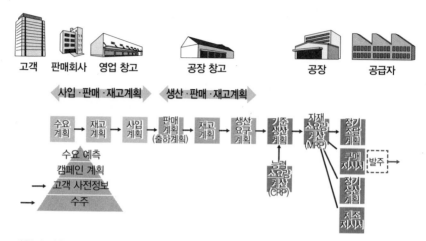

◆계획의 계층② 지리적·물리적 거점 계층

지시서를 발행하지 않은 장기의 소요량은 장기 생산 소요량, 장기 구매 소요량이 되어 장기 생산 계획, 장기 조달 계획으로 보관된다. 장기 생산 계획은 능력 계획과 관련해서 생산 능력이 부족할 때는 앞당겨서 생산 계획하고, 생산 능력이 남을 때는 능력을 억제하거나 생산 수량이 많아 생산 능력이 부족한 다른 공장의 생산 계획을 할당받는다. 장기 조달 계획은 공급자와 조정 시에 사용한다.

계획 업무에서 중요한 것은 능력 계획인데, 유감스럽게 MRP(ERP)에서는 기능이 불충분해서 그다지 사용할 수 있는 게 없다. 때문에 보통은 표계산 소프트웨어를 사용해서 시스템의 외부에서 필요한 **능력 소요량 계산**(CRP; Capacity Requirement Planning)을 하거나 SCP에서 CRP를 실시하는 것이 일반적이다.

SCP에서 CRP를 수행하는 경우 대략적으로 수행하는 방법 또는 여러 공정에서 정밀하게 수행하는 경우의 계획 입안 방법을 선택해야 한다. 대략적으로 수행하는 경우는 보틀넥 공정을 고려해서 공장 전체에서 '1일 생산량 몇 대'와 같은 식으로 계획한다.

상세하게 계획하는 경우는 시간 단위로 각 공정의 부하를 계산한다. 여러 공정의 경우 공정별로 CRP를 SCP로 수행한다. 이때는 SCP에서 여러 공정의 제조 품목 소요량을 계산한다.

계획을 세우는 방법을 결정할 때 SCP를 사용할지 MRP를 사용할지를 판단해야 한다. **능력 계획이 필요하면 SCP, 필요하지 않으면 MRP, 필요해도 시스템화하지 않아도 되면 MRP + 표계산 소프트웨어**와 같은 식의 선택 옵션이 있다. 계획을 세우는 방법에 따라 선택은 바뀌며, 그 결과 업무 프로세스와 시스템 배치, 시스템 연계 형태가 달라진다.

다시 말해 업무의 형태에 맞게 시스템 구성(시스템 아키텍처)을 검토하는 것이 중요하다.

이러한 업무 검토 작업을 건너뛰고 갑자기 패키지 베이스의 요건 정의에 돌입하면 시스템 설계가 제대로 되지 않아 프로젝트가 혼란을 겪는 원인이 된다. 기능 배치가 제대로 정해지지 않은 단계에서 개별 기능의 요건을 따로따로 정의함으로써 잘못된 판단, 연계 부족에 의한 차이가 발생하기 때문이다.

	수요 계획	사입·판매·재고계획	생산·판매·재고계획	기준 생산 계획	자재 소요량 계산 (MRP)	능력 소요량 계획 (CRP)	제조·조달 지시서
장기 계획 : 3년에서 5년	**생산 매니지먼트의 대상 업무**				E R P	S C P	E R P
중기 계획 : 3년							
연도 계획(예산)	**표계산 소프트웨어 SCP**						
월차 계획							
주차 계획	제조·공정관리 대상 업무						
일차 계획				스케줄러			
생산 순서 계획							
원가 관리	ERP + BI						
KPI 관리	**생산 매니지먼트 대상 업무**						

◆생산 매니지먼트의 계획 관리와 원가 관리, KPI 관리의 주요 대응 시스템

생산 매니지먼트에 의한 원가 관리의 개요와 KPI 관리

계획에서 지시로 이어지고 제조가 실행되면 실적이 수집된다. 실적 중 원재료, 재공품의 투입(= 사용 실적), 재공품과 완성품의 생산 실적(양품, 손실품)이 MES에서 수집되어 ERP로 연계된다.

공장별 작업 시간을 MES에서 취득할 수 있으면 작업 시간이 ERP에 연계된다. ERP에는 MRP가 탑재되어 있다. ERP의 MRP를 사용해서 제조지시서 단위로 실적을 적상하고 지시서를 삭제해서 원가를 계산한다.

지시서에 대해 비용에 관련된 실적을 직접 할당하는 직과(직접 배부)가 불가능한 간접비는 원가 계산 모듈로 별도 배부하여 제조 원가를 계산한다. 표준값으로 표준원가를 계산하고 실적으로 실제의 원가를 계산해서 원가 차액을 분석한다.

또한 간접 노무비의 실적 데이터 중 작업 시간을 어느 직장, 공정, 작업에 할당할지를 판단하는 **배부 기준 데이터를 ERP에서 보관하는 것은 곤란하기 때문에 별도 동태 관리용 시스템 또는 동태 관리 모듈에서 연계한다.** 간소화하는 경우는 공정 등의 중간에 배부하지 않고 완성품에 직접 배부하는 방법도 있다.

원가 계산에서도 BOM이 사용된다. 소요량 계산에서 한 구성 부품의 계산 처리와 정확히 반대의 순서대로 구성 부품에서 상위의 품목, 제품까지 거슬러 올라가 계산을 하기 때문이다. 예를 들면 소요량 계산에서 1대에 대해 4개의 부품이 필요한 제품이 생산됐다고 하자. 원가 계산에서는 4개의 부품을 사용해서 1대의 제품이 완성된 것으로 보고 4개분의 재료비가 집계되는 것이다. 1⇒4와 반대로 4⇒1로 재료비를 덧셈하는 것이다.

따라서 <u>소요량 계산에서 사용한 생산 BOM과 원가 계산에서 사용되는 원가 계산 BOM은 통합</u>할 필요가 있다. 소요량 계산과 원가 계산의 BOM을 통합시켜 둠으로써 소요량 계산과 원가 계산(= 적산 계산)을 통합할 수 있기 때문이다.

계획에 대해 같은 구성으로 실적이 적산되어 확인할 수 있어야 하기 때문에 생산 BOM과 원가 계산 BOM을 통합하는 것이 이상적이다. 그러나 현실은 그렇지 못하다.

원가 계산으로서 보다 정밀하게 계산하고 싶은 원가 계산 부문의 의향이 작용하여 생산 BOM을 활용하지 않고 원가 계산에서 특별한 구성의 BOM을 정의하는 것도 일반적이다. 이러한 경우에는 생산 BOM과 원가 계산 BOM은 별개가 되어 별도 관리해야 하는 번거로움이 따른다.

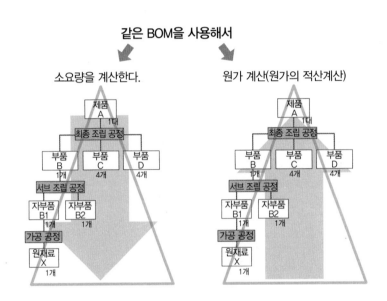

◆소요량 계산과 원가 계산의 차이

3-3 서플라이 체인의 계획 연쇄와 사이클 버킷

거점·기능을 잇는 계획 연쇄와 3년, 연, 월, 주, 일의 버킷 구조

▌계획의 구조와 서플라이 체인 거점·기능을 아우르는 계획 연쇄

계획이라는 업무는 회사 안에서도 한정된 사람이 담당하고 있기 때문에 잘 알려져 있지 않다. 계획 자체가 회사의 자산 규모와 수익을 정하는 영향력이 있음에도 불구하고 소수의 사람이 입안하기 때문에 시스템화도 지연되고 있다.

계획은 서플라이 체인의 구조를 토대로 이어진다. 서플라이 체인의 하류에서 상류를 향해서 거점, 기능을 거쳐 '수요 계획 ⇒ 사입·판매·재고 계획 ⇒ 생산·판매·재고 계획 ⇒ 기준 생산 계획'으로 이어진다.

▌계획 사이클, 계획 버킷, 계획 대상 기간과 동결·확정 기간

계획 연쇄는 **시간 축**으로 계층화한다. 시간 축은 계획 사이클, 계획 버킷, 계획 대상 기간 등 다차원이다.

계획 사이클은 3개년, 연차, 월차, 주차, 일차 사이클이다.

계획 버킷은 계획 입안 기간의 단위로 월 단위로 계획하는 경우는 월 버킷, 주 단위로 계획하는 경우는 주 버킷이다. 버킷(bucket)이란 물건을 담는 것을 말하며, 계획을 넣는 단위라는 의미이다.

계획 기간은 계획의 입안 기간이다. 3년, 1년, 6개월, 3개월 등의 기간이 있다.

계획 기간과 계획 버킷은 관련되어 있다. 일반적으로 다음의 표와 같으며, 회사에 따라 정의는 다양하다.

◆ 계획 기간과 계획 버킷

명칭	계획 기간	계획 버킷
3개년 계획	3년	연 또는 최근 1년은 반기
연도 계획	1년~1년 반	월
월차 계획	3개월~1년	월 또는 최근 1개월은 주 또는 일
주차 계획	1개월~1개월 반	주 또는 최근 4주간은 일 등
일차 계획	1주일~1개월 정도	일

버킷은 집약 또는 분해(전개)의 요건이 나온다. 일 버킷을 집약해서 월 버킷에서 보고 싶다거나 월 버킷을 일 버킷과 주 버킷으로 분해(전개)하는 식이다.

계획 기간은 기간별로 의미가 다른 경우가 있다. 이미 계획이 정확하고 지시가 나왔기 때문에 계획을 변경할 수 없는 기간을 **동결 기간**, 이번에 입안해서 계획이 확정되는 기간을 **확정 기간**, 아직 계획을 변경할 수 있는 기간을 **프리 기간**이라고 한다. 확정 기간도 포함해서 계획이 확정·동결한 기간의 최후를 **타임펜스**라고 한다. 동결+확정 기간은 타임펜스 내의 계획이라 불리며 계획을 바꾸지 않는 것을 기본으로 한다.

계획 단위의 분해(전개)와 통합

계획에는 시간 관련 축 이외에 계획을 분해하거나 통합하는 축이 있으며, 몇 가지를 소개한다.

우선 **조직 축**이다. 각 담당 단위와 부와 과, 본부 같은 부서 단위, 공장 단위, 사업부 단위, 회사 단위와 같은 축이다. 또한 **지역 축**도 있다. 시도 단위, 국 단위, 아시아와 유럽 같은 세계의 지역 구분 단위, 글로벌과 같은 계층이다.

다음으로 **품목 구성 축**도 있다. 단품 - 제품 시리즈 - 제품 카테고리 - 사업 카테고

101

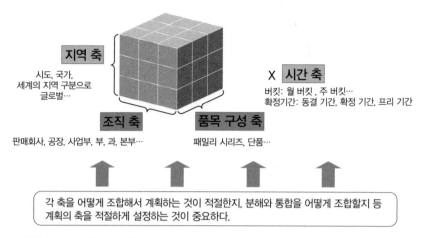

지역 축
시도, 국가,
세계의 지역 구분으로
글로벌…

X 시간 축
버킷: 월 버킷, 주 버킷…
확정기간: 동결 기간, 확정 기간, 프리 기간

조직 축
판매회사, 공장, 사업부, 부, 과, 본부…

품목 구성 축
패밀리 시리즈, 단품…

각 축을 어떻게 조합해서 계획하는 것이 적절한지, 분해와 통합을 어떻게 조합할지 등
계획의 축을 적절하게 설정하는 것이 중요하다.

◆계획 축: 시간 축, 조직 축, 지역 축, 품목 구성 축

리 등이다.

조직 축과 지역 축, 품목 구성 축도 계층화해서 분해(전개) 또는 통합하는 요건이 있다. 조직 축에 품목 구성 축이 복잡하게 얽히기도 하고, 조직 축도 품목 구성 축, 나아가 버킷 관련을 제대로 식별한 후에 정리하지 않으면 데이터 구조, 데이터 변경에 무리가 따르므로 주의가 필요하다.

예를 들면 정밀기기의 판매 계획을 영업부 단위로 입안한다고 하자. 판매 계획은 영업 소속의 각 담당자가 입안한다. 그러나 바빠서 월 버킷으로 입안한다. 그런데다 제품마다 입안할 수 없기 때문에 제품 시리즈로 입안한다. 판매 계획은 각자가 월 버킷으로, 시리즈별로 입안하게 된다.

사입·판매·재고 계획을 입안할 때는 영업 판매 계획을 전국에서 집약해서 영업 부문 전체의 판매 계획으로 삼지만, 여전히 월 버킷, 시리즈별 계획이다. 그러나 이렇게 하면 사입·판매·재고 계획에 사용할 수 없다. 각 제품의 재고가 있기 때문에 각 제품의 판매 계획까지 분해한 다음 각 제품의 재고가 남았는지 부족한지를 판단해야 하기 때문이다.

이처럼 계획 입안 단위가 조직 축, 제품 축, 시간 축으로 다른 것이 일반적이다. 이러한 계획의 입안 단위를 제대로 확인하고, 계획 단위를 다시 정의한 후에 상호 계획 단위의 집약 및 분해 방법을 정의하는 것이 중요하다.

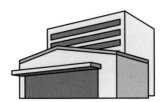

중장기 생산 계획·능력 계획 절차

공장 예산과 같은 뜻인 장기 생산 계획으로 수익을 결정한다

▌중장기 계획의 정의는 애매하다

계획 업무는 입안하는 대상 기간에 따라 분류된다. **중장기 계획**은 회사의 향후를 그리는 계획이다. 중장기 계획은 회사에 따라서 다양하게 정의되고 있다.

장기 계획을 5년 정도의 범위로 입안하는 회사와 3년 정도를 장기 계획으로 보는 회사도 있다. 중기 계획은 일반적으로 3년 정도의 계획이다. 장기 계획과 중기 계획의 기간도 회사에 따라 다르다. 이 책에서는 장기 계획을 3년에서 5년, 중기 계획을 3년으로 해서 설명한다. 1년 정도의 계획은 일반적으로 연도 계획이라고 하고 **예산**과 같은 뜻으로 이해하기 바란다.

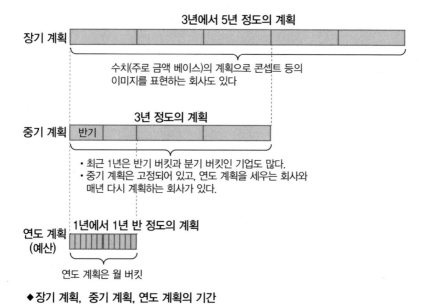

◆장기 계획, 중기 계획, 연도 계획의 기간

장기 계획의 사이클, 버킷, 계획 대상 기간

장기 계획은 3년부터 5년 정도가 되는 전략적 계획이다. 장기 계획에서는 향후의 신제품 개발, 신제품 개발과 미케팅에 영향을 받는 판매 계획, 거점 전개, 공상 건설과 창고 건설 같은 투자를 수반하는 계획을 책정한다. 대략적인 계획이기 때문에 연 단위 버킷으로 계획되는 일이 많다.

장기 계획은 보통 표계산을 이용해서 입안하지만 좀 더 애매하게 문장으로 적거나 개념적인 이미지도로 그리는 일도 있다. 장기에 걸친 회사의 미래 모습을 그리는 것이므로 시스템화되는 일은 거의 없다. 장기 계획의 사이클과 버킷은 다음과 같다.

• 계획 사이클: 매 연도, 3년에 1번 또는 5년에 1번

장기 계획은 3~5년에 1번밖에 계획하지 않는 회사와 매년 검토하는 회사가 있는 등 회사에 따라 제각각이다.

• 계획 버킷: 연 버킷 또는 반기, 분기 버킷

계획 버킷은 기본적으로 연 버킷이다. 물론 수치로 환산한 계획이 있어야 한다. 연 단위로 판매 계획과 생산 계획을 입안한다.

• 중기 계획의 사이클, 버킷, 계획 대상 기간

중기 계획으로는 3년 정도의 계획을 입안하는 회사가 많다. 3개년 계획이라 불리기도 한다.

중기 계획 = 3개년 계획은 1년에 한 번밖에 계획하지 않는 회사와 매년 3년분의 계획을 검토하는(롤링) 회사가 있다.

계획 ①	100	100	100		
		계획 검토 ↓	계획 검토 ↓		
계획 ②	실적	120	110	110	
			계획 검토 ↓	계획 검토 ↓	
계획 ③		실적	110	90	100
			계획 검토 ↓	계획 검토 ↓	
계획 ④			실적	100	110	120
				계획 검토 ↓	계획 검토 ↓

정기적으로 계획을 검토하는 것을 계획 검토(롤링)라고 한다.

◆ **계획 검토(롤링)**

3년에 한 번밖에 계획하지 않는 회사는 3년간 계획을 고정하고 연도 계획을 검토해서 이를 비교하는 데 그치고 있다. 기간 중에는 3개년 계획에 변경된 계획은 반영하지 않고 3개년 계획을 고정 목표로 두고 매년 재계획하는 연도 계획의 목표 대비치로 삼는다.

매년 3개년 계획을 검토하는 회사는 매년 향후 3년을 롤링하면서 계획한다. 변화가 격심한 최근에는 매년 롤링으로 3개년 계획을 검토하는 회사가 늘고 있다. 중기 계획의 버킷은 다음과 같다.

• **계획 버킷: 연 버킷 또는 반기, 분기 버킷**

계획 버킷은 기본적으로 연 버킷이다. 연 단위로 판매 계획과 생산 계획을 입안한다. 회사에 따라서는 최근 연도의 계획은 반기 버킷이거나 분기 버킷인 경우도 있다. 향후의 계획이기 때문에 금액만으로 계획하는 경우가 많지만 상세하게 계획하고자 하는 회사는 개요이기는 하지만 수량으로 계획을 입안하고 있다.

▌중기 계획은 시스템화 곤란, 가시화 정도는 가능

일반적으로 중기 계획은 대략적이다. 상세한 품목 베이스의 계획이 아니라 어느 쪽인가 하면 금액 베이스의 계획이 된다. 중기 계획의 입안 절차는 다음과 같다.

① 과거의 판매 실적, 생산 실적, 재무 성적 검토

② 향후의 신제품 개발 계획, 마케팅 계획, 판매 계획

③ 시장 개척, 판매 거점 개척, 생산 거점 선정과 공장 · 창고 건설 계획

④ 판매 계획에 연동한 생산 계획과 설비 투자 계획

⑤ 신제품 개발과 연동한 신소재 개발 계획, 공급자 개척, 제휴 계획

①~⑤의 각 프로세스를 연속적으로 입안해 간다.

중기 계획은 전략 투자를 정하기 위한 계획이기 때문에 품목 단위의 수량 계획이 아니라 기껏해야 제품 카테고리 등으로 집약된, 금액 베이스의 개요 계획이 된다. 때문에 생산관리시스템을 이용한 입안은 곤란하다. 물론 수치를 집계하는 작업은 있지만 기본적으로 표계산 소프트웨어가 사용되고 패키지 소프트웨어가 사용되는 일은 많지 않다.

▌연도 계획 = 예산 또는 예산과 거의 같은 의미인 실행 계획

보다 구체적인 계획은 연도 계획이라 불린다. 연도 계획은 예산 또는 실행 계획 이라고 불리며 1년 또는 1년 반 정도를 월 버킷으로 계획한다. 연도 계획은 상세한 계획이 된다. 판매 계획과 재고 계획, 생산 계획은 제품 또는 집약된 제품 시리즈 등 으로 계획한다.

다만 제약 제조업과 어패럴(신발 등)과 같이 업계에 따라서는 품목 단위의 계획이

곤란하기 때문에 우선은 제품 시리즈 단위와 금액 베이스로 입안하고 과거 실적 등을 이용해서 단가 베이스로 단품의 품목으로 분해하고 수량으로 환산하는 회사도 있다. 이 분해, 환산 업무를 시스템화하고 있는 회사도 있다. 연도 계획의 계획 사이클, 버킷, 계획 기간은 아래와 같다.

- **계획 사이클: 매 연도**
- **계획 버킷: 월 버킷**
- **계획 기간: 다음 연도의 1년간**(회사에 따라서는 1년 반)

연도 계획의 절차와 필요한 시스템 기능

연도 계획의 주요 절차는 다음과 같다.

① **판매 계획**(수요 예측: 인적 예측에서 마케팅 계획을 통합해서 판매 계획 입안)

② **재고 계획과 생산 계획**(사입·판매·재고 계획·생산·판매·재고 계획)

③ **조업도 계획, 설비 능력 계획, 설비 투자 계획, 인원 계획, 채용 계획**

④ **조달 계획**

연도 계획은 지금도 표계산 소프트웨어로 입안하는 회사가 대다수이지만, 일부 회사에서는 연도 계획 기능을 담당하는 시스템으로 SCP(1-4 참조)를 도입하기도 한다.

SCP에는 생산 능력과 조달 계획의 입안이 가능한 패키지도 있다.

기본적으로 수량을 토대로 계획하지만 금액으로 환산하는 기능이 있는 것도 있다. 또한 제품의 생산 계획뿐 아니라 구성 품목의 계획과 조달 품목의 계획을 입안하는 기능이 있는 SCP도 있다.

상세하게 분석하기 위해서는 SCP와 연계시켜 가시화, 분석할 수 있는 데이터베이스 기능을 가진 BI 시스템을 함께 사용한다. SCP에는 주로 계획을 계산시킬 뿐 그래프화와 다차원 비교는 BI에 맡기는 방법이다.

계획 입안의 업무 절차에 따라서 SCP 또는 BI를 사용하고 SCP와 BI를 연계시키는 등의 기능 정리를 통해 적정하게 사용하는 것이 필요하다.

▌연도 계획은 SCP로 수행하지만 표계산 소프트웨어를 사용하는 회사가 압도적으로 많다

연도 계획은 SCP로 입안할 수 있도록 하자. 1년 정도의 계획이라면 신제품 개발 계획도 어느 정도 정해져 있으므로 품목 코드를 확정하거나 또는 임시 코드로 시스템화가 가능하다.

판매 계획이 정해지면 사입·판매·재고 계획, 생산·판매·재고 계획, 생산 계획, 능력 계획, 조달 계획을 입안한다.

사입·판매·재고 계획에서는 판매 계획을 토대로 재고 계획, 사입 계획을 입안한다. 판매 계획에는 수요 예측과 캠페인 등의 마케팅 계획을 수반하는 판촉 계획을 추가하고, 나아가 영업 부문의 '어느 정도 팔고 싶다'고 하는 의사를 반영해서 계획을 구성한다. 판매 계획은 수요 예측, 마케팅 계획, 영업 시책 없는 판매 계획 + 영업 시책을 반영한 판매 계획 추가와 같은 4계층 정도의 계획이 된다. 계층은 각사에 따라서 다르다.

또한 통계적인 수요 예측을 할 때는 수요 예측 시스템이 필요하다. **통계 예측을 하는 경우는 통계 예측 시스템을 따로 도입하기도 하며 SCP에 딸려 있기도 하다.** 한편 통계적인 수요 예측을 하지 않고 인적 예측을 하는 일도 일반적이다.

판매 계획을 토대로 해서 SCP에서 필요한 재고 계획을 세움으로써 사입·판매·

재고 계획이 입안되고 사입 계획이 출력된다.

사입·판매·재고 계획의 사입 계획을 토대로 해서 생산·판매·재고 계획을 입안한다. 사입·판매·재고 계획이 없는 경우는 판매 계획이 생산·판매·재고 계획의 토대가 된다.

생산·판매·재고 계획은 생산 필요 수량을 SCP로 환산한다. 생산 필요 수량을 토대로 생산 계획과 조달 계획이 입안된다. 입안된 생산 계획에 맞춰 능력 계획을 입안한다. 생산 계획과 조달 계획은 수량 베이스의 계획이지만 능력 계획은 기간 베이스의 계획이 된다.

능력 계획에서는 품목의 생산 수량에 대해 기계 1대당 제품을 만들어내는 표준 시간으로 시간을 적산하고 필요한 생산 능력 소요 시간(능력 소요량)을 산출한다. 또한 1일당 필요한 가동 시간을 계산하고 월 총가동 시간을 산출한다.

능력 계획은 하루의 필요 가동 시간에 대해 필요한 시프트 수, 인원 수로 다시 환산하고 일부터 월로 집약해서 월별 시프트 계획, 인원 계획에 반영한다.

생산 계획과 조달 계획은 SCP로 계산하고 능력 계획도 가능하면 SCP로 계산한다. 능력 계획의 계산 단위는 시간이다. 시간으로 계산하고 일⇒주⇒월로 집계해서 통합한다. SCP에서는 생산 계획의 수량을 베이스로 능력 소요량으로 필요한 시프트별, 일별, 월별 가동 시간이 집계된다.

이처럼 SCP에서는 시간 단위의 능력 소요량을 계산하는 것은 가능하지만, SCP로 계산한 시간을 시프트 수와 인원 수로 환산하는 기능이 없는 일이 많아 표계산 소프트웨어와 연계해서 능력 계획을 입안하는 것이 일반적이다.

생산 계획의 입안과 연계해서 조달 계획이 입안된다. 조달 계획은 필요한 공급자와 공유하고 공급할 수 있는 수량과 대조한다.

이때 공급자와 조달 수량과 공급 수량을 합의한 내용이 월차 계획의 조달 제약 범위가 된다. 또한 능력 계획에서 입안한 가동 가능 시간은 캘린더의 가동 시간으로 설정되고 월차 계획의 능력 제약이 된다.

사입·판매·재고 계획, 생산·판매·재고 계획, 생산 계획, 능력 계획, 조달 계획의 계획 사이클, 계획 버킷, 계획 기간은 다음과 같다.

- **계획 사이클: 연 또는 반기, 분기**(회사에 따라 다르다)
- **계획 버킷: 시간 ⇒ 시프트 버킷 ⇒ 일 버킷 ⇒ 월 버킷**
- **계획 기간: 당월부터 수개월**(회사에 따라 다르다)

계획 기간은 회사에 따라 다르다. 짧은 경우는 3개월 정도, 긴 경우에는 연도 계획과 같이 연 단위부터 1년 반인 회사도 있다.

연도 계획의 생산 계획과 조달 계획을 생산관리시스템이 수행하는 경우

생산관리시스템에 따라서 연도 계획을 입안하기도 한다. 이 경우는 생산 요구 수량을 토대로 공장 내의 생산 수량과 조달 수량을 계산하고 수량 계획과 금액 환산한 금액계획을 입안한다.

능력 계획에 관해서는 SCP와 마찬가지로 생산관리시스템만으로는 입안이 어렵고 표계산 소프트웨어 등으로 보완하면서 계획한다.

인원 계획도 마찬가지이다. 능력 계획의 결과 생산 능력이 부족한 경우에는 설비 투자 계획을 입안한다. 능력 계획, 설비 투자 계획, 사람이 어느 정도 필요한지의 인원 계획도 거의 표계산 소프트웨어로 계획한다.

중장기 조달 계획 · 소싱 절차

공급자 선정, 가격 결정, 제약 부자재의 확보

▌공급자 선정, 구입 부자재의 품질 · 비용을 결정하는 소싱

조달 계획을 입안하기 이전에 공급자와 조달해야 할 품목을 선정해야 한다. 공급자의 선정과 품목의 선정이 소싱(Sourcing)이라는 업무 기능이 된다.

소싱에서는 개발 단계인 신제품의 부품과 재료를 만들 수 있는 공급자를 찾아내고, 그 공급자의 평가와 아울러 구입 품목의 성능 · 품질을 확인해서 구입 품목의 견적을 낸다. 단순한 구입이 아니라 공급자 측에서도 설계 · 개발이 필요한 경우는 시

생산 매니지먼트 기능으로
생산 관리의 범위에 들어간다.

	수요 계획	사입 · 판매 · 재고계획	생산 · 판매 · 재고계획	기준생산 계획	조달 계획 · 소싱	자재 소요량 계산 (MRP)	능력 소요량 계획 (CRP)	제조 · 조달 지시서
장기 계획: 3년에서 5년	생산 매니지먼트 대상 업무				SCP+ERP	ERP	SCP	ERP
중기 계획: 3년								
연도 계획(예산)	표계산 소프트웨어 SCP+BI							
월차 계획								
주차 계획	제조 공정관리 대상 업무							
일차 계획					스케줄러			
생산 순서 계획								
원가 관리	ERP+BI							
KPI 관리	생산 매니지먼트 대상 업무							

◆ 중장기 조달 계획 · 소싱

112

제작품을 모아 평가를 하면서 공급자의 개발 진도에 맞춰 자사의 구입 부품 평가, 시제품 제작, 양산 단계로 진행한다.

이러한 절차를 거쳐 공급자가 결정되고 필요한 부자재의 구입 가격이 결정된다. 결정된 공급자는 사입처로서 마스터 등록된다. 구입한 부자재도 품목 마스터에 등록되고 구입 가격이 설정된다.

▌가격 결정에 관련된 견적 관리와 코스트다운·코스트업

한 번 결정한 구입 가격도 거래 기간에 따라서 가격이 변경되는 일이 있다. 구입하는 쪽에서 코스트다운을 요구하면 공급자는 견적을 다시 내서 교섭을 진행한다.

오래된 형태의 거래인 경우 견적에 수송비 등의 부대비용이 포함되어 있어 순수한 '물건'의 비용을 알 수 없는 경우가 있다. 또한 구입 품목별로 금액이 적혀 있지 않은 경우 자재비와 가공비, 경비별 비용을 산출할 수 없다.

그러나 이러한 세목별 비용 구조를 알 수 있도록 견적되어 있으면 공급자를 통하지 않고 자사에서 구입한 저렴한 재료를 지급하거나 수송을 멈추고 재료를 직접 가지러 가면 비용을 줄일 수 있다. 다시 말해 비용 구조를 확인할 수 있는 견적을 작성하도록 의뢰해야 한다.

이러한 비용 분해는 번거롭지만 비용의 투명성을 높여 비용 절감을 실현하기 위해서라도 필요한 견적 관리가 된다.

세목을 알 수 있으면 구입 품목을 구성하는 원재료와 인건비 급등 등 비용 상승 원인을 파악할 수 있기 때문에 구입 가격이 상승한 이유를 알 수 있다. 세목의 상승률을 알 수 있으므로 비용 상승이 제품 가격에 미치는 영향을 예측할 수 있다.

예를 들면 시황 변동에 의한 은과 금, 철과 알루미늄의 급등이 미치는 영향, 기후 변동에 의한 오렌지와 바닐라 가격의 급등이 원가에 어느 정도 영향을 미치고, 결과적으로 제품 이익에 어떻게 영향을 주는지를 확인할 수 있다.

가격이 큰 폭으로 상승해서 이익을 압박하는 것을 알았다면 제품 가격을 높여야 할지 가격을 높이지 않고 견뎌야 할지 등을 검토할 수 있다. 구입 가격의 급등 내지 하락에 의한 이익 시뮬레이션이 가능하면 가격을 올리지 낮출지를 적절하게 판단할 수 있다.

견적 관리에서는 구입 품목의 비용 구조를 명확히 알 수 있도록 견적을 내고 구입 품목의 비용을 구성하는 요소의 가격 변동을 가시화할 수 있는 장치가 필요하다. 또한 비용 변동을 반영해서 이익과 가격에 미치는 영향을 시뮬레이션할 수 있는 장치도 필요하다.

이러한 이익과 가격의 계산 처리는 회사마다 다르기 때문에 회사 고유의 비용 계산과 시뮬레이션 장치를 만든다. 또한 MRP로 비용 계산이 가능하며 MRP를 시뮬레이션에 사용할 수도 있다.

다만 MRP는 구성 품목만 반영되기 때문에 가령 부품에 사용되는 철의 함유량과 원료에 포함되는 바닐라의 함유량에 따른 비용 변동까지를 함유 비율에 반영하여 계산할 수는 없다. 이 정도로 정밀한 시스템이 필요한 경우는 전용 비용 산정 시뮬레이션 시스템을 구축해야 한다.

▌제약 부자재와 장기납기 부자재의 합의와 범위 조정

계획 관리에서 월차 계획과 제약 조건을 SCP로 체크한 후 공급자와 공급 가능한지를 조정하고 합의해야 한다.

계획은 BI 등의 가시화 시스템으로 가시화한다. 시스템으로 가시화된 조달 계획의 수량 정보를 공급자에게 알리기 위해 웹에서 정보를 공유한다. 웹에서 공개가 불가능한 경우는 SCP의 계획 정보 또는 BI의 계획 정보를 표계산 소프트웨어 등으로 거래한다.

제약 부자재와 장기납기 부자재의 계획 변동도 공개하고 공급 가능한지를 조정 시에 사용한다. BI와 웹의 조합 또는 SCP·BI와 표계산 소프트웨어의 조합으로 제때 에 정보를 공유한다.

이러한 계획 공유의 계획 사이클, 계획 버킷, 계획 기간은 다음과 같다.

- 계획 사이클: 매년, 매 분기, 매월 등 회사에 따라 다르다
- 계획 버킷: 월 버킷, 다만 장기적인 계획에서는 분기 버킷, 반기 버킷, 연 버킷 등 회사에 따라 다르다
- 계획 기간: 당월부터 수개월, 1년 등 회사에 따라 다르다

▌장기 조달 계획에 의한 조달 수량의 계획과 금액 환산

연 단위의 장기 생산 계획과 연동해서 장기 조달 계획도 입안한다. 다만 전 품목 이 아니라 중요한 부품·원재료의 계획만 입안한다.

중요한 부품·원재료란 단가가 높아 원가와 재고에 큰 영향을 미치는 품목이다. 고액품은 금액에 대한 영향이 크므로 수량과 금액으로 계획된다. 또한 조달이 어려 운 품목도 여기에 해당한다. 조달이 어려운 품목이란 각사에서 거래되는 고부가가 치 품목과 공급량이 한정되어 있는 천연산품 등이다. 이러한 부품·원재료는 **핵심 부품, 핵심 원재료**(이후 핵심 부자재)라 불리기도 한다.

▌핵심 부품, 핵심 원재료의 추출과 공급자 합의

조달이 곤란한 제약 부품, 원재료를 확실하게 조달하기 위해 핵심 자재의 조달 계획은 반드시 입안하여 공급자와 조달 수량을 합의해야 한다.

예를 들면 반도체, 전자부품 같은 기능상 빼놓을 수 없는 부품과 희귀금속 같은 필수 재료이다. **이들 핵심 자재는 생산 계획에 맞춰 SCP로 소요량을 계산하고 핵심 자재 조달 계획으로 정한다.**

공급자와 조달 수량을 합의할 때는 가격 조정과 트러블 발생 시의 업무 대응 방법, 금액 보장 내용도 결정한다. 조달회사에서 확실하게 조달하게끔 공급자와 구입 수량을 합의하고, 구입이 불가능했을 때의 보장 사항 등을 결정한다.

공급에 제약이 있는 조달 곤란 자재는 공급자와 장기 조달 계약을 공유하고 가격 보증과 거래 보증도 포함해서 금전 관련 대응 내용을 합의하면서 공급 수량을 결정한다. 조달회사 입장에서는 공급량의 범위를 정한다는 의미에서 **취급 범위**라고 한다. 취급 범위에 포함된 공급 범위는 월차 계획인 단기 계획의 계획 롤링으로 재검토하고 조정해간다.

▌중기 조달 계획은 SCP 또는 MRP가 담당한다

중장기 조달 계획은 SCP가 담당한다. SCP에서는 핵심 자재의 소요량을 계산하여 조달 계획으로 통합한다. MRP에서 중장기의 조달 계획을 입안하는 경우도 있다. 다만 중장기 조달 계획에서는 중장기적으로 계획하고자 하는 품목에 한정해서 소요량을 계산하기 때문에 BOM을 중장기 조달 계획용으로 만들어야 한다. 중장기 계획에서 확인하고자 하는 품목을 몇 품목 정도로 한정하는 일이 많아 굳이 ERP를 사용하지 않고 SCP에서 품목 한정 계획용 BOM(= Planning BOM)을 만드는 편이 수월하므로 MRP가 아니라 SCP를 사용하는 것이 좋을 것이다.

합의된 공급 범위는 월차 계획에서 조달 계획을 할 때 제약 조건이 된다. 공급자로부터 공급 범위로서 재고 정보와 생산 계획 및 능력 계획 정보를 취득한다. 그 이유는 공급자의 재고와 생산 계획이 구입자인 자사에 대한 공급 제약이 되기 때문이다.

또한 **능력 계획은 생산 계획의 형태로 설비 가동 시간이 아니라 수량으로 전개하도록 한다.**

	재고	N월	N+1월	N+2월	N+3월	N+4월	N+5월	N+6월	…
조달 계획		200	100	100	100	180	200	120	
공급자 재고·생산 계획	재고가 있으므로 조달 가능 100	100	100	100	100	100	100	100	재고가 없으므로 조달 불가능

◆장기 조달 계획과 공급자와 공급 범위 조정

공급 양을 늘릴 수 없는지 공급자와 조정한다.

생산 관리 기능(3) **단기 생산 계획·자재 소요량 계산 절차**

계획 롤링, 제약 체크, 자재 소요량 계산

▌단기 계획은 연도 계획의 월차 롤링, 가깝게는 일 또는 주 버킷

단기 계획은 연도 계획의 월차(월 사이클, 월 버킷) 롤링 계획으로 최근의 1개월부터 6개월 정도의 대상 기간의 계획을 입안한다. 계획 기간은 회사에 따라 다르다. 계획 사이클, 계획 버킷, 계획 기간은 다음과 같다.

- **계획 사이클: 매월(회사에 따라 다르지만 15일 사이클을 넣기도 한다)**
- **계획 버킷: 월 버킷, 일 버킷, 주 버킷인 경우도 있다(회사에 따라 다르다)**
- **계획 기간: 당월에서 수개월(회사에 따라 다르다)**

단기 계획인 단기 생산 계획과 자재 소요량 계산 절차는 판매 계획 ⇒ 사전 정보 취득 ⇒ 수주 ⇒ 사입·판매·재고 계획 ⇒ 생산·판매·재고 계획 ⇒ 설비 능력에 따른 제약 체크 ⇒ 인원 능력에 따른 제약 체크 ⇒ 조달에 따른 제약 체크 ⇒ 계획 조정 ⇒ 계획 확정이 된다.

▌단기 계획과 제약 조건의 체크와 SCP

단기 계획에서는 연도 계획과 전회의 월차 계획을 적시에 변경하면서 매월 롤링 (계획 재검토)을 하고 있다. 판매 실적, 생산 실적, 재고 실적, 출하 실적, 조달 납입 실적의 각 데이터, 새로운 판매 계획 데이터를 입력하고 사입·판매·재고 계획, 생산·

판매·재고 계획, 생산 계획, 조달 계획을 입안한다.

생산 계획을 토대로 능력 계획을 세우고 연도 계획에서 설정한 능력 평가로서 결정한 캘린더상 가동 시간의 제약을 넘는 경우 경고를 울린다. 경고가 나오면 재계획을 한다.

재계획에서는 생산 타이밍과 생산해야 할 품목의 수량을 조정한다. 또는 잔업을 해서 시프트 수·인원 수를 늘려서 사용할 수 있는 가동 시간을 늘린다.

생산 타이밍과 생산해야 할 품목의 수량은 SCP로 조정할 수 있지만 시프트 수·인원 수는 SCP 외에서 계획하고 SCP 캘린더의 가동 시간을 변경한다. 다만 SCP에 추가할 수 있는 잔업 시간 등의 **여유**(Allowance) 설정이 가능하다면 잔업 시간을 늘리도록 SCP가 추천한다.

SCP에 따라서는 계획을 보정할 때 시뮬레이션이 가능하다. 몇 가지 계획안을 만들어 생산 납기 준수와 재고를 적정화한 후에 가장 타당한 계획을 채용한다. 시뮬레이션별 계획 버전 관리가 필요한 기능이 된다.

제조 부문과 조정 후 시프트의 증감 또는 인원 증감 계획을 변경한다. 그런 다음 SCP의 가동 시간을 조정해서 재계획한다. 그때는 SCP에서 시스템적으로 자동 입안시키거나 또는 사람이 의견을 반영하여 직접 계획을 수입력으로 보정하거나 하는 방법으로 한다.

단기 계획에서 입안된 생산 계획이 기준 생산 계획으로 확정되어 자재 소요량 계획(MRP)에 입력되고 나면 소요량 계산, 제조지시서, 구매지시서가 생성된다.

SCP상에서 핵심 자재의 조달 계획을 수행하는 경우 대폭적인 계획 변경은 공급자와 공유하고 필요에 따라서 조정을 한다. 또한 해외 발주 품목과 장기납기 품목은 단기 계획인 조달 계획을 MRP에 연계하여 조달한다.

월차 사이클, 월 버킷이 아니라 주차 사이클, 주 버킷의 계획에서 MRP에 연계하

	이전 잔고	1W	2W	3W	4W	5W	6W	
판매 계획		10	10	10	10	10	…	이 예에서 사입 ·
사전 정보		20	20	20				판매 · 재고 계획(판매)
수주		15	12					에 반영되는 우선순위는
사입 · 판매 · 재고 계획(판매)		15	12	20	10	10	…	수주 > 내시 > 판매
사입 · 판매 · 재고 계획(재고)	10	5	3	10	10	10	…	적정 재고 = 전주 재고
사입 · 판매 · 재고 계획(사입)		10	10	17	10	10	…	+ 당월 사입 − 이번 주 판매
생산 · 판매 · 재고 계획(출하)		10	17	10	10	10	…	
생산 · 판매 · 재고 계획(재고)	10	10	3	10	10	10	…	적정 재고 = 전주 재고
생산 · 판매 · 재고 계획(생산 요구)		10	10	17	10	10	…	+ 당월 사입 − 이번 주 판매
기준 생산 계획		10	14	13	10	10		이 예에서는 능력 제약과
능력 제약		15	15	15	15	15		인원 능력 제약이 주 15이
인원 능력 제약		15	15	15	15	15	…	기 때문에 기준 생산계획이
조달 제약		20	20	20	20	20	…	15를 넘지 않도록 생산

수주가 들어 있기 때문에 판매 계획과 내시는 사용하지 않는다.

요구 17을 2주째와 3주째로 나누었다.

◆단기 생산 계획 · 자재 소요량 계산 절차

는 경우는 주차 사이클, 주 버킷의 계획 결과를 MRP에 연계한다. 이 경우의 단기 계획은 제조 현장과 노무 관리 부문이 능력 계획을 조정하는 것과 공급자와 발주 범위를 미세하게 조정하는 것이 주가 된다.

단기 계획의 각종 계획 업무

단기 계획에서는 계획 롤링을 수행하면서 제약 사항을 체크하고 생산 계획과 조달 계획, 능력 계획을 재검토한다. 생산 계획과 조달 계획을 재검토하면 재고를 늘리거나, 반대로 줄여야 할 수도 있어 선행 생산 · 선행 조달에 의해 재고 리스크가 높아질 가능성이 있다.

또, 판매 실적과 판매 계획이 늘어서 생산 능력과 조달 계약을 가미한 계획으로도 필요한 수량을 생산할 수 없는 경우, 또는 설비 트러블과 조달 트러블로 충분한 생산 수량을 확보할 수 없는 경우에는 우선적으로 생산하여 판매를 충당하는 제품을 선택할 필요가 있다.

계획 조정 결과 잔업 등의 가동 조정, 시프트 재검토, 배분 등은 판매 계획 달성과 원가 증감에 영향이 생긴다. 선행 생산·조달은 재고 리스크와 폐기 가능성을 높이고 자금 조정에도 영향을 준다. 즉 **계획 업무는 시스템상의 계획으로 끝낼 게 아니라 사람이 판단해서 리스크를 검토하고 의사 결정을 한 뒤에 정한다.** 시스템에서 계산한 계획에 대해 사람이 조정한 결과를 수정해서 입력하고 그것을 보관해서 계획으로 확정시키는 기능이 필요하다.

주차 계획에서는 월차 계획과 동등한 계획 조정과 제약 체크·재검토를 주 사이클로 수행한다. 따라서 기능적으로는 월차 계획과 같은 시스템 기능과 업무 기능이 필요하다.

▌소일정 계획과 스케줄링을 정하고 기준 생산 계획 입력

SCP의 생산 계획에서는 생산에 착수하는 순서와 설비 단위의 계획 할당까지는 불가능하다. 만약 상세한 순서 계획과 설비 할당까지를 시스템으로 정하려면 소일정 계획과 스케줄링을 실시한다. 설비를 고려하여 생산 순서까지 계획하는 업무는 소일정 계획 또는 **스케줄링**이라고 한다. 월차 계획과 주차 계획에서는 월, 주 또는 일별 생산 요구 수량을 계산하지만 설비별 할당과 제품 제조 순서까지 고려해서 계획하지 않는 것이 일반적이다.

보통 소일정 계획·스케줄링은 현장에 있는 책임자가 감과 경험으로 세우는데, 이렇게 되면 사람 중심이 되기 때문에 누구라도 개선할 수 있도록 시스템화를 고려한다. 소일정 계획·스케줄링을 담당하는 시스템을 스케줄러라고 한다.

소일정 계획에서는 설비 할당계획을 수행한다. 필요에 따라서 각 설비의 준비 절차를 고려하여 준비 절차 시간을 짧게 하는 절차 최적화 계획을 세우기도 한다.

최적의 설비 할당을 위해서는 품목별 설비 할당, 대체 설비 설정, 품목별 할당 우선순위가 필요하며 각 설비·품목별로 조합하는 준비 시간이 필요하다.

셋업의 최적화를 위해서는 품목 교체에 따른 준비 셋업 시간 변동을 관리하는 **셋업 매트릭스**가 필요하다. 설비 가동 캘린더, 표준 시간, 셋업 매트릭스 등은 마스터로 설정해야 한다.

나아가 소일정 계획·스케줄링에 치구의 수가 정해져 있어 설비 가동 대수에 제약이 있는 치구 제약과 사람에 의한 작업 퍼포먼스와 작업 가능·불가능 등의 스킬 제약이 추가되는 경우 마스터 정보가 필요하다.

이들 마스터는 정확해야 하므로 항상 최신 상태로 관리해야 한다. 마스터 설정 및 관리가 불가능해 스케줄러를 사용할 수 없는 직장도 많기 때문에 기능뿐 아니라 운용을 고려해서 도입 가부를 판단해야 한다.

소일정·스케줄러에서 설비 할당, 생산 순서가 확정되면 SCP에 계획을 건네는 동시에 MRP에 연계하여 제조지시서화한다. 동시에 설비 할당과 제조 순서 정보를 제조 지시에 연계해야 하기 때문에 **MRP 경유로 MES에 지시서 정보(설비·생산 순서 포함)를 건넬지, 아니면 스케줄러에서 MES에 바로 지시서 정보(설비·생산 순서)를 건넬지 검토해야 한다.**

소일정 계획은 계획이라는 말이 붙어 있기는 하지만 제조 순서계획을 입안하고 제조 지시에 연동하기 때문에 이 책에서는 제조·공정 관리 기능으로 보고 제4장에서 설명한다.

▌대일정 계획, 중일정 계획, 소일정 계획과 계획의 계층화

이 책에서는 연도 계획, 단기(월차)계획, 주차 계획, 일차 계획(소일정 계획)으로 나누어 설명하고 있는데, 오래된 생산 관리 서적이나 교과서에서는 대일정 계획, 중일정 계획, 소일정 계획이라는 단어를 사용하기도 한다.

대일정 계획은 이 책에서 말하는 연도 계획이다. 중일정 계획은 단기(월차)계획 또는 주차 계획으로, 제약 사항을 고려한 계획으로 MRP에 입력되기까지의 계획을 가리킨다. 소일정 계획은 공통된다. 그날그날의 계획과 설비 할당, 순서 계획까지 수행하는 업무이다.

생산 관리에서 생산 매니지먼트상 계획 관리는 단순한 계산 업무가 아니라 계층화된 계획 중에서 연도 계획 등의 상위 계획을 가리키며, 제약과 수익을 판단해서 조정하고 리스크를 정하고 단기(월차)·주차 계획에서 제약을 체크하고 다시 조정·판단하면서 계획을 확정하고 그날그날의 지시에 반영하는 업무이다. 즉 **계획 업무가 생산 활동에 필요한 생산 수량·재고 수령을 정하고 결과적으로 판매 가능 수량을 정해 수익을 정하는 것과 유사하다.** 계획 업무는 가장 중요한 업무이다.

▌S&OP라 불리는 생산·판매 통합 계획

일단 수량 베이스로 입안한 계획을 다시 금액으로 환산해서 손익 계산과 재고 리스크·재고 금액 등 재무에 미치는 영향을 검증해서 수량 베이스와 금액 베이스 양방의 계획을 승인하는 업무가 **S&OP**(Sales&Operation Plan; 생산·판매 통합 계획)라 불리는 계획이다. S&OP는 다음과 같은 이미지이다.

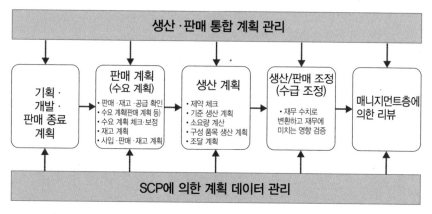

◆S&OP의 이미지

S&OP는 SCP가 담당하고 다음과 같은 가시화 요건은 BI가 수행한다.

- 전회 · 금회의 계획 변동

- 재고 추이

- 판매 예산과 판매 계획과 판매 실적의 대비

- 생산 예측과 생산 계획과 생산 실적의 대비

- 조달 예산과 조달 계획과 조달 실적의 대비

- 체류 재고, 체류 재고 금액, 폐기 실적, 폐기 예정 확인

- 능력 계획과 향후의 전망(능력 부족, 능력 잉여) 확인

- 핵심 자재 공급자의 조달 계획 리스크(부족, 과잉) 확인

- 재무 수치로 변환

▌기준 생산 계획에서 재무 소요량을 계산하고 지시서를 생성

제약 조건을 조정해서 확정된 생산 계획인 기준 생산 계획은 자재 소요량 계산

에 반영된다. 기준 생산 계획은 SCP에서 기간 시스템인 ERP(Enterprise Resource Planning)로 데이터가 전송된다.

기준 생산 계획을 건네받은 ERP는 자재 소요량을 계산한다. ERP에 있는 MRP 기능을 사용해서 BOM을 참조하면서 자재 소요량을 계산한다.

구성 부품·원재료의 소요량이 계산되면 자사 내 제조품(**내부 제조**)은 제조지시서로 변환하고 외주 제조품(**외부 구입**)과 구입 부자재는 구매지시서를 생성한다.

제조지시서는 품목별 일 버킷 제조 수량이, 구매지시서는 일 버킷 발주 수량이 표시되어 있다. 지시서는 생산 수량과 조달 수량을 결정하는 중요한 사안이기 때문에 생산 관리부의 책임자 등 임원이 승인하고 확정한다.

생산 관리 기능⑷ **소요량 계산:**
자재 소요량, 제조 · 구매지시서 발행
자재 소요량 계산부터 지시서 발행까지의 흐름

▎자재 소요량 계산으로 구성 품목의 소요량을 계획(MRP)한다

생산 계획 입안 결과에 따라 기준 생산 계획을 취득했으면 구성 품목의 자재 소요량을 계획(MRP)한다.

MRP는 ERP 등 기간 시스템의 기능이다. 생산에 필요한 제조 품목과 구입 품목의 수량을 계산한다. MRP는 생산 BOM(3-10 참조)에 따라서 계산한다. 생산 BOM(Bill Of Materid, 자재 명세서)이란 제조와 조달에 관련된 전 품목의 구성을 정의한 BOM이다.

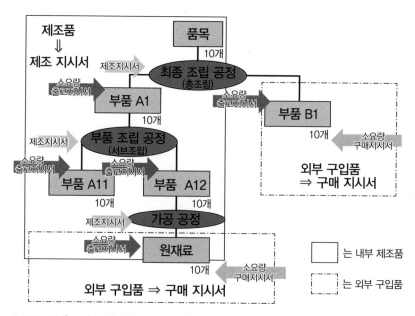

◆소요량 계산(MRP) : 자재 소요량, 제조 · 구매 지시서 발행

예를 들면 자동차라면 자동차의 구성 부품인 차체, 핸들, 타이어 등이 해당한다. 차체는 제조 품목, 핸들과 타이어는 구입 품목이다.

제조 품목의 MRP 결과에서 제조지시서, 출고·전송 지시서를 생성한다

제조 품목은 제조에 관련된 계층에 따라서 전개한다. 차체라면 차체를 조립하는 **최종 조립(총조립)** 공정을 통해서 최종 조립을 하지만, 구성 품목인 차체, 보닛, 도어 등의 소요량을 계산한다. 또 도어 등은 **부품 조립**(서브 조립) 공정에서 구성 품목을 조립하기 위한 하위의 구성 품목이 전개된다. 차체와 보닛은 **가공** 공정을 통해서 제조된다.

이러한 구성 품목의 제조에 관련된 공정에 대해 제조지시서가 발행된다. 총조립, 서브 조립, 가공 지시서가 생성되고 제조지시서가 승인·확정되면 제조 지시가 된다. 확정된 제조지시서는 지시 정보로 MES에 연계되고 MES에서 공정 전개·작업 전개되어 지시로 이어진다.

또한 생산에 필요한 부자재가 특정 보관 장소에 있는 경우 출고 지시서, 전송 지시서가 ERP로부터 전달되는 일이 있다. ERP에서 출고 지시서와 전송 지시서가 발행되는 경우는 부자재의 보관 장소가 관리상 제조에 속하지 않고 자재 관리부와 타 공정·공장이 있는 경우 등이다. MES에서 출고 지시를 하는 경우도 있지만 이 경우는 출고 지시처가 공장 내 자재 창고 등 동일 관리 단위에 있는 경우이다.

제조 품목의 MRP에 의한 마무리와 수율을 고려한다

MRP에서는 제조 마무리, 수율을 고려해서 소요량을 계산한다. 제조 **마무리**에는 로트 마무리와 기간 마무리가 있다. 마무리란 끝수의 생산 요구 수량을 어느 단위로 마무리한 것이다. 예를 들면 생산 효율을 생각해서 생산 요구 수량을 100개로 마무리해서 만든다. 이런 식의 마무리는 제조 로트 사이즈에 맞춘다고 해서 **로트 마무리**라고 부른다.

계획상 SCP와 표계산 소프트웨어 등에 제조 마무리가 돼 있으면 고려할 필요는 없지만 MRP 측에서 제조 마무리를 할 때는 BOM에 마무리 수량을 정의한다.

또한 MRP에서는 **수율**을 고려하는 것이 일반적이다. 가령 필요한 제품 수량이 100개이고 수율이 나올 확률이 3%인 경우 딱 100개의 제품밖에 생산하지 않는다면 결과적으로 97개밖에 생산할 수 없다. 이 경우 확실하게 100개의 양품을 생산하기 위해서는 수율을 고려하여 100/97×100≒103개 투입할 필요가 있으므로 소요량을 103개로 계산한다.

수율도 BOM에 등록하여 MRP 계산에 활용한다. 수율은 변동하며 개선활동에 의해 개선되기도 하므로 변동 또는 개선할 때마다 재검토할 필요가 있다.

┃구입 품목의 MRP 결과에 따라 구매지시서를 생성한다

MRP의 결과를 토대로 구입 품목은 구매지시서가 생성된다. 구매지시서는 ERP에서 생성되며 구매지시서가 승인·확정되면 발주로 넘어간다.

발주는 ERP에서 발주서가 발행되는 장치와 연계된다. 연락처는 EDI와 웹 등의 발주 시스템, 팩스 송신 시스템, 종이로 인쇄하는 경우 등이 있다. 종이에 인쇄해서 팩스를 보내거나 우편으로 보내는 경우도 있을 것이다.

한편 발주 데이터는 발주 잔고, 입고 예정으로 취급되어 ERP에 보관되며 잔고로 관리된다. 입고 예정은 MES 또는 자재 관리와 관련된 WMS에 인도되어 입고 시에 잔고 삭제에 사용된다.

▎구입 품목의 통합, 복수 구매 기능

구입 품목은 공급자와 결정해서 **최소 발주 단위**(MOQ; Minimum Order Quantity) 가 있는 경우 통합해서 발주할 필요가 있다. 이때는 **발주 수량을 통합**한다.

또한 같은 품목이라도 리스크를 감안해서 여러 공급자로부터 구입하는 경우가 있다. **복수 구매** 또는 **병행 주문**이라 불리는 업무이다. 이러한 업무가 있으면 ERP 에서 대응하지 않으면 안 된다. 그러나 같은 품목이라도 공급자가 다르면 품목과 BOM, 사입처를 나누어 관리해야 해서 업무 기능이 복잡해지므로 실행할 때는 주의 가 필요하다.

생산 관리 기능⑸ MRP와 제조번호 관리의 차이와 WBS 소요량 계산

생산 방식에 적합한 소요량 계산 방법을 설정한다

▌과거부터 존재하는 제조번호 관리와 소요량 관리

자재 소요량 계산은 일반적으로 MRP로 불리며 주로 유럽과 미국에서 발전하여 시스템화됐다. 일본에서도 자재 소요량 계산 개념이 있었는데, **제조번호 관리**라고 했다. 제조번호란 제조 주문을 말하며, 제조하는 주문에 따라 번호가 할당되어 소요량이 계산된다. 제조번호가 할당되면 그 구성 품목은 동일 제조번호로밖에 사용할 수 없다.

MRP는 제품의 소요에 맞춰 구성 품목의 소요량을 계산하는데, 이때 제조 주문에 상관없이 자유롭게 현재 있는 재고를 할당할 수 있다. 예를 들면 제품 A와 제품 B가 같은 부품 X로 구성되어 있는 경우 제품 A도 제품 B도 부품 X를 할당해서 제조에 사용할 수 있다.

한편 **제조번호 관리에서는 제조번호에서 준비한 제조번호 연결 재고밖에 사용할 수 없다.** 제품 A를 위해 제조 또는 조달된 부품 X는 부품 B에서 사용할 수 없다. 즉 동일 제조번호로 연결 관리되어 있는 구성 부품만을 이용 가능한 재고로, 자신의 제조번호와 연결된 재고가 없는 경우 새로 소요량을 계산해야 한다.

제조번호 관리의 이점은 제조번호에 관련된 구성 품목이 확보되어 다른 제품에 사용되는 일이 없다는 점이다. 제조번호에서는 구성 부품이 있기 때문에 확실히 생산이 가능하다. 한편 만에 하나 조달한 제품 연결 재고가 사용되지 않게 된 경우 그 재고가 쭉 체류해버릴 가능성이 있다는 단점이 있다.

MRP에는 제조번호가 없기 때문에 동일 구성 품목이라면 제조가 필요한 타이밍에 구성 품목의 재고가 할당되어 재고가 효율적으로 사용된다. 한편 갑작스럽게 수요가 증가할 때는 구성 품목의 재고가 결품될 우려가 있어 생산이 불가능한 위험도 있다. MRP에도 제조번호 관리에도 일장일단이 있다.

제조번호 관리는 수주와 설계에 연결된 단품이나 개별 수주 생산에 사용하는 것이 효과적이다. 개별 설계를 해야 하는 개별 수주 생산에서는 **기본적으로 설계를 하면서 구성 품목이 정해지므로 제조번호 관리가 일반적이다.** MRP는 예측 생산과 같은 양산형으로 공통 부품·원재료 등이 많은 생산에 적합하다.

제조번호와 MRP 모두 BOM이 필요한 것이 공통이다. BOM을 사용한, 제조번호 관리에서는 제조번호로 연결해서 관리(**고정 연결 관리**)가 되지만 MRP에서는 연결관리가 되지 않는다는 차이가 있다.

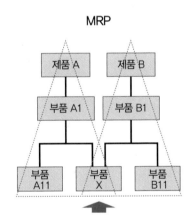

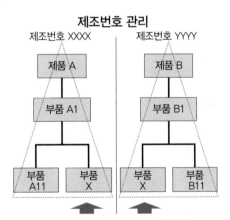

공용 부품은 다른 제품에서도 공통으로 사용된다. 자재 소요량도 합산해서 계산한다. 생산이 늘면 공용 부품의 거래가 발생한다.

공용 부품이라도 제조번호 단위에 사용되고 자재 소요량도 제조번호 단위로 계산된다. 생산이 늘어도 제조번호 간에 부품은 융통하지 않고 제조번호의 생산을 지키기 위해 제조번호 단위로 한정해서 관리한다.

◆MRP와 제조번호 관리

제조번호 관리와 MRP를 혼용하는 경우도 있다

개별성이 높은 생산에서도 나사, 못 같은 범용 부품도 있다. 그래서 개별성이 높은 구성 품목은 제조번호로 관리하고 범용성이 높은 구성 품목은 MRP로 관리하는 혼합형 소요량 계산 기능을 실현하는 경우도 있다.

제조번호 관리의 전개에서는 연결 관리를 하고, MRP 품목의 소요량 전개에서는 연결하지 않고 계산한다.

공사 진행에 맞춰 작업·서비스와 연계한 WBS 소요량 계산

개별 수주 생산 중에서도 특수한, 예를 들면 다리나 공장 같은 장기적인 건설·건축에 관련된 조달이 있는 경우 공사 진행에 관한 시공 계획에 따라서 조달해야 한다. 이런 경우는 작업계획에 연계한 타이밍에 정의된 품목이 조달된다.

이러한 경우는 프로젝트형 생산 활동이 되기 때문에 작업계획으로서 **WBS**(Work Breakdown Structure)를 작성하고 각 작업에 필요한 품목을 계산해서 품목 소요량을 산출한다. WBS란 작업 전개이다. 프로젝트형 생산 활동에서는 그때그때 개별 작업을 전개한다. WBS와 연계한 소요량 계산이 필요하다.

WBS 소요량 계산은 일반적인 MRP로는 대응할 수 없다. 특수한 요건으로서 직접 구축하거나 적응 가능한 패키지를 찾을 필요가 있다.

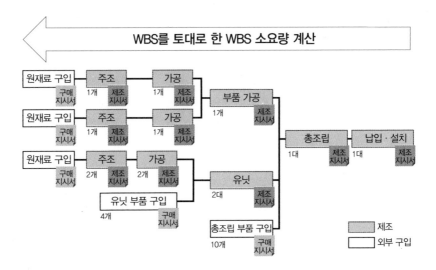

◆WBS 소요량 계산

주변 · 특수 업무:
BOM 관리와 레시피 관리

MRP에 품목 구성 · 공정 정보를 제공하는 BOM 관리

▎BOM이 품목 구성을 정한다

제품 구성을 관리하는 트리 모양의 구성이 BOM이다. BOM은 용도에 따라서 여 럿 있다. 과거에는 구성 부품을 모두 같은 레벨로 전개해서 전 구성 품목의 소요량 만을 한 번에 계산하는 서머리형 BOM도 있었다. 그러나 **현대에는 품목 구성과 공 정의 연관성이 없으면 제조지시서 등을 발행할 수 없기 때문에 서머리형 BOM은 사 용하지 않는다.**

▎설계 BOM은 설계 부문이 기능 중심으로 만드는 품목 구성

설계 단계에서 기능 도면을 그리고 기능 단위로 잘라낸 도면에 대응해서 부품 구 성을 설계한 것이 BOM이다. 설계 BOM은 모든 BOM의 토대가 된다.

현재는 CAD로 설계하므로 구성 품목도 CAD에 연계해서 등록할 수 있다. CAD 에서 정의된 새로운 도면과 부품 도면, 부품 도면의 구성 품목부터 설계용으로 설계 BOM을 만들 수 있다.

▎생산 BOM은 생산 기술 부문이 제조 도면으로 생산 순서에 맞춰 만든다

설계 BOM이 완성되었다고 해서 그대로 생산에 사용할 수는 없다. 기능상 마무리

된 도면에 있는 구성 품목이라도 제조 순서를 검토할 때 다른 부품의 조립 도면에 배치할 수 있기 때문이다. 설계 도면에 대해 제조 공정과 설비를 고려하여 조립 순서를 생각해서 만드는 도면이 제조 도면이다.

제조 도면을 베이스로 생산 관리 부문과 구매 부문이 협업해서 만드는 것이 생산 BOM이 된다. 생산 BOM은 생산에 관련된 구성 품목과 공정이 연동해서 만들어진다.

생산 BOM에는 공정의 작업 표준 시간, 임금, 불량률, 각종 수치 등이 정의되어 소요량 계산에 이용된다. 생산 BOM은 작업 표준 시간과 임금, 불량률이 정의되므로 원가 계산에도 활용된다.

▌계획 입안 시에 필요한 구성만 뽑아내는 Planning BOM

계획에서 사용되는 BOM이 **Planning BOM**이다. Planning BOM은 계획 입안이 되는 공정의 생산 계획 소요량을 산출할 목적으로 생산 BOM 중 계획 대상의 품목·공장만을 떼어내어 만든다.

또한 사입·판매·재고 계획과 생산·판매·재고 계획에 관해서는 제품의 소요량 계산이 되므로 생산 BOM이란 별도로 거점 간의 연쇄에 맞춰 구성을 만든다. 때문에 거점 간의 공급 연쇄에 따른 루트(라우팅 또는 물류 수송 루트)를 정의해야 한다.

Planning BOM을 누가 메인터넌스할지를 놓고 조직 기능상 문제가 발생할 가능성이 있다. SCM이라고 하지만 판매와 생산을 통합한 기능이기 때문에 관리 부문이 필요하다. Planning BOM은 계획을 담당하는 부분이 사용하는 BOM이다. 따라서 Planning BOM에서는 생산 BOM과 제품의 수송 루트에 준한 공급 연쇄에 해당하는 구성을 만들어야 한다.

▌서비스 BOM은 서비스 부품 생산·조달에 필수인 BOM

제품을 계속 사용하고 있는 동안은 보수용 서비스 부품을 공급해야 한다. 또한 양산을 마친 후에도 서비스 부품은 공급된다. 서비스 부품의 생산과 조달 소요량을 계산하는 전용 BOM이 서비스 BOM이다.

서비스 BOM이 필요한 이유는 양산에 사용하는 생산 BOM과 구성이 다르거나 구입 가격과 임금 등이 생산 BOM과 다르기 때문이다. 서비스 BOM은 양산 초기에는 생산 BOM에서 만들어지지만 양산 종료 되면 서비스 BOM 단위로 메인터넌스된다.

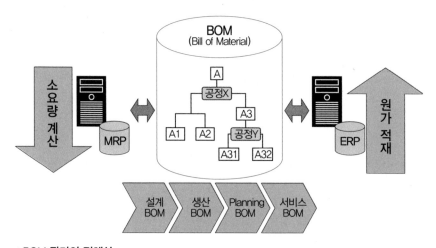

◆BOM 관리의 전체상

▌화학업계·식품업계 등 프로세스 BOM은 레시피라 불린다

화학업계와 약품업계, 식품업계에서는 BOM을 **레시피**(Recipe)라고 부른다. 레시피는 성분표라고 할 수 있다. 레시피는 어떤 품목을 생산하기 위한 구성과 배합량이 정의된다. 레시피의 특징은 성분 관리가 있다. 원료와 같은 액체는 성분의 농담이 있어 성분 농도가 높고 낮음에 따라 투입량이 달라지고 가격도 변동할 가능성이 있다. 성분 농도를 **역가**라고 하며 따로따로 인식해서 투입량을 계산해야 한다.

█ 원가 계산용 BOM은 생산 BOM을 베이스로 한다

원가 계산에서는 생산의 결과로서 원가를 누적 계산할 필요가 있다. **소요량 계산과는 정반대인 흐름이고 아래에서 위로 '구입 품목의 단가 × 사용 수량이나 임금 × 작업 시간'을 계산해서 누락하는 원가 적산이 된다.**

아래에서 위로 적산하는 계산은 생산 BOM의 구성을 사용해서 적산 계산을 수행한다. 적산 대상은 제도 지시서이다. 제조지시서에 대해 실제로 생산한 결과를 반영해서 적상하는 것이다. 소요량을 계산해서 지시서를 실적으로 지우면서 적산한다.

제조번호 관리의 경우는 제조번호에 대해 원가가 적산된다. MRP든 제조번호든 생산 BOM에 따라서 원가 적산되는 것이다. 다만 적산할 수 있는 것은 제도 지시서와 제조번호에 직접 부과할 수 있는 직접 원가뿐이다. 간접비는 별도 원가 계산 시스템에서 배부한다.

█ 설계 변경 관리와 BOM 연계

구성 품목을 변경하는 것을 **설계 변경**이라고 한다. 설계 변경을 결정하는 것은 설계 부문, 생산 기술 부문, 제조 부문, 품질 부문, 구매 부문 등 여러 가지다. 설계 부문이 원류가 되는 경우는 기능 도면에서 설계 BOM을 변경하고 관련된 생산 BOM으로 설계 변경을 연계해야 한다.

비용 절감 등으로 구매 부문이 생산 BOM상의 구성 품목을 바꾸는 경우는 필요에 따라서 설계 BOM에 반영하고, 서비스 BOM에 연계해야 한다.

설계 변경 BOM을 연계하는 일을 사람이 일일이 시스템에 반영하려면 상당한 수고가 필요하다. 효율성과 정확성을 높이기 위해서는 BOM의 구성·연계 관리가 가능한 PLM 또는 PDM 시스템을 도입하면 좋다.

▌품목 데이터 관리와 품목 마스터 연계

생산 관리 업무가 돌아가려면 시스템은 반드시 필요하다. 시스템을 움직이기 위해서라도 품목에 관한 데이터 정비는 필수이다. 품목이란 제품, 재공품, 부품, 원재료, 저장품 등의 물건 전반을 가리킨다.

품목 데이터에는 일률적으로 식별할 수 있는 명칭과 번호가 필요하며, 번호를 품번이라고 한다. 또한 품목에는 각종 특성이 정의된다. 단가, 중량, 용적 등 필요한 내용이 설정되어 있다.

최근에는 품목에 관련된 데이터에는 PLM 또는 PDM이라 불리는 제품 데이

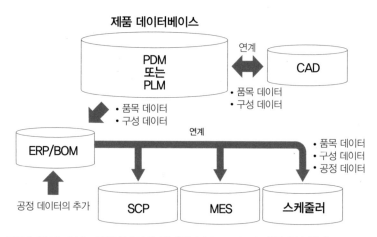

◆PDM, PLM, CAD, ERP/BOM의 연계와 SCP, MES, 스케줄러의 연계

터베이스가 사용된다. PLM(Product Lifecycle Management), PDM(Product Data Management)에 등록된 품목이 생산 관리에 필요한 각 시스템에 연계된다.

ERP 등의 기간 시스템을 도입하고 있는 경우 ERP가 가진 품목 마스터에 PLM·PDM에서 필요한 품목 데이터를 연계한다. ERP의 품목 마스터도 다양한 특성을 등록할 수 있기 때문에 생산 관리 품목의 전체를 ERP가 담당하고 ERP에서 SCP와 MES, 스케줄러의 마스터 데이터가 연계된다. 그러나 모든 시스템의 모든 마스터 항목이 ERP에 있는 것은 아니므로 각 시스템에서 항목을 설정할 필요가 있다.

▌설계 BOM, 생산 BOM, 서비스 BOM의 연계

생산 관리에 관련된 시스템의 대다수는 품목 마스터만으로는 충분하지 않다. 장소를 나타내는 항목과 보관 장소를 나타내는 항목, 공정, 설비, 거래처, 사업처 등 다양한 마스터가 필요하다.

생산 관리 중에서 핵심이 되는 마스터가 BOM이다. BOM은 품목의 구성과 품목에 링크된 공정 정보를 갖고 있다. 생산 관리에서 중요한 것은 생산 BOM이다.

생산 BOM은 소요량을 계산할 때 사용한다. 제조지시서와 구매지시서를 만들기 위한 중요한 마스터이다. 또한 원가 적산 시의 적상 시에도 생산 BOM을 사용한다. 생산 관리에서는 골격이 되는 중요한 마스터이다.

생산 BOM을 제대로 유지하기 위해서는 설계 부문, 생산 기술 부문의 도움이 필요하다. 설계 부문에서 기능 도면을 그리고, 총 도면을 보고 부품도 등의 구성 품목 도면을 작성한다. 이어서 부품·원재료를 특정하고 설계 BOM을 만든다. 생산 기술 부문은 설계 부문과 협력해서 기능 도면과 공정을 대조하고 조립 순서 등을 검토하여 제조 도면을 만든다. 부품도에 있는 구성 품목이라도 본체에 먼저 부착해야 하는 구성 품목이 있는 경우에는 제조 도면에서 부품이 아닌 본체에 부착하도록 도면을 그린다. 제조 도면은 제조 순서와 공정을 반영한 도면으로, 생산 BOM의 토대가 된다.

또한 제품 수명이 긴 제품은 애프터서비스가 중요하여 서비스 BOM도 필요하다. **설계⇒제조⇒서비스와 BOM을 연계시킴으로써 정교하고 치밀한 품목 관리, BOM 관리가 가능하다.**

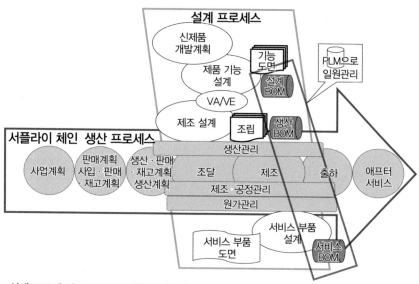

◆설계 프로세스는 PLM으로 일원관리한다

▌설계 변경과 제조 버전 관리와 레시피

설계 BOM도 생산 BOM도 일원관리를 수행하는 PLM이라는 장치가 있다. PLM을 사용하면 설계 변경 정보를 BOM 간에 신속하게 연계할 수 있어 BOM의 버전 관리와 세대 관리가 수월하다.

▌안전무역 관리 품목 데이터 입력

품목에는 수출에 관련된 규제 등의 정보도 함께 부여해야 할 때가 있다. 품목 관리 책임이 설계 부분이나 구매 부문, 영업 부문 등으로 분산되어 있기 때문에 법령 등을 준수해서 수출 관리를 하는 안전무역 관리상의 정보 관리가 누락되어 개인의 표계산 소프트웨어로 관리하는 회사가 많다.

PDM과 품목 마스터로 일원적으로 품목 정보를 관리할 수 있다면 원산지 코드나 비해당 판정, **RoHS**(특정 유해 물질 사용 제한) **지령** 등의 안전무역 관리상의 품목 정보도 통합해서 관리해야 한다. **비해당 판정**이란 무기의 개발, 제조, 사용, 가공에 사용되는 물건인지 아닌지를 판정해서 비해당품이 아니면 수출할 수 없다. RoHS 지령은 전기·전자기기에 함유된 특정 유해물질의 사용 제한에 관한 유럽의회 및 이사회의 지령을 가리키며 RoHS 지령에 따라서 유해물질을 기준치 이하로 유지해야 하며, 기준에 미치지 못하면 유럽에 수출할 수 없다. 이러한 각종 무역상의 규제에 관련된 데이터의 일원관리가 필요하다.

◆RoHS 지령 대상 물질

RoHS 지령 (통칭 RoHS2 지령) 대상 물질	약칭	최대 허용 농도	주요 용도비고
카드뮴	Cd	0.01wt%	안료, 니켈–카드뮴 전지, 도금 재료
납	Pb	0.1wt%	축전지, 금속의 쾌삭성을 높이기 위한 합금 성분
수은	Hg	0.1wt%	치아 충전재, 농약, 온도계 등. 독성이 강해 현재는 사용을 자제하고 있다.
육가크롬	Cr6+	0.1wt%	도금 재료
폴리브롬화비페닐	PBB	0.1wt%	자동차용 도료, 난연 첨가물
폴리브롬화디페닐에테르	PBDE	0.1wt%	잘 타지 않도록 첨가하는 물질(난연제). 전기제품, 섬유에 첨가한다.
디에틸헥실프탈레이트	DEHP	0.1wt%	가공하기 쉽도록 첨가하는 물질(가소제). 염화비닐 수지 등을 부드럽게 하는 데 사용한다.
디부틸프탈레이트	DBP	0.1wt%	
부틸벤질프탈레이트	BBP	0.1wt%	
디이소부틸프탈레이트	DIBP	0.1wt%	

3-11 생산 관리 기능⑺ 신제품 계획 · 시제작 업무 연계 프로세스

품목 코드가 없는 신제품 개발과 시제작 관련 업무 연계

▌신제품 개발 시 코드 없는 상태 또는 더미 코드로 계획

품목 마스터를 제대로 설정하고 제조에 활용하는 것이 생산 관리에서는 중요하다고 말했는데, 신제품 개발 시에는 품목 마스터에 정의가 없는 단계에서 생산을 검토할 필요가 있다. 특히 하이테크 제품과 같이 부품의 조달 리드타임이 긴 경우와 개발 중인 부품을 품목 구성에 넣어야 하는 경우 품목 코드를 따지 않고 계획해야 한다.

다시 말해 **SCP에서도 ERP(MRP)에서도 확정한 품목 코드 없이 계획하는 것이 필요하다.** 이 경우는 더미(임시) 코드를 발행해서 관리하는 수밖에 없다. 품목 마스터와 BOM 구성상 더미 코드를 설정해서 SCP 및 ERP와 연계한다.

품목 코드가 할당된 단계에서 더미 코드 계획을 다시 세운다.

▌시제작 단계에서 생산 · 조달 업무 절차

시제작 단계에서도 품목 코드가 없는 경우가 있다. **품목 코드가 없는 단계에서 시제작용 자재를 먼저 발주해야 하는 경우 자재 소요량 계산은 MRP로 하지 않고 발주한다.** 이 경우 발주 등록과 발주를 ERP로 수행할지, 시스템이 아닌 매뉴얼 발주를 할지를 결정해야 한다.

또한 시제작 단계에서 현행 구성 품목을 사용한 경우 시제작용으로 출고 지시를 시키고 사용한 만큼 시제작 단계의 소비로 전환한다.

제조 라인을 사용한 시제작 시에도 MES에 마스터 설정은 하지 않고 수작업으로 한다. 시제작해보지 않으면 알 수 없는 가공 시간 등의 제조 조건을 사전에 설정하는 것은 무리가 있기 때문이다.

다만 시제작 단계에서 MES 등록이 제대로 돼 있으면 관리 수준이 현저히 높아진다. 가능하면 시제작 단계까지는 품목 마스터의 설정과 BOM 설정, MES의 마스터 설정은 마칠 것을 권장한다. 그렇게 하면 시제작도 시스템으로 관리할 수 있다.

실제로는 확정되지 않은 정보도 많기 때문에 무리하지 말고 운용과 규칙이 지켜지고 있는지도 파악하면서 MES 등록을 한 후에 시제작 관리를 검토한다.

◆신제품 개발 단계의 생산 관리

소요량 계산	MRP 활용	MRP를 활용하지 않고 표계산 소프트웨어 등을 활용
계획 시의 코드	더미 코드	임시 품명으로도 가능
상품 소요량 계산	더미 코드로 BOM 작성, 이용	표계산 소프트웨어로 계산
발주	· 더미 코드로 발주 · 기존 제품은 기존의 코드로 발주	· 임시 품명으로 발주 · 기존 제품은 기존 코드로 발주
입고 예정·입고 취소 관리	· 더미 코드로 관리와 입고 취소 · 기존 제품은 기존 코드로 관리	· 임시 품명으로 관리와 입고 취소 · 기존 제품은 기존 코드로 관리
기타	기존 제품은 시제작으로 전환	개발과 연구소의 구매 시스템이 있으면 활용하기도 한다.

제조 지시	MES 활용	MES를 활용하지 않고 표계산 소프트웨어 등을 활용
시제작 지시 등록 코드	더미 코드	임시 품명으로도 가능
시제작 작업 표준	더미 코드로 지시 (투입, 지시, 제조 지시)	표계산 소프트웨어로 작성
시제작 실적 관리	· 더미 코드로 실적 관리 · 기존 제품은 기존 코드로 실적 관리	· 임시 품명으로 실적 관리 · 기존 제품은 기존 코드로 실적 관리
기타	기존 제품은 시제작으로 전환	기존 제품은 시제작으로 전환

3-12 제품 라이프사이클 관련 주변 업무

판매 개시, 생산 종료와 판매 종료, 제품 생산 종료 후의
애프터 관리 프로세스

제품 라이프사이클과 생산 관리의 업무 기능

제품의 생산·판매에는 **라이프사이클**이 있다. 판매 개시 시의 시작, 양산, 생산 종료와 판매 종료, 애프터서비스, 애프터서비스의 종료이다.

생산 관리의 주요 관리는 양산 타이밍을 재는 것이다. 시제작에 대해서는 앞 항에서 설명했지만 여기서는 판매 개시부터 애프터서비스 중단까지를 살펴본다.

판매를 개시할 때의 생산 관리 업무

판매가 개시되면 통상적으로 시장에 한꺼번에 공급하기 위해 통합해서 선행 생산하는 일이 많다. 판매 계획도 그에 맞춰 추가 생산 계획을 세운다. 신제품 출시 시기의 재고 계획·기준 재고는 양산기와 달리 인위적으로 설정해서 계획한다.

판매 개시 후에는 짧은 사이클로 판매 실적을 감시하고 판매가 자리잡으면 재고와 생산을 자리잡게 하는 관리 업무가 필요하다. 최근에는 특히 제품의 팔림새에 따라 편의점 등에서 순식간에 사라지기 때문에 신속하게 부자재 조달과 생산을 멈추지 않으면 많은 재고를 떠안게 된다. 판매 실적의 적시의 가시화와 경고는 생산·조달의 가속과 제동에 중요한 정보이다.

신제품의 판매 계획과 판매 실적 대비와 경고는 BI에 기능을 구현한다. 어느 고객의 사례를 들자면, 신제품 판매 계획과 판매 실적을 4주간 비교해서 누적 차이가 30%를 넘을 때 경고가 울리도록 시스템을 설계했다. 경고 덕분에 판매 촉진을 하거

나 생산 중시 의사 결정이 가능해 재고 리스크를 줄일 수 있었다.

양산 종료 시의 생산 종료와 판매 종료의 차이

양산 시기를 지나 판매가 저조하면 생산이 종료된다. 그러나 생산이 끝나도 남아 있는 재고는 다 팔지 않으면 안 되므로 판매 종료 시기를 연장하는 일도 있다. 즉 생산 종료와 판매 종료 타이밍은 보통은 다르다.

따라서 **생산 관리 BOM상에는 생산 중지 제품으로 전환되지만 판매가 계속되고 있는 동안은 수주·출하 대상으로 시스템상에 남아 있게 된다.** 재고가 종료되거나 별도로 설정한 판매 종료 시기가 되면 출하 중지, 수주 중지로 전환해서 품목 마스터의 스테이터스를 바꾸어 관리한다.

생산 중지 설정은 생산 관리 측 품목 마스터의 품목 유효 기한 또는 생산 BOM의 구성 유효 기간으로 관리한다. 판매 중지는 판매·물류 시스템 측의 품목 마스터로 관리한다.

생산 종료, 판매 종료 스테이터스 관리와 업무·시스템적 구분이 제대로 기능하지 않으면 종료한 품목을 깜박해서 생산 허가나 수주를 받는 일이 있어 낭비를 초래할 수 있다. 큰 회사라도 이런 실수는 일어나기 때문에 업무와 시스템에서 제대로 통계를 취하도록 해둬야 한다.

양산 중인 서비스 부품의 생산·공급 관리

양산 중이라도 이미 시장에 나온 제품에 대한 소모품, 수리용 부품 등 서비스 부품은 반드시 공급되어야 한다. **소모품이나 서비스 부품의 생산 관리에서는 양산품과 공정이나 설비를 공유하는 경우 생산 계획에서 수요를 나누어 계획할 필요가 있다.** 또한 조달하는 구입 부품 등도 양산용과 서비스 부품으로 나누어 소요량을 계산한다.

다만 설비의 거래와 공정 능력에 연결점이 있는 경우 제품과 서비스 부품 중 어느 쪽을 우선해서 생산할지를 판단해야 한다. 그때는 고객과 수요, 품목의 중요성을 보고 판단한다. 데이터뿐 아니라 생산·판매 부문이 협업해서 우선해야 할 품목을 정할 필요가 있다.

조달품도 양산품도 서비스 부품용으로 별도 발주할지, 통합해서 발주할지 정해야 한다. 양산용은 대량 발주인 반면 서비스 부품용은 소량 발주일 가능성이 높고, 우선순위가 뒤로 밀려 시간이 지나도 공급되지 않을 리스크가 있다.

양산용, 서비스 부품용을 통합해서 발주함으로써 구매 부문이 사내에서 배분할지 아니면 공급자와 합의해서 서비스 부품용으로 제대로 공급할 수 있도록 해줘야 한다.

양산·판매 종료 후 서비스 부품의 생산·공급 관리와 공급 종료

양산 생산·판매가 종료하면 애프터세일스·애프터서비스 기간으로 접어들고 서비스 부품의 제공이 주업무가 된다. 서비스 부품은 부품 형태로 공급되기 때문에 관리 개수가 방대하다. 자주 출하되는 품목과 거의 출하되지 않는 품목이 섞여 있기 때문에 계획 입안 방법도 특성에 따라서 정해야 한다. 가령 출하가 많은 품목은 수요를 예측하면서 기준 재고를 통계적으로 계산하는 반면 출하가 적은 품목은 없어지면 요구하는 간이 생산 요구 및 구매 요구 방식으로 할지 등의 결정이 필요하다. **이러한 특성과 결정에 따라 품목별 업무 설계와 시스템 적용이 필요하다.**

시장에 있는 제품이 줄어듦에 따라 서비스 부품의 수요도 적어진다. 서비스 부품 자체도 생산 종료와 판매 종료를 관리한다.

◆생산 종료와 판매 종료의 차이

	생산 종료	판매 종료
생산	생산 중지	생산 중지
수주·판매	수주 가능·판매 가능	수주 불가능·판매 불가능
제품 재고의 제약	제품 재고가 없어질 때까지 판매 가능	판매 재고가 있어도 강제적으로 판매 종료

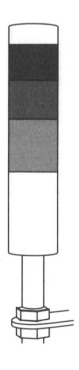

3-13 글로벌 수급 관리와 조달 관리

수급 관리, 생산 관리, 조달 관리의 글로벌화

▌수요 관리와 사입·판매·재고 계획, 생산·판매·재고 계획의 글로벌화와 SCP

판매도 생산도 글로벌화하고 있다. 생산 관리도 공장 내에 한정된 업무만으로는 충분히 기능할 수 없게 됐다.

수요 자체도 글로벌화하고 있다. 판매 계획 역시 해외 수주를 국내 수요와 아울러 관리해야 한다.

해외에 판매회사가 있는 경우는 해외 판매회사의 사입·판매·재고 계획을 가시화해서 관리해야 한다. 해외에 공장이 있는 경우는 해외 공장의 생산·판매·재고 계획을 가시화하고 관리해야 한다. 국내에 있는 본사가 세계의 수요와 사입·판매·재고 계획, 생산·판매·재고 계획을 통합 관리할 필요가 있다.

전 세계의 수요와 사입·판매·재고 계획, 생산·판매·재고 계획을 마무리 관리하기 위해서는 SCP에 정보를 통합하여 글로벌 관리를 해야 한다.

▌생산 계획의 글로벌화와 SCP

생산 계획도 글로벌로 집계하여 가시화한다. 이때 시스템은 SPC로 통합한다. SCP상에서 각국 공장의 공정별 부하를 가시화하고 가동 계획을 공유한다.

만약 어느 공장의 능력이 부족하면 필요에 따라서 생산을 배분하여 부하를 안정시킨다. 반대로 생산이 부족하여 가동을 유지하지 못하는 공장이 있으면 역시 생산을 배분하여 공장 수익을 유지하게 한다.

항상 고가동 체제를 유지해서는 향후 생산 계획이 고부하인 경우 설비를 보수할 수 없어 큰 문제가 일어날 리스크가 있으므로 시급한 생산을 배분하여 메인터넌스, 설비 보수에 여유를 갖게 하는 의사 결정도 필요할 것이다. 또한 능력 부족의 원인이 인력이고, 장기적으로도 사람을 늘리는 것이 어려운 경우는 생산 거점 자체를 옮길 필요가 있을 수도 있다.

이러한 전 세계 제조 거점의 가동 상황을 파악하여 글로벌 생산을 매니지먼트하는 기능이 필요하다.

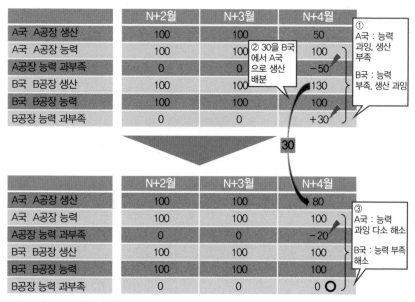

◆글로벌로 능력을 조정할 필요가 있다

▎조달 관리의 글로벌화와 SCP

조달도 글로벌화하고 있다. 고도의 부품을 공급할 수 있는 공급자는 한정되어 있으로 각국의 공장이 한 회사에 몰릴 가능성도 있다. 그렇게 되면 각국 공장으로의 공급이 정체되어 생산이 불가능할 우려도 있다.

SCP에 전 세계의 수요와 생산 계획, 조달 계획을 통합하고 중요한 공급자에 대해서는 본사 또는 조달 본부가 조정할 필요가 있다.

	N+2월	N+3월	N+4월
A국 X부품 소요량	100	100	100
B국 X부품 소요량	100	300	① 글로벌 소요량 합계가 공급자 공급 가능 수량(능력) 초과
C국 X부품 소요량	100	200	
글로벌 소요량 합계	300	600	
X부품 공급자 공급 가능 수량	300	300	300

	N+2월	N+3월	N+4월
A국 X부품 소요량	100	100	③ 글로벌 조달품의 배분(C국은 전수 충당, B국은 3분의 2까지 충당)
B국 X부품 소요량	100	300⇒200	
C국 X부품 소요량	100	200⇒200	
글로벌 소요량 합계	300	600⇒500	
X부품 공급자 공급 가능 수량	300	300⇒500	② 교환에 의해 공급자 공급 수량 증가(증산, 우선 출하 할당 등)

◆글로벌 조달품의 조정

▌글로벌 S&OP 업무 구축의 중요성

글로벌 생산·조달을 확실히 성립시키기 위해서는 전 세계의 수요와 생산·조달 상황을 가시화하는 것만으로 불충분하다. 글로벌 판매 계획, 사입·판매·재고 계획, 생산 계획, 조달 계획을 집약하고 각종 제약 조건을 체크하여 매출·이익의 최대화와 장기적인 생산·공급을 담보할 수 있는 생산 배분, 부자재 배분, 공급자 조정을 수행하는 업무 프로세스와 조직 기능을 설정해야 한다.

업무 기능으로 보면 글로벌로 통합한 S&OP가 된다. 각국의 개별 S&OP를 반영하여 글로벌 S&OP로 하고 본사에서 의사 결정을 한다. 총칭해서 말하면 글로벌 SCM의 업무가 되지만 생산 관리로서는 글로벌 SCM의 중추 기능이 되기 때문에 SCP에 의한 가시화와 SCP를 사용하면서 글로벌로 생산 배분·조정, 부자재의 공급 배분·조정을 수행하는 기능을 설치해야 한다.

▌생산 관리에 글로벌 SCM 구축이 필요

생산이 글로벌화됨에 따라 글로벌 SCM이 필요해졌다. 생산 관리의 틀을 넘어 해외 판매회사와 본사의 영업 조직을 아울러 계획을 입안하고 조정하는 것이 필수이다.

내가 경험한 X사의 예이다. X사는 하이테크 제품을 취급하는 회사이다. 이 회사에서는 해외 판매회사가 중국 공장에 매월 대규모 발주와 제로 발주를 반복했다. 때문에 중국 공장에서는 대규모 발주에 대응하기 위해 급하게 잔업을 하거나 제로 발주로 인해 작업자가 갑자기 손을 놓고 대기하는 사태가 발생했다.

이렇게 되면 중국 공장은 안정적인 생산이 불가능해 제조비용이 상승한다. 해외 판매회사 계획 담당자의 자질이 낮아서 월 1회 대규모 발주를 하고는 재고가 없어지면 발주를 했던 것이다. 어쩌다가 결품이 되면 이번에는 긴급 생산 및 공수해 줄 것을 요구한다.

이와 같은 식의 관리를 중단시키고 수송선의 스케줄에 맞춰 매주 발주하기로 하고 공장은 표준화 생산을, 해외 판매회사의 발주는 평준화 생산에 의한 생산분을 매수하기로 했다. 다만 공장이 표준화 생산을 한다고 해도 공장 사정에 따라 멋대로 하는 게 아니라 해외 판매회사가 세운 판매 계획에 대해 재고를 충당할 수 있다. 제품을 공급할 수 있는 생산 계획을 입안하고 합의에 기초해서 생산해서 수송한 것이다.

다시 말해 **해외 판매회사의 사정으로 재고가 없어지면 발주하는 게 아니라 재고**

를 버퍼(완충재)로 해서 어느 일정 비율이 되도록 생산하도록 한 것이다. 이 회사의 경우는 재고 월수를 1.5개월에서 2개월이 되도록 재고를 버퍼로 한 생산 계획으로 전환했다.

이렇게 함으로써 판매회사의 재고가 줄고 평준화에 의해 생산비용도 내려가고 공급 문제도 일어나지 않아 확실하게 생산·공급하는 것이 가능해졌다. 결과적으로 연결 매출, 이익, 자금 조달 같은 재무상의 수치도 비약적으로 개선됐다. 해외 거점 이라고 해서 업무 자체가 불가침 영역은 아니다. **본사가 통제하고 업무를 정의해서 총괄함으로써 연결 이익도 향상하고 경영 기반도 강화할 수 있다.** 글로벌 수급 관리 의 효과는 크다.

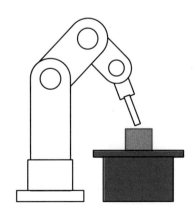

생산 관리의 미래 ③ 개별 부문별 이해당사자가 아닌 경영 전문가에게

기업 전체를 내다보고 논리적 사고와 기초적 경영 자질을 익힌다

■ 중요하지 않은 현장주의와 경험주의에 빠져 있는 제조업

예전에 상담을 받은 사례 중에 '공장의 생산 관리가 제대로 되지 않아 납기 지연이 반복되고 있어 어떻게든 해결하고 싶다'는 내용이 있었다. 몇 년간 현장 개선을 해서 공수를 줄였지만 전혀 문제가 해결되지 않았다. 이 회사를 A사라고 하자.

얘기를 잘 들어보니 현장 개선으로는 대응할 수 없다는 것을 알았다. 계절성이 있는 제품을 제조·판매하고 있는 A사에서는 수주 생산이라고 해서 판매회사로부터 최성수기 전에 수주를 받아 처리하지 못하는 주문을 공장에 던졌다.

수급 균형의 악화로 생산 능력을 훨씬 초과하는 주문 생산이 들어오자 납기에 맞춰 만들 수가 없었다. 그런데도 현장의 생산성을 개선하라는 지시를 할 뿐이었다. 과거의 성공 경험에 기인한 대책밖에 세우지 못해 몇 년이나 같은 상태를 반복한 것이다.

■ 생산 관리의 기초적인 프로세스와 제약 조건을 알아야

논리적으로 생각하면 현장 개선만으로는 대응할 수 없다. 능력 제약이 있는 조건하에서는 생산 능력을 훨씬 넘는 수요에 대한 대응은 사전에 계획적으로 대응하는 수밖에 없다. 영업과 생산 관리 부문이 협력하여 일부 단골 제품의 생산 방식을 예측 생산으로 바꿈으로써 판매 계획에 기초한 계획 생산으로 바꾸어 납기 지연을 해소할 수 있었다. 이로써 생산도 안정되고 원가도 큰 폭으로 줄일 수 있었다.

■ 경험주의와 개별 최적이 아닌 경영이라는 큰 틀을 봐야

이때 경영진의 일부로부터 개혁안에 대한 반대 의견이 나왔다. "판매 부서에서 계획을 내는 건 말도 안 된다, 공장이 책임을 져라"는 내용이었다. 그러나 공장의 생산 능력은 무한하지 않다. 해외 생산 A사에서는 생산의 유연성에도 한계가 있다. 제조와 판매가 연계하지 않으면 해결하지 못하는 문제이다. 부서 간의 이해관계에 얽매이지 말고 경영이라는 큰 틀에서 전체를 내다보고 논리적으로 해결해야 하는 문제이다.

제 4 장

생산 관리 업무와 관련 시스템(2)
제조 · 공정 관리

제조 · 공정 관리: 소일정 계획, 작업 전개, 제조 지시

제조지시서에 따라 제조 순서를 정하고 작업별 제조 지시를 내린다

▌소일정 계획에 의한 설비별 제조 순서 계획과 스케줄러

MRP에서 발행된 제조지시서만으로는 효율적인 제조는 불가능하다.

제조지시서에는 단순히 품목별·공정별 제조 수가 일별로 제시되어 있을 뿐, 효율화와 제조 순서 등은 고려되어 있지 않다. 효율적인 제조를 위해서는 순서와 제조 통합, 적절한 설비 선택, 작업 전개와 작업 절차의 고려, 작업자의 자질 등 여러 항목을 고려하여 제조지시서를 바탕으로 제조 지시를 해야 한다.

따라서 **품목과 공정을 지정하지 않은 제조지시서를 설비별로 할당할 필요가 있다.** 설비와 품목별 처리 능력에도 차이가 있어 제조 시간 단축을 고려해서 할당 지시를 해야 한다. 실제 제조를 할 때 설비의 가동 시간을 최대화하려면 준비 교체 순서를 고려해 준비 시간을 최소화하도록 지시할 필요가 있다.

준비를 최소화하는 제조 순서와 설비 선택은 사람의 감과 경험으로 결정하는 경우와 스케줄러 시스템에서 산출하는 방법이 있다 설비별 제조 순서를 정한 계획을 만들어 제조 지시에 연계한다. 사람이 정한 제조 순서 또는 스케줄러가 정한 제조 순서를 제조지시서에 추가해서 작업 지시에 연계한다.

스케줄러에는 제조 부하를 계산해서 제조 능력을 체크하고 선행 제조와 대체 설비를 선택하여 적정한 소일정 계획을 입안해주는 것도 있다. 생산 능력의 상한을 고려해서 소일정 계획을 입안하는 것을 **유한 능력 소일정 계획**(Finite Scheduling), 고려하지 않는 것을 **무한 능력 소일정 계획**(Infinite Scheduling)이라고 한다.

▌MRP와 MES로는 설비 제약과 절차 최적화 계획은 불가능하다

제조 지시를 할 때는 효율적인 제조를 위해 설비의 제약 사항과 준비 조립으로 가동 시간이 변동하는 것도 고려해야 한다.

제조하고 싶어도 A라는 품목의 제조에 특정 설비가 사용되고 있으면 다른 품목을 제조할 수 없어 납기를 준수하지 못할 가능성이 있다. 준비도 순서가 잘못되면 준비 시간이 걸려 그만큼 가동 시간이 줄어 제조 불가능한 시간이 는다.

이러한 사태를 예방하기 위해 설비의 교체와 준비 시간을 최소화하는 최적의 제조 순서를 정할 필요가 있다. 통상적으로 이러한 제약 조건을 고려한 순서 계획은 시스템화되어 있는 일이 드물고 사람 중심으로 되어 있다. **MRP와 MES로는 이러한 복잡한 로직으로 계획하거나 작업을 전개할 수 없다.**

▌설비 할당, 준비 최적화, 적정 순서 계획을 수행하는 스케줄러

납기를 고려해서 적정한 설비를 할당하고 절차를 최적화하여 적정 순서 계획을 스케줄러로 잡는다. 바로 소일정 계획이라 불리는 업무 영역이다.

설비를 할당할 때는 각 품목이 어느 설비에서 제조 가능한지 등의 조건을 설정한다. 특정 품목에만 사용할 수 있는 전용 설비도 있는가 하면 여러 품목을 제조할 수 있는 범용 설비도 있다. 전용 설비에 공용 설비로도 제조 가능한 품목이 할당되어 있으면 범용 설비를 사용하도록 계획하고, 설비가 비어 있으면 납기가 더 빠른 제품부터 계획을 할당하는 등의 로직이 필요하다.

이 로직은 설비가 빈 상황을 보고 계획을 할당하는 기능이다. 가령 납기를 기준으로 역산해서 계획을 세워야 할 기간에 설비가 여유는 경우 당겨서 제조하는 계획을 세우는 방법도 있다.

준비에 관해서는 '품목A ⇒ 품목B'의 순서로 만들 때의 준비 시간과 '품목B ⇒ 품목

A'의 순서로 만들 때의 준비 시간을 비교해서 더 짧은 쪽으로 계획을 입안한다. **준비 시간은 제조에 사용하는 시간은 아니기 때문에 가능한 한 줄이는 것**이 바람직하다.

간단한 예를 들어 설명하자. 잉크를 제조하는 설비에서 검은색 '잉크⇒흰색 잉크'의 순서로 만들면 상당히 긴 시간이 필요하다.

검은색 잉크를 지우고 깨끗하게 세정하지 않으면 흰색 잉크를 깨끗하게 제조할 수 없기 때문이다. 반대로 '흰색 잉크⇒검은색 잉크'로 하면 검은색 잉크를 지우는 수고를 덜 수 있기 때문에 전자보다 준비 시간이 훨씬 짧다. 따라서 검은색 잉크 뒤에 흰색 잉크를 만드는 순서 계획은 세우지 않게끔 적정 순서 계획을 입안하는 것이다.

▌스케줄러에는 마스터 정비와 실적 데이터의 적시 취득이 필수

그러나 스케줄러는 간단하게 사용할 수 있는 시스템은 아니다. 관리 수준이 높지 않으면 도입과 운용에 실패한다.

우선 마스터 정비가 필수이다. 마스터로 정비해야 할 항목에서 중요한 것이 **가동력 캘린더**이다. 설비별 그날그날의 가동 시간, 잔업 가능 시간을 항상 정확하게 메인터넌스해야 한다.

또한 품목별로 어느 설비에서 제조할 수 있는가지를 링크하고, 나아가 품목별, 설비별 표준 시간이 필수이다. 품목별, 설비별로 표준 시간이 다른 경우 번거롭더라도 반드시 품목별, 설비별로 적정하게 설정되어 있지 않으면 정확한 시간 소비를 계산할 수 없다.

또한 설비별 품목 전환에 따른 준비 시간의 변동 매트릭스 정리, 준비 시간의 설정과 유지, 치공구와 인원 같은 필수 제약사항 설정이 필요한 경우도 있다. 이들 상세 마스터 데이터를 설정, 유지하기 위해서는 높은 관리 수준이 요구된다.

실적 데이터에서는 제조 실적과 재고 실적의 관리, 입력이 필요하다. 제조 실적과 재고 실적을 적시에 취득하지 못하면 계획이 어디까지 진행했는지 파악할 수 없어 불필요한 제조를 계획하거나 반대로 필요한 제조가 계획되지 않는 문제가 발생한다. 이러한 일을 회피하기 위해 계획 입안 사이클별로 실적 데이터를 취득해야 한다. 따라서 **관리 수준이 낮아 실적 데이터를 월 1회밖에 정확하게 취득할 수 없는 수준에서는 스케줄러를 사용하는 일은 거의 불가능하다.**

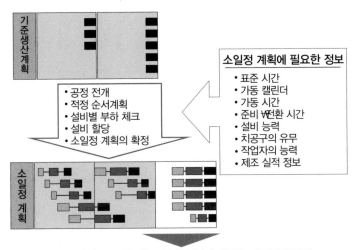

소일정 계획을 입안하는 스케줄러는 필요한 정보가 다양하고 또한 정확도가
요구되므로 높은 관리 능력이 없는 공장에서 도입하는 것은 어렵다.

◆ 스케줄러에 의한 소일정 계획

자동 계획 입안과 사람에 의한 계획 조정

스케줄러로 자동으로 순서 계획을 입안했는데, 계획 결과가 반드시 충족되지 않는 경우가 있다. 그때는 사람의 손으로 계획을 조정한다.

조정은 주로 **간트 차트**(Gantt chart)라 불리는 기능을 이용한다. 설비에 대해 품목별로 계획이 시간별 실선으로 할당되어 있는 차트이다. 실선을 사람의 손으로 움직이면서 계획을 변경한다.

이때, 적당히 실선이 움직이게 하면 공정 간의 전후 관계가 무너질 우려가 있다. 전후 공정의 연계를 유지하면서 실선이 움직이지 않도록 해야 한다. 또한 계획을 할당할 수 있는 설비가 아닌 경우는 계획을 물리는 기능도 필요하다. 마스터에서 품목과 설비가 링크되지 않은 경우는 계획을 할당할 수 있도록 한다.

▍MRP ⇒ 스케줄러(⇒ MRP) ⇒ MES에서의 계획과 지시의 연계

설비 할당, 설비 가동 시간에서의 능력 유무, 절차 최적화를 고려한 적정 계획은 스케줄러로밖에 입안할 수 없기 때문에 이러한 순서 계획이 필요한 경우 MRP와 MES 간에 시스템 기능적으로 스케줄러가 수렴된다.

MRP로부터 제조지시서를 받아 스케줄러로 순서 계획을 입안하는 것이 데이터의 흐름이다. 입안 결과는 MRP로 돌려보내 지시서를 다시 생성해서 MES에 연계하는 경우와 MRP를 통하지 않고 직접 스케줄링 결과를 MES에 연계하는 경우가 있다.

시스템 기능의 연계는 업무 흐름에 따라서 적정한 방법을 선택하기 위해 시스템 기능을 배치하고 나서 판단하고 정하게 된다.

▍실적 데이터는 MES ⇒ 스케줄러

실적 데이터는 'MES ⇒ 스케줄러'의 흐름으로 되돌아간다. 실시간성을 요구하는 경우가 있지만 **실시간 연계를 해서는 안 된다.** 계획은 1일 단위로 확정해서 지시해야 하며, 제조 진도에 맞춰 계획에 실적 데이터를 반영해서 수시로 계획을 바꾼다면 제조 현장이 혼란스럽다.

실적 데이터의 피드백은 MES까지로 하고, 복구와 조정은 현장 수준에서 수행하고 그날의 업무가 종료된 후에 실적 데이터를 반영해서 재계획하기로 한다.

스케줄러 도입은 난이도가 높다

스케줄러는 도입 난이도가 높아, 가령 도입했다고 해도 지속적으로 사용하기 위해서는 마스터와 데이터의 정비, 업무 운용이 뒷받침되지 않으면 어려운 부분이다. 사람이 계획할 때는 설정과 데이터에 다소 문제가 있어도 즉석에서 판단해서 어떻게든 해결한다. 그러나 시스템 처리를 한다는 것은 상당히 수준 높은 설정을 유지하고 정확한 데이터를 취득해야 하는데, 이것 자체가 어렵다.

스케줄러를 운용할 때는 MES의 제조 실적 데이터와 재고 데이터를 취득해야 하며, 생산관리시스템과 제조지시서로 연결한다. 따라서 스케줄러 단독으로 도입하는 일은 있을 수 없다.

소일정 계획의 업무 프로세스는 "제조지시서 취득 ⇒ 공정 설비 할당 ⇒ 절차의 최적화 ⇒ 유한 능력 계획(대체 설비 선택, 선행·지연 계획)·계획 조정" 등이다. 이러한 프로세스를 거친 후 시간 단위로 설비별 제조 순서 계획이 입안된다.

소일정 계획 연계 대상 선택의 어려움

소일정 계획에서 설비별 제조 순서 계획이 입안된 후 계획 정보를 ERP에 피드백하고 제조지시서에 설정 설비와 생산 순서를 반영하는 경우가 있다.

그러나 이렇게 하면 지시서를 재발행해야 해서 시스템적으로 복잡해지기 때문에 ERP에 피드백하지 않고 MES에 연결해서 작업 지시로 연결하는 경우가 보통이다.

과거에 기업에서는 MRP를 사용하지 않고 스케줄러를 MRP 대신 사용하는 예도 많아, 이미 도입되어 있는 스케줄러의 기능과 MRP의 기능을 구분하는 검토를 해야 한다.

MRP(ERP), 스케줄러, MES의 연계를 숙고하여 시스템 기능의 배치와 연계를 생각하지 않으면 시스템이 복잡해지기 때문에 주의가 필요하다.

생산 관리 기능(8) **공정 관리: 제조·출고·
계량 지시, 제조 통제, 실적 수집**

제조·공정 관리의 핵심인 MES를 이용한 제조 실행 지시·실적 수집

▌제조지시서에 따라 공정 및 작업 전개, 제조 지시

제조지시서에 따라 순서 계획을 작성했으면 제조 현장에 지시가 전달되도록 공정을 전개한다. 제조지시서로 확인하는 공정은 어느 정도 마무리되어 있어 현장의 세부 공정에 맞춰 전개해야 하기 때문이다. 예를 들면 가공 공정 중에는 더 세부적인 서브 공정으로 절단, 연마, 도장, 건조 등의 공정이 있을 수 있다.

공정이 전개된 지시는 그대로 각 작업현장에 지시될 때도 있다. 그런 때는 종이와 기억된 작업 수순에 따라서 작업을 하게 된다. 그러나 이런 작업을 사람이 하면 작업과 품질이 안정되지 않고 미스 리스크도 높기 때문에 작업 표준에 따른 작업 전개까지 지시를 하는 일도 있다. 작업 전개까지 하려면 시스템이 필요하다.

▌출고 지시와 입출고의 재고 수불은 반드시 실시한다

제조 지시뿐 아니라 출고 지시가 필요한 경우가 있다.

많은 제조업에서 제조에 사용하는 자재는 별도로 출고 지시되지 않고 제조 지시를 보면서 각 작업현장에서 필요한 자재를 특정하여 직접 가지러 가는 것이 보통이다. 출고 지시가 장치화되어 있지 않은 곳에서는 자주 있는 상황이다. 그러나 입출고를 사람이 하면 미스도 일어나기 쉽고 재고 관리가 제대로 되지 않는다.

제대로 된 재고 관리와 미스 방지를 위해서는 제조에 필요한 타이밍에 정확한 출고 지시를 할 필요가 있다. 이를 위해 **제조에 맞춘 필요 부품의 특정과 출고 수량을**

시스템으로 행해진다.

또한 지시가 나와 있으면 지시한 대로 자재가 제대로 출고됐는지를 출고 타이밍에 체크한다. 체크를 통해서 출고된 경우 자재의 보관 장소에서 재고 수불 처리가 되어 재고 관리 정확도가 높아진다.

많은 공장의 제조 현장에서는 출고 시에 기록하지 않고 제조가 완료되면 사용됐을 거라고 생각한 자재를 출고됐다고 해석하는 **당겨쓰기**(백플래시한다고 한다) 구조인 경우도 있다. 합리적이지만 실재고 베이스의 관리는 아니기 때문에 실제 재고와 차이가 생겨 재고 관리의 정확도가 떨어질 우려가 있다.

또한 자재가 공정에 오래 체류해서 사용되지 않는 경우 적시의 재고 수를 파악하지 못해 발주와 제조에 악영향을 미친다. 재고 수가 정확하지 않기 때문에 발주 담당자와 제조 담당자가 수시로 현장에 가서 현품 재고를 확인해야 하는 번거로움 때문에 효율이 나빠진다.

출고 지시뿐 아니라 현장에서 제조 완료품이 입고되거나 사용되지 않은 자재가 반환되어도 기록하지 않는 경우가 있다. 이로 인해 재고 정확도는 점점 떨어지기 때문에 보관 장소에서 입출고 수불을 실시해야 한다.

MES에서 출고 지시서를 발행하고 출고 시에는 출고 지시서의 번호와 선반의 품목 번호를 대조한다. 핸디터미널로 출고 지시서, 보관 선반, 품목의 바코드를 읽혀 출고 수량을 대조하면 미스도 줄어들 것이다.

▌계량 지시로 오투입 방지와 투입 실적 데이터 취득이 가능

의약품, 식품, 화학품을 제조하는 회사에서는 **계량 지시**도 중요한 업무이다. 계량 시에 잘못된 원료를 선택하지 않았는지를 체크할 수 있고 올바르게 계량할 수 있다. 오투입을 방지할 수 있는 것이다.

계량 지시는 MES로 발행하고 계량 전에 바코드로 계량 지시서와 현품의 바코드를 읽혀서 대조한다. 잘못된 품목의 경우는 경고가 울려 오투입을 방지한다.

계량 시에는 계량기와 연결된 패널에 계량치 상하한값을 표시하고 그 범위 내에서 계량되도록 계량 작업자의 작업에 통제를 가한다. 너무 많은 경우도 너무 적은 경우도 경고가 울려 보정할 수 있도록 지도한다. 이렇게 함으로써 과잉 투입 또는 과소 투입을 막을 수 있다. 계량한 재료가 제조에 대한 투입 실적이 되기 때문에 실적 수집 기능까지 한다. 어느 재료를 어느 정도 투입했는지도 알 수 있어 추적도 가능하다.

오투입 방지와 제조 추적이 엄격한 제약회사에서는 계량(칭량) 지시와 계량·투입 실적 파악은 필수이기 때문에 일찍부터 시스템으로 지시, 체크, 통제하고 있다.

▍제조 지시에 대한 실적 수집

제조 지시대로 작업했는지를 기록하기 위해 실적 데이터가 수집된다. 투입 실적, 착수, 완료, 작업자, 작업 완성 실적(양품 실적) 수량, 시손(불량) 실적 수량을 수집·기

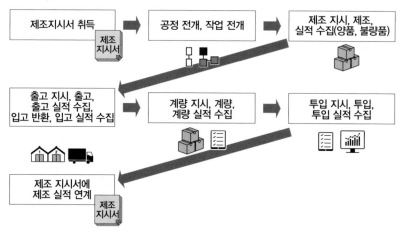

◆제조 실행 관리의 업무 프로세스

록한다. 이때 **MES로 자동 취득할 수 있으면 효율적으로 정확한 데이터를 취득할 수 있다.**

시스템화되어 있지 않으면 종이에 기록해야 하는데, 일일이 직접 헤아리고 제어반에 표시된 숫자를 기록하는 등의 수작업이 필요하다.

현장 컴퓨터에 표계산 소프트웨어가 깔려 있고 키보드로 입력하는 시스템을 사용하는 기업도 있다.

MES에서 지시와 실적 수집이 연동되어 있으면 지시에 대해 실적 데이터를 대조하면서 기록할 수 있어 편리하다. 또한 MES가 설비와 제어반까지 지시 데이터를 전송하고, 그에 대한 실적 데이터가 설비와 제어반에서 자동으로 피드백되는 장치가 있으면 사람을 거치지 않고 효율적이고 정확한 실적 데이터를 적시에 취득할 수 있다. 제조 실행 관리의 업무 프로세스는 그림과 같다.

| MES = 제조 지시

이러한 일련의 공정 전개, 작업 전개를 해서 현장에 지시를 내리는 장치가 MES이다. MES는 작업 표준에 따라서 작업을 전개한다. 작업 표준이 제대로 정의, 유지되어 있지 않으면 MES는 의미가 없으므로 마스터로서의 작업 표준 유지, 메인터넌스는 필수 작업이 된다.

- **제조 지도의 연계**
  - ERP(MRP)에서 제조 지시서 취득
- **재고 할당**
  - 재공품 할당
  - 할당 순서 관리
  - 재고 전환 대응
  - 유효기한 대응
  - 유효 성분 함유량 할당
- **공정 전개 · 작업 전개 · 제조 지시**
  - 공정 전개 · 작업 전개
  - 로트 번호 취득
  - 제조 지시 발행
  - PLC · 계장기기에 지시 연계
- **출고 지시서**
  - 출고 단위 통합
  - 출고지 지시
  - 출고원 정보
  - 자동창고 연계

- **제조 지시의 전자 승인**
  - 전자 승인
- **실적 수집**
  - PLC · 계장기기에서 데이터 입력
  - 바코드 정보의 입력
  - 계량 품목의 차이에 대응
  - 출고 확인
  - 착수 확인
  - 완료 보고
  - 재공 보고
  - 제조 조건 확인
- **실적 보고 승인**
  - 전자 승인
- **실적 기록**
  - 가동 실적 분석
  - 투입 실적 분석
  - 매출 분석
  - 진도관리
- **제조 지시서 취소 연계**
  - ERP(MRP)에 제조 실적 피드백

◆ MES의 기능

▌제조 · 공정 관리라는 Production Control의 영역

생산 관리 영역에서는 협의의 생산 관리로 불리는 **Production Control**이 제조 · 공정 관리이다. 이 영역은 통제 영역이며 생산 매니지먼트 영역과는 다르다.

규정대로 물건이 만들어졌는지, 생산 매니지먼트 부문에서 설정한 각종 목표치를 달성했는지를 기록, 감시한다.

▌과거에는 실적만 수집하는 POP가 중심이었다

제조 현장의 IT화는 설비에서 실적 데이터만을 수집하는 것에서 시작했다. 유통업의 판매 실적을 수집하는 **POS**(Point of Sales; 판매 시점 정보 관리) 시스템의 개념을 제조 현장에 도입하여 실적을 수집하는 방식의 **POP**(Point of Production; 생산 시점 관리) 시스템이 도입됐다.

POP는 설비에서 제조 실적에 해당하는 수량 정보를 PLC 경유로 저장했다. POP는 실적 데이터만 수집되므로 실적과 대비해야 할 제조 지시 수량과 가동 시간, 양품률 목표 등의 수치는 없다. 수집한 실적 데이터는 다른 시스템으로 대조·대비할 필요가 있었다.

▌지시와 실적 관리가 발전하여 MES가 등장

제조물 책임이 중요시되면서 지시대로 물건이 만들어졌는지, 누가, 언제, 어떻게 만들었는지 등 지시에 대한 실행 기록이 요구되게 됐다. 때문에 POP의 기능만으로는 불충분하다.

POP에서 실적 데이터를 수집하는 것은 가치가 있지만 수집한 실적 데이터를 집계해서 분석해야 비로소 의미를 갖는다. 데이터를 사용하려 해도 정리하는 수고와 시간이 걸려 대응 조치가 늦어진다.

원래 POP는 실적 데이터를 수집하기만 하는 장치이다. MES와 같이 지시와 실적 대비가 불가능하기 때문에 실적 데이터를 표계산 소프트웨어 등으로 가공하여 정리·분석해야 비로소 원인과 대책을 알 수 있기 때문에 개선 대응 사이클이 늦어져 데이터 수집 방법으로는 적합하지 않다. 그런데다 지시에 대한 작업 실적 상황을 기록할 수 없어 결국 손으로 쓰는 작업 대장이 별도도 필요하다.

이러한 점에서 POP보다 편리하고 지시를 하고 작업 통제를 하는 동시에 제조 실행 기록을 실적으로 데이터화해서 지시와 실적 차이, 미스, 작업 상황, 작업 조건을 저장하는 장치가 MES이다. **MES 중에서는 작업 통제를 시행하기 위해서 작업 순서나 작업 표준이 등록되어 있으므로 지시와 실적을 서로 대조할 수 있다.**

MES를 이용한 작업 지시에서는 작업 순서와 작업 표준을 호출해서 패널과 핸디터미널, 제어반에 지시를 내리고 순서와 표준대로 작업하지 않으면 에러가 표시되므로 작업 통제가 가능해졌다. 작업을 정확하게 수행하고 잘못된 작업은 다음 공정에 보내지 않고 대처를 촉구할 수 있다. 그런데다 지시대로 됐는지 실적 데이터를 수집할 수 있다.

제조 기록의 고도화와 추적의 중요성

MES는 작업 통제에 효과적인 장치이다. 하나하나의 작업 실적을 **제조 기록**으로 보관할 수 있어 제조 기록 측면에서도 중요한 의미가 있다.

어느 작업에서 문제가 있었는지, 미스가 있었는지, 또 작업 표준을 위반했는지를 추적할 수 있다. 작업 기록이 추적이 가능하도록 데이터로 보관된다.

제조물 책임이 중요해지면서 **추적**(traceability) 또한 중요해졌다. 추적이란 제품에 불량이 있을 때 어느 제품, 어느 작업 지시에 불량이 있었는지를 거슬러 올라가서 원인을 규명할 수 있고 또한 문제 제품이 어느 범위까지 출하됐는지를 확인하여 판매와 출하 정지, 회수를 조치하도록 하는 장치이다.

추적 시스템이 확립되어 있으면 문제가 된 작업을 신속하게 발견하여 개선도 가능하다. 특히 제약회사와 같은 업종에서는 문제가 있는 제품, 제조 로트를 특정해야 할 필요성이 높아 일찍이 MES를 이용한 추적 장치가 구축됐다.

요즈음에는 모든 제조업에서 추적이 요구되고 있지만 여전히 종이에 제조 상황을 기록하는 경우 문제 발생 시에 종이를 찾아서 추적해야 하기 때문에 많은 시간이 걸린다. 제조 지시와 제조 로트 번호가 링크되어 해당 로트 번호의 제조를 누가, 어느 설비에서, 어떤 조건으로 지시했는지를 추적할 수 있다.

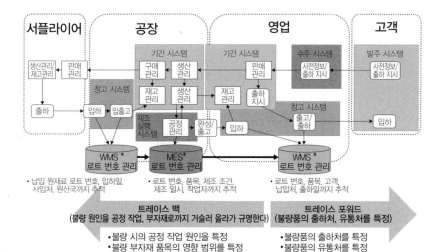

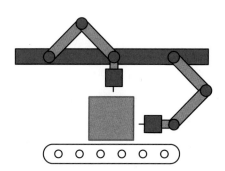

• 납입 원재료 로트 번호, 입하일, 사입처, 원산국까지 추적

• 로트 번호, 품목, 제조 조건, 제조 일시, 작업자까지 추적

• 로트 번호, 품목, 고객, 납입처, 출하일까지 추적

트레이스 백
(불량 원인을 공정 작업, 부자재로까지 거슬러 올라가 규명한다)

• 불량 시의 공정 작업 원인을 특정
• 불량 부자재 품목의 영향 범위를 특정

트레이스 포워드
(불량품의 출하처, 유통처를 특정)

• 불량품의 출하처를 특정
• 불량품의 유통처를 특정

*WMS와 MES의 로트 번호 연계에 대해서는 4-7에서 설명

◆ **추적(Traceability)**

공정 관리⑴ 지시서 수령, 공정 전개, 제조 지시 작성, 로트 관리

공정 관리에서는 MRP의 지시서를 작업 지시로 연결한다

▌MRP의 제조지시서 취득과 공정 전개(작업 전개)

MES에서 제조 지시를 만들기 위해 MRP에서 제조지시서를 취득한다. MRP의 소요량 계산에서는 공정별 생산 필요 수량(= **종속 수요**)을 산출했다. MES에서는 MRP에서 전개된 공정별 제조지시서를 토대로 MES에서 인식하는 공정 단위로 공정·작업 전개를 한다.

공정·작업 전개는 공정과 작업의 구분에 따라서 같기도 다르기도 하다. 조립 전 준비 공정=조립 전 준비 작업이면 같은 의미이지만 조립 전 준비 공정에 자재준비, 임시 설치, 치구 설치, 임시 마감 등의 자잘한 작업이 있는 경우가 있다. 이런 작업까지 전개하는 경우는 MES에서 인식하는 공정 레벨인가, 아니면 더 세부적인 작업 레벨인가의 차이는 정의의 차이이다. 여기서는 MES에서 인식하는 공정과 작업을 같은 의미로 취급하기 때문에 **공정 전개**(작업 전개)라고 기술한다.

MRP에서 소요량 전개를 한 후 계산된 생산 필요 수량은 제조지시서에 의해서 MRP에서 공정에 할당되는데, 여기서 다시 MES에서 공정 전개를 한다. MRP와 MES에서 인식하는 공정의 상세도가 다르기 때문이다.

MRP에서 인식하는 공정은 재공품을 제조할 때 공정을 수반하는 원가 계산과 발주 계산용 재공품의 소요량을 계산하기 위한 공정이다. 따라서 **MRP에서 인식하는 공정은 MES에서 인식하는 제조 작업상의 공정보다 조잡하다.**

한편 MES에서 인식하는 공정은 작업 공정이다. 따라서 MRP에서 인식하는 공정보다 세부적이다. 가령 조립 제조에서, MRP에서 인식하는 공정은 '최종 조립 ⇒ 부품의 조립 가공'이라고 하면, MES에서는 최종 조립 공정을 더 나누어서 '검사 ⇒ 통합 ⇒ 옵션 부가 ⇒ 총조립(최종조립) ⇒ 사전 소조립'의 작업 공정으로 나누는 식이다. 가공 공정을 예로 들면 MRP상에서 확인하는 가공 공정은 '절단 ⇒ 연마 ⇒ 도장 ⇒ 건조' 같은 MES상의 작업 공정으로 나뉜다.

제조지시서는 MRP에 의해서 '최종 조립 ⇒ 부품 조립 ⇒ 가공'의 MRP에서 인식하는 각 공정에서 발행되고 제조 소요량이 MES에 전달된다. MES에서는 '검사 ⇒ 통합 ⇒ 옵션 부가 ⇒ 총조립 ⇒ 사전 소조립'으로 공정이 전개(작업 전개)되므로 공정별 작업 지시가 된다.

MRP와 MES의 기능을 제대로 분담하기 위해서는 자산 관리, 원가 관리를 목적으로 한 생산 매니지먼트상의 MRP 공정과 작업 통제 지시 ⇒ 실적 수집을 목적으로 한 공정(작업) 관리상의 MES 공정을 명확히 구분해서 인식해야 한다.

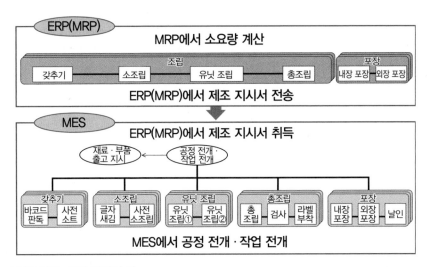

◆ 공정 전개 · 작업 전개의 예

MES에서 관리해야 할 상세한 수준의 공정을 MRP에 설정하면 MRP의 BOM 관리가 복잡해진다. **MRP와 MES에서 인식하는 공정이 제대로 구별되어 있으면 각 공정의 마스터 관리가 수월해진다.** MRP, MES 각각에서 관리해야 하는 수순을 구분 설정해서 관리해야 한다.

▌출고 지시, 배분 지시, 소분 지시, 투입 지시·계량 지시, 작업 지시

MES에서 공정 전개(작업 전개)가 되면 제조에 필요한 출고 지시, 투입 지시·계량 지시, 작업 지시를 생성하여 지시를 내린다.

출고 지시는 부품이나 원재료가 보관된 장소에서 출고를 지시하는 것이다. 이것 역시 MRP의 출고 지시와 구별한다. **MRP의 출고 지시는 원가 관리, 자산 관리로서의 재고 관리를 위해 보관 장소에서 MRP에서 인식하는 공정으로 출고 지시를 하는 것이다.** 공장 간 전송이나 자재 창고 출고 등의 지시가 그에 해당한다.

반면 MES의 출고 지시는 자재 보관 장소에서 각 제조 공정에 있는 구체적인 제조 현장으로 출고 지시를 하는 것이다. 예를 들면 MRP에서는 최종 조립 공정에 출고를 지시하는데, MES에서는 MRP의 출고 지시에 따라 사전 소조립으로 출고, 총조립로 출고, 옵션 조립으로 출고하는 등 MES에서 인식하는 상세 공정에 출고를 지시한다. 또한 MRP에서 관리하지 않는 피스나 나사와 같은 소부품류의 출고 지시도 MES로 수행한다.

출고할 때 제조 단위에 맞춰 사전준비 출고 작업을 **배분 지시** 또는 **마샬링**(marshalling)이라고 한다. 제조 단위에 맞춰 사전준비를 위한 배분 통합 출고 지시는 MES에서 수행한다.

배분과는 반대로 출고할 때 **소분 출고**를 요구하는 경우도 있다.

그때는 MES에서 소분 단위를 만들어 소분 지시를 한다.

제조 공정에 출고되어 각 작업 공정으로 넘어간 부품과 원재료는 공정과 설비에 투입 지시·계량 지시가 내려온다. 투입 지시에 따라서 정확한 재료를 적정 수량 투입하도록 통제한다. 잘못된 재료가 투입될 것 같으면 에러가 표시되도록 MES에서 설정한다.

정확한 수량을 투입하려면 투입 지시와 동시에 계량 지시를 한다. 계량이 바르지 않으면 에러가 표시되도록 MES에 설정한다.

계량에 관해서는 허용 오차를 표시하고 육안으로 확인해서 오차 내에 수렴되도록 계량한 다음 투입하는 식으로 통제할 수도 있다. 제약회사와 식품 제조사에서는 MES에 의해 투입·계량 시에 미스를 방지하도록 시스템화되어 있다. 바코드나 QR 코드를 핸디터미널 등으로 읽혀 대조해서 자동화할 수 있다.

설비에 재료가 투입되면 작업에 들어간다. MES에서 작업 절차로 전개하고 작업 지시를 한다.

작업 표준 SOP에 준거

작업 지시는 **작업 표준 SOP**(Standard of Protocol)에 따른다. MES에 작업 순서가 표시되고 순서대로·작업 표준대로 작업할 것을 명시화하고 작업을 통제한다. 지시대로 작업하지 않으면 다음의 작업으로 넘어가지 못하도록 통제하는 것도 가능하다.

MES에는 작업 표준인 SOP를 등록해두지 않으면 안 된다.

작업 표준은 종이로 만들어진 것이 많고 MES에 모든 상세 작업 표준을 등록할 수 없기 때문에 병행해서 종이 지시도 생각해둔다.

작업 순서도 패널, 핸디터미널, 제어반 등에 표시하도록 한다. 패널, 핸디터미널은 MES와 연계해서 구축할 수 있다. 제어반은 PLC를 경유해서 작업을 전송한다.

출고 지시·투입 지시 시의 로트 지정, 로트 번호 할당

출고 및 투입 지시를 할 때 로트를 지정하는 경우 MES에서 로트 지시를 해 로트 미스가 발생하지 않도록 제어하기도 한다.

품목에 따라서는 유통 및 유효 기간 등의 기간을 관리하는 경우는 MES에서 기간을 관리하고 기한 임박 품목이 할당, 출고되지 않도록 제어하는 것도 가능하다. 유효 기간이 임박한 로트 번호를 출고 대상에서 제외할 수 있는 것이다.

로트 번호는 MES로 생산·할당한다. MES에서 로트 번호를 생성하고 실적으로 관리할 수 있으면 MES에서 로트 추적이 가능하기 때문이다. 제조별로 로트 번호를 할당할 때 MES에서 라벨을 출력하고 붙이는 수고가 든다. 품목을 한꺼번에 인식하기 위해서는 어쩔 수 없는 수고이다. 라벨을 붙이는 수고를 함으로써 로트 관리가 가능하고 피킹 미스와 오투입을 피할 수 있어 로트 추적이 가능하므로 노력을 아끼지 말되 공수를 줄일 수 있도록 작업을 개선해야 한다.

라벨 부착 수고를 덜기 위해 공급자가 납입한 자재는 공급자가 할당한 로트 번호를 그대로 사용하는 것도 가능하다. 공급자로부터의 입고와 로트 관리를 간편하게 하기 위해 바코드와 QR 코드가 인쇄된 라벨을 붙여 납입하도록 의뢰 또는 위탁한다. 다소 구입 단가는 올라갈지 모르지만 입고 수입이 원활해지고 납입 품목의 로트 관리가 가능하기 때문에 가치는 충분하다.

제약회사 등에서는 제조 로트 번호의 할당 행위가 제조의 일부가 된다. **시스템 검증 체크**로 제조 행위의 타당성을 확인, 검증, 인가하는 GMP(Good Manufacturing Practice)상의 결정에 의한 감사를 실시하는 대상은 MES로 한정함으로써 시스템 검증 체크의 범위를 한정할 수 있다. 기간 시스템에서 로트 번호를 할당하면 기간 시스템이 변경될 때마다 검증 체크를 해야 해서 시간이 낭비되기 때문에 로트 번호는 MES에 관리하도록 한다.

4-4 공정 관리(2) MES, PLC, 핸디터미널, 제어반, 설비에 제조 지시를 연계

MES에서 설비까지의 지시와 제어

▌MES의 지시는 컴퓨터, 핸디터미널, 제어반에 연계해서 지시

지금까지 많은 제조업에서는 종이로 작업을 지시했지만 MES가 있다면 종이로 지시하지 않아도 된다. **MES에서 작업 지시를 할 때는 현장에 설치되어 있는 컴퓨터와 패널에 지시를 내리고 MES의 지시 상황을 통제하는 방법이 있다.** 컴퓨터의 경우는 지시가 표시되어 있는 컴퓨터에 작업 실적을 입력하면 지시와 실적이 링크된다.

핸디터미널을 사용하는 경우 MES의 계획을 핸디터미널에 표시해서 지시, 통제할 수도 있다. 작업 실적은 지시가 표시되어 있는 핸디터미널로 바코드 등을 읽거나 핸디터미널에 입력해서 등록한다.

MES의 작업 지시를 설비의 제어반까지 전송해서 지시할 수도 있다. 이때는 PLC 경유로 제어반에 데이터를 송신한다. 설비 제어반에 표시된 지시 단계에 따라서 작

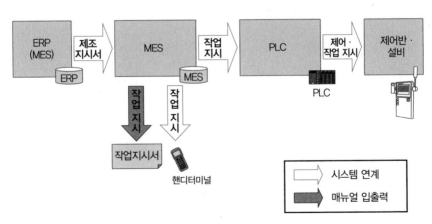

◆ERP에서 설비까지의 시스템 구성

업을 할 수 있도록 한다. 작업 실적은 제어반에서 PLC를 경유하여 MES로 피드백되어 수집된다.

MES의 작업 지시를 PLC를 경유해서 설비에 보내면 PLC를 경유해서 설비의 가동을 제어할 수도 있다.

계량 지시와 계량 실적 데이터를 MES에 연계

계량 지시는 계량기와 연동한 MES에 표시된다. 계량기에 재료를 올리면 계량되고 그 결과가 계량기에 표시될 뿐 아니라 MES에 계량 중인 데이터가 반영되어 MES 경유로 허용 범위를 판단하면서 수량을 조정하고 계량을 완료한다.

계량 결과가 항상 MES에 반영되어 있으면 계량 완료를 MES에서 수행함으로써 계량 실적 데이터를 그대로 취득할 수 있다.

투입하는 재료가 바른지 그렇지 않은지를 체크하기 위해 재료에는 사전에 재고를 한꺼번에 인식할 수 있는 바코드나 QR 코드 라벨을 부착한다. 이를 위해 MES의 재고 정보를 인쇄하는 라벨 프린터가 필요하며, 또한 라벨을 읽는 리더가 필요하다. 프린터는 현장에 배치해야 한다. 라벨의 리더는 핸디터미널을 사용하거나 설비에 리더 기능이 있는 센서 등을 설치한다.

MES의 제조 지시 승인과 WF 연계

MES에서 제조 지시 승인이 필요한 경우 **워크플로**(Work Flow; 부문 간의 신청서 등 수순에 따라서 흐르는 시스템) 기능을 갖게 해 지시를 승인할 수 있도록 한다. 예를 들면, 제약회사에서는 작업 지시 승인이 필요한데, WF를 도입하여 전자 승인이 가능하고 승인되면 그대로 현장에 업무 지시가 되도록 한다.

4-5

공정 관리(3) **MES, PLC, 핸디터미널, 제어반, 설비, SCADA에 실적 데이터를 연계**

데이터 수집 루트로 지시와 반대되는 데이터 흐름을 만든다

▌MES에서 가능한 실적 수집 범위와 데이터의 흐름

MES가 주축이 되어 작업 지시·통제를 수행할 수 있다. 이른바 MES는 작업 통제의 사령탑과 같은 역할을 한다.

한편 지시대로 작업이 이루어졌는지도 기록된다. MES를 주축으로 한 작업 실적 기록이다. 작업 실적 기록으로 한정한 것은 엄밀하게 애플리케이션으로서의 MES 기능에서의 영역을 한정하기 위해서다. 그 이유는 단순히 실적이라고 하면 작업 실적뿐 아니라 설비 가동 시간과 회전 토크, 온도, 압력, 함유 수분량 등과 같은 설비 가동 상황과 품질 정보까지 의미하게 되고, 그러한 정보까지 MES에서 수집할 수 있다고 생각하기 때문이다.

물론 자체적으로 만든 MES나 MES 패키지라면 이들 실적 정보도 취득 가능하다. 그러나 MES의 역할은 주로 작업 통제와 작업 지시대로 제조됐는지를 기록하는 것이다. SOP에 정의된 작업 지시에 기초한 작업 실적 준수 상황을 수집하는 것이 주 목적이며, 설비의 상황이나 품질 정보를 수집하는 기능은 거의 없다. **시스템적인 기능 분담으로 말하면 설비 가동 정보는 SCADA로 수집하고 품질 정보는 LIMS로 수집한다.**

정보 지시에 대한 작업 실적 데이터는 MES에 집약되지만 지시 데이터는 MES보다 앞에 있는 디바이스에 해당하는 핸디터미널과 PLC, 나아가 PLC 경유로 제어반과 설비로까지 건네진다. 그러면 이번에는 반대 흐름으로 작업 실적 데이터가 수집

된다.

 MES 단말기인 현장의 컴퓨터에 실적 데이터를 등록해서 수집한다. 컴퓨터가 태블릿인 경우도 있다. 작업 실적과 생산량 데이터가 수동 입력으로 수집된다. 계량기에 연결되어 있는 경우는 계량 실적 데이터와 투입 실적 데이터가 기록된다.

 핸디터미널을 사용하고 있는 경우는 핸디터미널 경유로 실적 데이터가 수집된다. 작업 완료와 생산량이 핸디터미널에 기록된다. PLC를 경유하는 경우는 PLC를 사이에 두고 핸디터미널이 있으면 '핸디터미널⇒PLC⇒MES'로 수집된다.

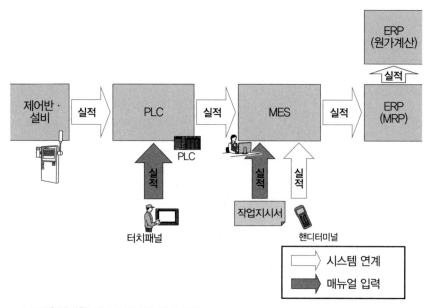

◆MES와 연계한 실적 수집 시스템의 구성

MES로 수집되는 실적 데이터의 예

 MES로 수집되는 실적 데이터의 일례를 들면 다음 페이지의 그림과 같다.

 추가 개발 등이 가능하며 앞서 말한 바와 같이 설비 가동 실적 정보(가동, 비가동 등)와 제조 조건 실적 정보(회진 토크와 온도 등)도 취할 수 있지만 이것은 MES 본래의 기능이 아니라고 인식하자.

● 출고 지시 할당 실적
● 출고 실적
● 계량 실적과 계량 보정치
● 투입 실적
● 작업자
● 작업 착수 시간
● 작업 완료 시간
● 매출 실적(양품)
● 결함 실적(불량품, 일시 배제품)
● 불량 실적(폐기품)
● 상기 실적 시의 사용 재공품의 로트 번호 기록
● 양품에 대한 할당 로트 번호

◆MES로 수집되는 실적 데이터의 예

▌설비 가동 실적 정보는 MES가 아닌 SCADA에 연계

설비 가동 실적 정보는 기본적으로 MES가 아닌 SCADA에 연계한다. 앞서 말한 바와 같이 예외적으로 MES에 가동 실적 데이터를 수집하고 싶은 경우는 제어반 ⇒PLC ⇒MES, 설비 ⇒PLC ⇒MES의 흐름으로 데이터를 주고받는다. 다만 MES는 제조 지시 번호에 기반한 데이터를 갖기 때문에 설비의 정지, 고장, 복구, 절차 등과 같은 제조 지시 번호에 링크되기 어려운 데이터를 수집 · 저장할 방법이 없다. 때문에 **특별한 데이터세트, 데이터베이스를 구축하지 않으면 안 된다.** 그 점에서 단순한 시간 축의 가동, 비가동, 정지, 복구 같은 스테이터스 정보는 '제어반 ⇒PLC ⇒MES, 설비 ⇒PLC ⇒MES'가 아니라 '제어반 ⇒PLC ⇒SCADA, 설비 ⇒PLC ⇒SCADA'의 흐름으로 수집하는 편이 시스템 구성이 심플하다.

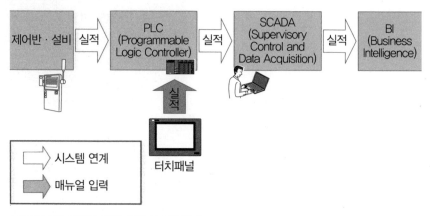

◆SCADA와 연계한 실적 수집 시스템 연계

▌제조 기록과 출하 판정에 연계

제약회사와 같이 제조 기록의 마지막에 GMP 규정에 준거해서 제조했는지를 판단하여 제조 책임자가 출하 가능 여부를 판정한다.

완성 실적에서 출하 판정 승인 의뢰로 이어지는 워크플로(WF) 기능이 MES 패키지에 있는 경우는 그 기능을 사용한다. WF 기능이 없는 경우는 별도의 WF 시스템과 조합하거나 WF를 별도로 개발한다. **제조업의 경우 승인 권한이 여러 단계여서 복잡하기 때문에 일반적인 MES와 WF로는 기능이 불충분한 경우가 있다.**

예를 들면 승인자가 부재일 때 대리 승인, 하위에서 승인이 상위로 올라갔을 때 여러 부문에 승인 의뢰가 전개되는 등 복잡한 기능이 요구되는 경우이다. 승인 절차를 가능한 한 간소화해야 한다.

▌시리얼 번호와 로트 번호 관리의 연계

중요 보안 부품 등은 구성 부품 하나하나에 시리얼 번호를 할당하기도 한다. 개별 수주 생산으로 한 대씩 제조되는 제조 형태라면 작업 지시 번호와 시리얼 번호가 한꺼번에 링크된다. 그러나 일반적으로는 여러 양산품의 제조품 중에 시리얼 번호가 찍힌 부품이 하나씩 연결된다. 제조 지시 번호, 로트 번호, 시리얼 번호, 나아가 출하 전표 번호, 출하지 번호(고객 번호)를 링크해서 관리하려면 제조 지시 번호, 로트 번호, 시리얼 번호까지 MES로 관리하고 그 후의 출하 전표 번호를 WMS로, 출하지 번호(고객 번호)를 기간 시스템에 링크하여 연계해서 관리한다.

발주에 의한 입고 예정과 입고 삭제, 재고 삭감

MES의 입고 실적을 ERP에 반영, 소비와 백플래시

▌기간 시스템의 발주·입고 예정 데이터를 MES에 연계

MRP에서 발주가 계산되어 구매 의뢰가 생성되면 생산관리시스템 등의 기간 시스템에서 발주가 이루어진다. 이때 발주 데이터에 기초해 입고 예정 데이터가 생성된다.

입고 예정 데이터는 MES에 연계되어 자재의 입고에 대한 삭제용 데이터에 사용된다. 입고 일자별로 품목별, 공급자별 입고 예정 데이터가 MES에 넘어가면 입고 시에 MES로 입고를 계상해서 입고 예정을 삭제할 수 있다.

입고 예정 데이터가 기간 시스템에서 MES에 연계되어 있으면 신속하게 정확한 입고가 가능하다. 입고 시에 공급자와 입고 품목, 수량을 시스템으로 체크할 수 있다. MES에 입고 예정 데이터가 있기 때문에 수량의 과부족과 예정 외의 사전 납입, 입고 누락을 체크할 수 있다.

이때 공급자와도 연계되어 있어 공급자가 발주자의 품목 코드가 들어 있는 바코드와 QR 코드 라벨을 부착해주면 육안이 아닌 핸디터미널이나 바코드 리더로 품목을 확인할 수 있어 체크 절차가 더욱 빨라진다.

MES가 없으면 이러한 입고 예정 데이터를 MES에 연계할 수 없어 입고 예정 목록을 종이로 건네고 수입 시에 종이에 기입해서 체크해야 한다. 체크한 데이터는 재차 시스템에 수동 입력해야 하기 때문에 시간도 걸리고 미스도 일어나기 쉽다.

▎MES의 입고 실적 데이터를 기간 시스템에 반영

입고 데이터가 등록되면 입고 실적 데이터를 기간 시스템(ERP)에 반영한다. MES 에서 취득한 입고 실적 데이터를 토대로 기간 시스템에서도 입고 예정을 삭제해서 '입고 ⇒재고 계상'으로 처리한다.

기간 시스템(ERP)에서도 입고 예정과 발주 잔고가 삭제되고 사입/외상금이 계상된다. 회계상의 분개로서 총 감정 원장에 분개 데이터가 등록된다.

MES에서 로트를 관리하는 경우 입고 시에 공급자의 로트 번호를 계승해서 MES 에 품목 입고할 때 로트 번호를 유지해서 입고 처리, 재고 계상된다. **로트 번호는 기 간 시스템과는 기본적으로 연계하지 않는다.** 기간 시스템(ERP)에서는 주로 자산을 관리하므로 상세 로트 번호까지 관리하려면 또 다른 기능을 추가해야 하기 때문이다.

만약 업무 요건상, 기간 시스템(ERP)에서 로트 번호를 관리하고자 하는 경우는 기간 시스템에 추가 기능이 필요하고 개발 비용이 상승한다.

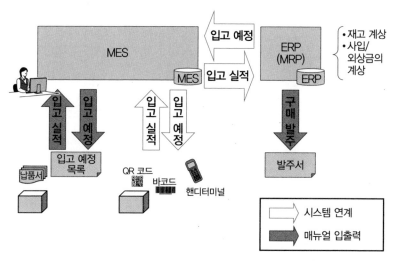

◆MRP의 입고 예정 데이터를 MES에 연계 및 MES에서 ERP로 피드백

자재 수입을 창고에서 하고 WMS가 존재하는 경우

만약 자재의 수입에 관해서 WMS가 존재하고 WMS에서 입고 처리되는 경우는 '기간 시스템(ERP) ⇒ WMS'에 입고 예정 데이터가 전달되고 MES와 마찬가지로 처리된다. 입고 시에도 MES와 마찬가지로 처리되고 기간 시스템(ERP)에 입고 실적 데이터가 반영된다.

자재 관리 WMS가 존재하는 경우 MRP의 생산 계획에 기초한 출고 지시가 WMS에 보내지고 WMS에서 출고가 생성되어 제조 현장에 건네지면 MES에 제조 현장의 입고 데이터가 건네진다. 이후 제조 현장의 공정 데이터 관리의 일환으로 MES에서 재고 관리가 이루어진다.

출고에 의한 백플래시와 완성 실적에서의 백플래시

자재 창고에서 관리되는 자재(부품과 원재료)는 출고되면 재고가 차감된다. 공정에 할당되어 이용 가능한 재고가 아니기 때문이다. 다만 이 시점에서는 아직 사용되지 않기 때문에 공정 안에 존재하는 부품과 원재료의 재료로 인식된다. 투입 후, 완성되면 부품과 원재료가 자재비용으로 소비되어 재공품에 비용이 원가 적산된다. 남은 부품과 원재료는 자재 창고에 돌아가 다시 입고 처리된다.

이런 정상적인 출고, 완성·소비의 흐름을 보다 간편하게 관리하는 방법이 완성 실적에서 제거하는(백플래시한다고도 한다) 것이다. 백플래시는 출고 등의 실적 데이터를 취하지 않고 완성과 동시에 사용한 부품과 원재료를 제한다. 남은 부품과 원재료는 자재 창고로 다시 입고되지만 출고에 관련한 수불 처리는 하지 않는다. 백플래시는 자재 창고에서 출고하는 과정이 생략되어 작업 공수가 준다. 효율적인 관리 방법이지만 제대로 관리되지 않으면 현물과 시스템의 재고가 맞지 않게 되므로 주의가 필요하다.

4-7

완성품의 입고와 조달품의 입고 연계

완성품의 납품 입고와 조달품의 입고

제조 완료 후 MES에 완성 입고, 기간 시스템에 완성 계상

제조가 완료되어 MES에서 완성 입고가 되면 MES의 제조 주문이 삭제된다. 완성 입고한 품목은 **완성 재공품, 제품 전 재공품, 제품 동급 재공품** 등의 호칭으로 불린다.

이제 제조는 완료이기 때문에 완성품의 제조 실적·입고 데이터는 기간 시스템에 되돌려지고, 기간 시스템에서는 제조 지시가 삭제되어 완성품으로 계상된다.

제품의 대응 조직에 따른 정의의 차이

다소 데이터의 연계가 미묘한 것이 제품이라는 정의를 어느 소속 조직에서 관할하느냐 하는 점이다.

완성품을 제품이라는 정의로 취급하여 공장에 소속된다면 공장에서 제조 완료 데이터를 취득한 후 입고 데이터는 제품으로 전환한다.

그렇지 않고 **제품이 영업 조직에 소속되는 경우는 공장에서의 재고는 재공품, 제품 전 재공품, 제품 동급 재공품 등의 재공품으로 인식하고, 영업 창고 등의 장소를 이동해서 영업 조직의 관할로 전송된 시점에서 제품으로 전환된다.**

WMS가 존재하는 경우는 MES ⇒ WMS ⇒ 기간 시스템으로 연계

공장에서 완성되면 입고지에 WMS가 존재하는 경우 입고 실적 데이터는

'MES⇒WMS⇒기간 시스템'의 흐름이 된다. 그때 WMS가 공장 관할이고 공장이 제품 계정을 가지는 경우, MES에 입고된 시점에서 제품 재고로 바뀐 후 WMS에 입고 처리한다. 공장이 재공품 계정이 없는 경우는 MES에서 WMS로 입고되고 기간 시스템에 연동되어도 재공품 계정으로 남아 있게 된다. 공장 재고가 재공품인 경우, 공장에서 출하된 타이밍에 제품 재고로 바뀐다.

▌조달품의 입고는 MES⇒ERP 또는 WMS⇒ERP로 연계

조달품에 대해서는 입고 예정 데이터가 기간 시스템(ERP)에서 MES로 넘어가므로 입고 시에 MES에서 기간 시스템으로 입고 실적 데이터가 건네진다. 이 연계 과정에 의해 사입과 외상금이 계상된다. **다만 자재 창고에 WMS가 있는 회사에서는 입고 예정 데이터가 기간 시스템에서 WMS로 건네지기도 한다.** 이러한 경우에는 입고 시에 WMS로부터 기간 시스템에 입고 실적 데이터가 넘어간다.

입고 시에는 조달품에 공급자의 로트 번호가 할당되어 있다. 조달품의 로트 번호 데이터는 MES에서 입고 처리될 때는 MES에 보관된다. **WMS가 있고 거기에서 입고 처리될 때는 WMS에서 로트 번호 데이터를 보관한다.**

▌조달품의 공정 출고 시에 WMS⇒MES와 로트 번호 데이터 연계

WMS에서 조달품의 로트 번호 데이터가 관리되고 있는 경우 공정에 출고된 시점에서 그 조달품의 로트 번호가 인도된다. 그 후 제조 진도 상황에 따라서 MES에서 로트 번호가 승계되어 관리된다(4-2에 게재한 추적 도표는 WMS가 있는 경우 로트 번호를 연계한 예이다).

4-8 지급 관리: 유상 지급과 무상 지급 대응

외주 발주와 지급, 지급 재고 관리, 유상 지급 재료의 매출

유상 지급의 업무 요건과 시스템 요건

유상 지급이란 외주로 제조한 것에 대한 사용 원재료의 지급 재료가 매출이 되는 거래이다. 자사품의 생산을 외주로 생산 발주할 때 필요한 자재를 지급한다. 지급할 때는 이미 지급한 재고를 제하고 순수하게 필요한 지급 재료를 보낸다. 외주처가 생산이 종료되고 외주품이 납입되는 시점에 지급 원재료의 매출을 세운다.

납입 시에 외주업자의 사입으로 할지 외주 가공비를 계산할지는 계약 내용에 따라 다르다.

유상 지급 재료의 남은 재고는 정기적으로 보고하도록 해 순수 지급 소요량을 계산할 때 활용한다. 다만 원재료는 유상 지급이라는 점에서 사용분이 아니라 지급분을 매출로 하는 경우도 있다. 또한 지급한 재고는 외주업자의 자산이기 때문에 외주업자가 지급을 의뢰하는 경우도 있다.

시스템 기능으로서는 **MRP에서 외주 발주 수량이 계산된 시점에서 지급해야 할 원재료의 소요량을 계산하고 외주 발주와 함께 지급 출고 지시서를 기간 시스템에서 낸다.** 출고 지시서는 WMS 등에 출고 지시로 연계되어 피킹 후 출고, 수배송으로 이어진다.

외주한 품목은 발주 잔고로 관리된다. 입고 예정이 MES 또는 WMS에 배송되는 것은 구매 품목과 같다. 입고 시는 입고 예정을 삭제하고 입고 데이터를 기간 시스템에 보낸다. 기간 시스템에서는 사입 또는 외주비를 계산하고 유상 지급 재료의 매

출을 정산한다. 사입은 재료비로 바꾸고 지급 재료의 원가는 유상 지급의 매출 원가에 산입한다.

　외주업자가 지급을 지시하는 경우 외주업자의 발주는 자사에게는 수주가 되기 때문에 외주 발주와 자사 발주를 연계시키는 방법과 외주업자에게 자사의 시스템 단말기를 주고 직접 시스템에 수주 등록을 입력하도록 위탁하는 방법이 있다.

▌무상 지급의 업무 요건과 시스템 요건

　무상 지급이란 외주 제조에 대한 사용 원재료의 지급 재료가 마치 자사의 공정에 불출된 제조에 사용된다고 인식하고 외주 입고 시에 지급한 원재료를 원가에 산입하는 거래이다.

　유상 지급과 마찬가지로 외주 발주 시에 순수한 지급 소요량을 계산한다. 무상

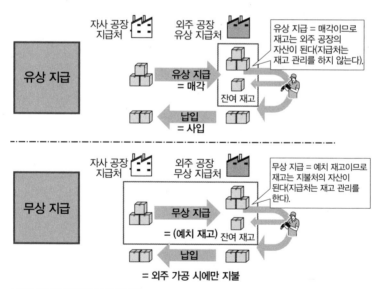

▶유상 지급과 무상 지급의 이미지

지급 재료는 자사 자산이지 외주업자의 자산은 아니기 때문에 정확한 재고 관리가 필수이다. 외주업자로부터 그때그때 재고 실적 보고를 받는다.

시스템 기능으로서는 **외주 발주 시에 지급 재료의 소요량을 계산하여 지급 수량에 따라 출고를 지시한다.** 외주 제조 후 입고된 시점에서 기간 시스템에 재공품으로 계상하는 동시에 사용된 지급 재료를 차감하여 재공품 원가에 산입한다. 입고된 외주 작업은 외주비로 계상하여 외상 계상하는 동시에 외주비를 재공품 원가에 산입한다.

유상 지급과 마찬가지로 외주업자가 지급 지시를 하는 경우 외주업자로부터의 출고 지시(지급 지시ㆍ재고 전송 지시)가 필요하다.

▌재하청 외주라는 지급 재료 재공품이 외주업자를 둔 생산 형태

제조업에 따라서는 여러 외주업자에 자사의 지급 재료 재공품이 걸쳐 있는 경우가 있다. 이것을 **재하청 외주**라고 한다.

재하청 외주의 발주, 지급, 지급 재료의 입출고ㆍ재고 관리, 외주품의 입출고를 관리하는 것은 복잡해서 시스템을 실장하면 부담이 된다. 본래 외주 공정은 자사 공정과 같은 위치에서 재고 관리도 자사의 재고와 동등한 정확도로 관리할 수 있어야 이상적이지만 시스템에서 거래 모두를 반영하는 것은 힘들다.

재하청 외주 업무를 모두 시스템에 반영하려면 시스템 기능과 업무 운용이 복잡해질 수 있기 때문에 지시와 재고 보고의 일부는 표계산 소프트웨어로 함으로써 시스템의 부담을 줄이고 업무 운용을 간소화하면 좋다. 외주 관리와 지급 관리는 시스템화 부담이 크기 때문에 어디까지 시스템으로 관리하도록 해야 할지 미리 방침을 세워둔다. 그렇지 않으면 요건이 늘어나서 비용이 올라가고 시스템이 복잡해져서 구축 난이도가 높아진다. 구축 후에도 운용상 부하가 걸릴 가능성이 있다. **거래 규모가 작고 또는 자산 등에 미치는 영향이 적다면 무리하게 시스템화할 필요는 없다.**

생산 관리의 미래 ④ 경험주의에서 프레임워크로

경험주의와 좁은 시야에 갇힌 제조업에 미래는 있는가?

■ 자신의 경험에 없는 것은 모른다, 존재하지 않는다는 마인드

이전에 내가 생산 개혁 구상을 지원한 B사의 이야기다. B사는 일본, 미국, 중국, 동남아시아에 공장이 있고 같은 공급자 Z사로부터 같은 부품을 조달하고 있었다. 전 세계의 공장에서 Z사에 주문이 쇄도하는 경우 공급자 Z사의 공급 능력이 모자라 B사의 생산이 정지할 위험이 있다. 이에 대한 대책으로 글로벌 조달 관리를 해야 한다고 제안했다.

이것은 조달 부문과 각 공장도 조사를 하고 실태를 파악한 후에 제안한 것이었다. 그러나 공장 간부의 적지 않은 사람이 '그런 문제는 일어나지 않는다, 우리 회사에서 그런 것에 시간을 사용하지 않는다, 현장 개선이 먼저'라며 반대했다.

그러나 이 문제는 전 세계의 공장에서 일어났다. 이 문제를 어떻게든 해결한 것은 일본의 구매부 일선 담당자였다. 고심 끝에 공급자와 조정한 것이다. 그러나 일선 담당자이므로 각 공장의 조달 부문에 지시를 내리지 못하고 줄타기식 조정으로 버텼던 것이다.

■ 배우지 않고 경험주의에 빠진 제조업은 살아남을 수 있을까?

이런 일은 업무 절차를 분석하면 파악할 수 있다. 같은 공급자에게 조달이 집중하는 업무가 눈에 띄면 현상 파악과 그 대응을 생각하면 대책도 세울 수 있다. 업무 절차를 그리고 업무를 가시화하는 분석 프레임워크를 배우면 가능하다.

이 건에 대해 여러 차례 설명해서 사장 귀에까지 들어가 겨우 대책이 검토되기 시작했다. 과거에 일어나지 않은 문제와 자신의 경험에 없는 문제는 존재하지 않는다는 식의 사고 정지는 문제를 방치하게 된다. 경험이 없다고 말하지 말고 프레임워크에 따라서 분석하는 겸허한 자세가 필요하다.

판매도 생산도 세계로 뻗어나가 관리가 어려워지고 있다. 시야를 넓혀 작업 개선과 일선 조직의 문제에 국한되지 않고 전체를 내다보고 문제 해결을 하는 자세가 필요하다. 경험주의만으로는 더 이상 살아남을 수 없다.

제 5 장

생산 관리 업무와 관련 시스템(3) 원가 관리

종합 원가 계산과 개별 원가 계산, 전부 원가 계산과 직접 원가 계산

회계 관점에서 분류한 원가 계산의 종류와 특징

▌원가 계산의 목적은 원가 통제와 원가 절감

<u>원가 계산은 생산에 관련된 '돈의 흐름'을 수치화한 것이다.</u> 즉, 원가 계산은 여러 가지 원가(코스트라고도 한다)를 집계한 결과이다.

생산에서 관리하는 원가는 제조 원가라 불리며 주로 재료비, 노무비, 경비로 구성된다. 재료비는 생산에 사용하는 원재료, 부품, 자재의 비용이다. 노무비는 공장에서 일하는 사람의 인건비, 경비는 설비비와 관리비, 기타 경비 등이다.

원가 계산의 목적은 단순히 원가를 집계하는 것만은 아니다. 계획과 실행이 있고, 실적을 체크하는 사이클을 체크 하는 것이 원가 관리이다. 생산에 관련된 예산과 계획이 입안되고 생산이 이루어진다. 그 결과 사용되는 재료비, 노무비, 경비가 얼마였는지를 확인한다.

원가는 결과를 확인한다고 해서 끝이 아니다. 예산과 계획을 초과해서 손실이 나지 않았는지를 체크한 후에 예산대로, 계획대로 생산을 하고 정해진 원가대로 생산이 가능하도록 컨트롤한다. 이것을 원가 통제라고 한다.

시대가 변하면서 단순히 예산 범위 내의 원가였는지를 체크하는 것만으로는 불충분하다. 원가 절감(코스트다운)을 해서 이익을 창출하는 개념이 주류가 되어 목표 원가를 설정하게 됐다. 원가 관리는 체크뿐 아니라 원가를 절감하는 것도 목적이 된 것이다.

이처럼 목적에 따라서 원가를 집계하는 방법도 여러 가지 제시되어 있다.

▌원가 비목의 기본: 직접비와 간접비

원가 계산의 종류를 알기 위해 최초에 원가를 구성하는 비목의 분류에 대해 다시 확인한다. 원가를 구성하는 비목의 분류에는 직접비와 간접비가 있다.

직접비란 제품과 재공품에 직접 비용을 집계할 수 있는 비목이다. 예를 들어 원재료와 부품 비용, 작업자의 노무비이다. 이러한 비용은 직접 재료비, 직접 노무비라는 비목명으로 제품과 재공품에 직접적으로 비용이 집계된다.

간접비는 제품과 재공품에 직접적으로 비용을 집계하기 어려운 비목이다. 예를 들면 공장의 간접 인력 노무비와 수도광열비 등의 경비는 특정 제품·재공품에 직접 집계할 수 없다. 이러한 비목은 간접 노무비 또는 간접 경비라고 해서 일단 비목 단위로 집계하고, 그 후에 적정한 배분 비율로 배부한다.

◆ **직접비와 간접비의 분류**

배부란 **배부 기준**에 기초해서 원가를 배분하는 것이다. 예를 들면 생산 대수와 인원 등을 배부 기준으로 해서 간접비를 제품·재공품에 배부한다. 보다 더 복잡해지면 일단 조직별, 작업 구역별로 인원과 부지 면적 등을 배부 기준으로 해서 원가 집계 단위(원가 센터)로 배부하고 그 후 생산 대수 등을 기준으로 제품·재공품에 배부하는 **다단계 배부**도 있다.

종합 원가 계산과 개별 원가 계산

종합 원가 계산과 **개별 원가 계산**은 원가의 집계 방법에 따른 분류이다.

종합 원가 계산은 재공품에 모든 원가가 집계된다. 재공품이 영업 조직에 넘어가면 집계된 원가가 매출 원가에 산입된다. 재고로 남은 제품과 재공품, 부품·원재료는 월말 잔고 재고 조사 자산으로 계상되고, 계상된 원가는 다음달(익기)로 이월된다.

종합 원가 계산은 로트 생산과 마찬가지로 같은 제품을 대량 생산하는 예측생산 등에 적합한 원가 계산 방법이다.

한편 개별 원가 계산은 수주와 연동한 제조지시서(수주 주문 = 제조 주문)별로 원가를 집계하는 방법이다. 개별 원가 계산은 주문 단위로 원가를 집계하기 때문에 주문별 비용을 파악하려는 생산 방법에 적합한 원가 계산 방식이다.

생산관리시스템에서 제조지시서가 제대로 발행되어 있으면 원가는 제조지시서에 집계된다. 종합 원가 계산에서는 지시서에 집계된 원가를 품목별로 재공품에 집계하여 제품별 원가 계산이 가능하다. 다시 말해 제품별 원가를 집계하고 어느 제품이 이윤을 내고 있는지 또는 이윤을 못 내는지를 파악할 수 있다.

개별 원가 계산에서는 수주와 제조지시서가 링크되므로 수주 주문 단위로 제조지시서를 파악할 수 있는 주문별 원가 계산이 가능하다. 주문별로 어느 수주 안건이 이윤이 났는지 혹은 이윤이 나지 않았는지를 파악할 수 있다.

전부 원가 계산과 직접 원가 계산

전부 원가 계산과 **직접 원가 계산**은 회계 목적에 따른 분류이다. 전부 원가 계산은 보고용 재무회계에서 인정받은 회계 방법이지만, 직접 원가 계산은 관리 회계용으로 회사 내부에서 사용되는 회계 방법이다.

전부 원가 계산은 모든 원가를 재공품에 집계한다. 직접 원가 계산은 직접 원가만을 재공품에 집계하고 간접원가는 재공품에 집계하지 않고 별도 관리하는 방법이다.

전부 원가 계산에서는 모든 비목을 원가에 산입하기 때문에 직접비는 직접 원가에 산입(직접 부과)하고 간접비는 배부에 의해서 원가 산입한다. 집계된 모든 원가 비목은 재공품과 제품의 원가가 된다. 모든 원가 비목이 원가 산입된 결과 기말 재고가 된 원가분은 재공품과 제품 등의 기말 재고 조사 자산으로 다음 기(期)로 이월된다.

전부 원가 계산의 특징은 해당 기 중에 이미 발생한 비목을 모두 원가 산입하고 또한 기말 잔고는 다음 기로 이월된다. 여분으로 만들어서 재고를 남기면 남길수록 차기 이월 재고에 이미 발생한 원가를 계상할 수 있다. 즉, 만들면 만들수록 당기의 원가가 낮아져서 이익이 커 보이게 할 수 있다.

이처럼 **전부 원가 계산은 현금이 유출하고 있음에도 불구하고 이익을 계상할 수 있기 때문에 나쁜 마음을 먹고 분식(粉飾) 등의 문제를 일으킬 우려가 있다.** 이러한 부정을 차단하기 위해 직접 원가 계산이라는 방식이 사용된다.

직접 원가 계산에서는 비목을 변동비와 고정비로 나누어 취급한다. 변동비는 판매량과 생산량의 변동에 따라서 변동하는 비목이다. 원재료비와 직접 노무비 등이 해당한다. 고정비는 판매량과 생산량에 관계없이 고정적으로 발생하는 비용으로, 공장의 간접 노무비와 설비의 감가상각비 등이 해당한다.

직접 원가 계산에서 변동비는 당기 분은 당기에 비용 계상된다. 또한 고정비분의 당기 비용은 당기 비용(= 원가)으로 취급한다. 때문에 고정비가 재고에 계상되어 다음 기에 이월되는 전부 원가 계산과 이익이 상이하다.

예를 들면 어느 제품의 직접 노무비와 직접 재료비가 500만 원, 간접비에서 고정적인 비목으로 당기 간접 노무비가 500만 원이었다고 하자. 생산량이 100대이고 그 중 10대를 팔고 남았다고 하자.

이때 전부 원가 계산으로 하면 당기의 원가는 (500만 원 + 500만 원) × 90대 ÷ 100대 = 900만 원이다.

한편 직접 원가 계산에서는 당기 간접 노무비는 당초의 비용으로 500만 원을 그대로 원가 산입한다. 원가는 500만 원 × 90대/100대 + 500만 원 = 950만 원이다.

가령 이 제품 매출이 1,800만 원이었다고 하면 전부 원가 계산에서는 1,800만 원 - 900만 원 = 900만 원의 이익이다. 한편 직접 원가 계산에서는 1,800만 원 - 950만 원 = 850만 원의 이익이다. 원가가 상이하기 때문에 결과적으로 이익도 상이하다.

직접 원가 계산에서는 판매 활동이나 생산 활동과 연동하는 직접비를 원가로 해서 파악하고 직접 수익에 공헌한 비용과 그 결과인 공헌 이익을 산출한다. 과거의 의사결정 결과 발생한 판매 활동이나 생산 활동과 연동하지 않는 고정적으로 발생하는 비용을 그 기의 원가에 산출함으로써 직접 원가 계산에서는 공헌 이익이 고정비까지 포함해서 조달할지 말지를 체크하고 있다. 보다 보수적인 관리가 가능하다.

직접 원가 계산은 공개용 재무제표로는 인정되지 않는다. 어디까지나 내부 관리용 원가 계산 방법이다. 재무 회계로 외부에 보고하기 위해서는 전부 원가 계산에 보정해서 공개용 재무제표로 수정할 필요가 있다.

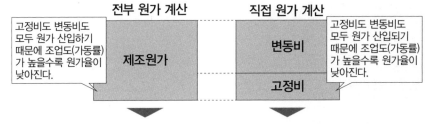

전부 원가 계산　　　　　　직접 원가 계산

고정비도 변동비도 모두 원가 산입하기 때문에 조업도(가동률)가 높을수록 원가율이 낮아진다.

제조원가

변동비

고정비

고정비도 변동비도 모두 원가 산입되기 때문에 조업도(가동률)가 높을수록 원가율이 낮아진다.

공개용 재무제표 작성　　　가격 검토·이익 계산에 적합하다

(공개용 재무제표로는 인정되지 않기 때문에 내부 관리용으로 사용한다)

◆ 전부 원가 계산과 직접 원가 계산의 특징

5가지 원가 계산과 제조 원가 보고서의 작성

PDC 사이클을 위해 구축해야 할 원가 계산의 종류

▌제품 기획·개발 시에 견적하는 기획 원가 계산

원가 계산에서는 제품 기획·개발 시에 어림잡아 계산하는 **기획 원가 계산**이라는 것이 있다. 기획 원가는 지금부터 만드는 제품의 원가가 얼마인지를 계산해서 가격 책정에 참고하거나 원가가 높을 때 개선할 목적으로 사용되기도 한다.

보통은 과거 유사품의 노무비, 자재비, 경비를 참고로 한다. 신규 제품의 경우는 원재료를 새로 계산해서 견적을 내거나 공수를 계산해서 견적을 낸다.

기획 원가가 너무 높기 때문에 판매 가격을 높이지 않으면 이익이 나지 않는데 경쟁 기업과의 경쟁상 쉽게 높은 가격으로 설정할 수 없는 경우가 있다. 그때는 비용 절감 시책을 세워서 원가를 낮춘다. 이 활동을 **원가 기획**이라고 한다.

기획 원가는 이후에 설명하는 표준 원가 계산의 기초가 된다. 그러나 표준 원가를 채용하지 않는다면 기획 개발 단계의 원가 견적과 가격 검토 시의 참고 정보로만 활용 가능하다.

▌실제 원가 계산은 원가 실적에 의한 보고용 재무제표 작성을 위해

양산이 시작되면 원가 계산에는 **실제 원가 계산**과 **표준 원가 계산**이라는 방법이 사용된다.

실제 원가 계산이란 실제로 투입된 원가를 집계하는 것이다. 실제로 투입된 원가라는 것은 효율성이 떨어지거나 표준 시간보다 더 많은 시간이 걸리고, 품질이 나빠 표준 수율을 넘어 수율이 나오거나 원재료의 가격이 급등하는 등의 이유로 표준으로 정한 원가가 변동되고, 그 변동분이 실적으로 집계된다는 의미이다.

실적이 실제의 원가가 되고 재무제표화되어 외부에 공표된다. **실제 원가 계산은 경영 성적을 공표하기 위해 사용되는 원가 계산으로, 정식 외부 보고 형식이다.**

▎표준 원가 계산에서 계획적인 원가를 설정한다

실제 원가 계산은 실적이기 때문에 보고용으로 인정받지만 **내부 관리를 위해서는 실제 원가 계산만으로는 불충분하다.** 실제 원가 계산만으로는 전날 대비나 집계 후 총금액에서 예산과 대비하는 것이 고작일 뿐 계획과 실제의 차이, 표준과 실제의 차이 같은 엄밀한 차이의 원인 규명은 어렵다.

원가 관리에서 매니지먼트란 PDCA 사이클의 PDC까지를 돌리는 것이다. 최초에 계획에 의해 목표가 되는 기준·표준을 설정하고 실적이 어땠는지를 측정하지 않는 한 개선도 미덥지 못하고 계획 통제도 취약해진다.

실제 원가에 기초한 원가 실적으로 관리하는 경우 감으로 '비싸다·저렴하다'를 판단하게 된다. 또는 작년에 비해 어땠는지를 파악하는 수준에 머문다. 이렇게 해서는 PDC적인·경영적인 관리가 불가능하다.

또한 실적이 집계되어야만 결과를 알 수 있어 뒤늦게 문제를 알아차린다. 이런 이유에서 사전에 표준을 설정하는 원가 계산이 고안됐다. 바로 표준 원가 계산이다.

표준 원가 계산은 원가 표준을 설정하는 것부터 시작한다. 대표적인 재료비, 노무비, 경비로 비목을 살펴보자. 표준 재료비는 표준 사용량 × 표준 가격으로 설정한다. 노무비는 표준 작업 시간 × 표준 임금률로 설정한다. 경비는 간접 노무비의 경우 표준 시간 × 표준 임금률 × 표준 배부율로 설정하고 그 외 경비는 표준 경비액 (예산액) × 표준 배부율로 설정한다.

원가 관리에서 실제 원가와 표준 원가의 차이를 관리한다

표준 원가가 설정되면 실제 원가와 차이를 분석할 수 있다. 표준 원가와 실제 원가의 차이를 **원가 차이**라고 하고 차이를 분석하는 것을 **원가 차이 분석**이라고 한다.

예를 들면 노무비가 많아진 경우 원가 차이를 금액으로 파악할 수 있어, 구성 요소인 작업 시간 차이(표준 작업 시간과 실제 작업 시간의 차이), 임금률 차이(표준 임금률과 실제 임금률의 차이)를 분석할 수 있다.

실제의 작업 시간이 표준 시간보다 오래 걸리면 작업 시간이 차이 나 작업을 개선해야 한다. 임금률 차이가 있어 실제 임금률이 높은 경우는 더 저렴한 작업자를 고용하거나 실제 임금률을 향후의 원가 표준으로 하는 내용 등을 검토한다.

재료 사용량이 늘어나 표준을 넘으면 실제 재료비가 표준 재료비를 웃도는 결과가 되어 그 차이를 분석한다. 예를 들면 포장 공정에서 재료 사용량이 크게 차이 나는 사례를 보면 포장재가 제대로 세트되어 있지 않아 폐기를 반복하는 상황이 방치되는 일이 있다. 작업과 설비를 개선하여 원가를 표준에 가깝게 해야 한다.

이와 같이 표준 원가 계산에 의해서 고도의 원가 관리가 가능해진다. 표준 원가 계산은 원가 관리에서는 필수인 기능이다. **그러나 표준 원가 계산에는 표준을 설정한다는 장벽이 있어 실제 원가 계산에 그치고 있는 회사가 많은 것도 사실이다.**

예측 원가 계산에 의한 기중(期中) 원가 관리의 신속화

표준 원가 계산이 도입되어 있으면 기중에 실제 원가와 표준 원가의 차이를 분석해서 개선할 수 있다. 한발 더 나아가 예측 원가로 관리를 하면 관리 수준을 한층 높일 수 있다. 이것이 **예측 원가 계산**이다.

기중이 되면 표준 원가와 실제 원가의 보정이나 외부 구입품의 단가 변동을 읽을 수 있으므로 당초의 표준이 아니라 앞날의 변화를 예측하여 예측을 토대로 원가를 다시 계산하고 표준 원가를 예측 원가로 재검토한다.

예를 들면 원료가 급등하고, 이후에도 계속 급등할 것 같은 경우 표준 원가로 계획된 원가 계획이 크게 악화될 것으로 상정된다. 이 경우 악화하는 원재료 가격의 차이를 흡수할 수 있을 만큼의 효율화와 비용 절감이 가능한지를 계산하고 시뮬레이션하는 것이 예측 원가 계산이다.

예측 원가 계산이 가능하면 저렴한 대체 공급자와 계약을 맺거나 생산 제품 구성을 바꾸는 계획을 세울 수 있다. 매출이 호조라면 공장의 조업도를 높이거나 가격을 높임으로써 이익에 어떤 영향이 있을지를 예측하여 의사 결정을 지원할 수 있다. **예측 원가 계산은 SCM의 S&OP와 마무리해서 수행함으로써 원가 예측을 제공할 수 있고 경영 의사 결정에 기여할 수 있다.**

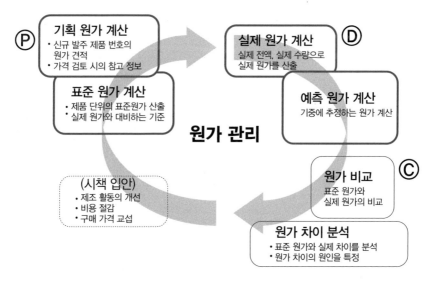

◆**원가 계산과 원가 관리의 전체 이미지**

견적 원가 계산은 개별 수주 생산에 사용한다

개별 수주 생산에는 특징적인 원가 관리 방법으로 **견적 원가 계산**이 있다.

개별 수주 생산에서는 수주별로 개별 원가를 견적해야 한다. 개별 제품의 설계에 기초해서 공정을 전개한 후에 예측으로 공수를 견적하고 상정되는 임금률이나 정해진 표준 임금률로 노무비를 견적 계산한다. 재료비와 경비도 마찬가지로 어림잡아 계산하는데, 마찬가지로 표준 단가와 정해진 표준 시간 등 표준 원단위가 있으면 사용하고 없으면 추정해서 계산한다. 표준 단가와 표준 시간은 작년 실적 등을 참고로 해서 추정한다.

견적 원가 계산은 안건의 문의에 대한 견적 금액 산정을 위해서 그리고 수주에 대한 당초의 이익 예측을 설정하기 위한 계획 원가로서 수행한다. 견적 원가 계산은 실제 원가 계산과 대비된다.

견적 원가 계산에 관해서는 초기의 설정 단계에서는 생산 BOM이 없기 때문에 표계산 소프트웨어 등을 사용해서 수작업으로 계산하는 일이 많다. 설계 부문과 기획 부문이 주로 작업하기 때문에 생산 BOM과 MRP를 사용하지는 않는다. 때문에 시스템화하는 경우는 견적 계산용 BOM과 시스템이 개별로 필요하다.

수주 후 제조에 들어가면 생산 BOM과 WBS(3-8 참조)를 설정하여 지시서 발생과 실제 원가 계산에 활용한다.

제조 원가 보고서의 작성과 S&OP에 의한 확인

원가 계산 결과인 제조 원가 보고서가 매니지먼트 보고를 위해 작성된다. 제조 원가 보고서는 재무제표의 하나이지만 제조업의 내부 관리용으로 매월 작성된다.

다만 생산 관리 부문이 아니라 공장과 본사의 경리 부문이 작성하기 때문에 생산 관리의 월차 회의와 업무 제조 원가 보고서를 검증하여 문제점을 분석하는 일은 잘

하지 않는다.

일반적으로 생산 관리 부문의 월차 회의에서는 생산량이나 가동률과 같은 수량 베이스의 분석을 하는 게 고작이지만, 생산 관리 업무는 기업의 수익과 재고와 자금 조정을 관리하는 기능이어야 한다. 따라서 **공장에서 하고 있는 월차 협의를 S&OP 로 진화시켜 계획과 실적의 검증뿐 아니라 제조 원가 보고서도 함께 확인할 것을 권 한다.**

5-3 공정 인식과 지시서 구조, 원가 적산 흐름과 직접비, 간접비 배부

생산 관리, 제조, 생산 기술, 원가 관리 각 부문이 협력해서 구축한다

▌생산관리시스템으로 원가 계산을 하는 경우 BOM과 MRP가 필수

원가 관리에서는 실제 원가 계산뿐 아니라 표준 원가 계산과 예측 원가 계산이 가능해야 하며, 그러려면 **생산 BOM과 MRP가 구축되어 있는 것**이 중요하다.

MRP에 의해 생산 BOM의 구조에 따라서 소요량이 계산되고 제조지시서가 발행되는 점은 이미 설명했다. 제조지시서에 따라서 MES에서 제조 지시가 내려지고 통제적으로 제조가 실행되어 제조 실적이 집계된다.

MES에서 실적이 올라오면 생산관리시스템에 공정별로 실적이 건네지고 MRP와

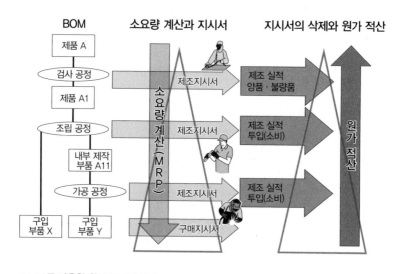

◆MRP를 사용한 원가 계산의 흐름

는 반대의 흐름으로 발행된 제조지시서가 삭제되어 실제 원가가 MRP의 소요량 전개와는 반대의 흐름으로 적상, 계산되어 원가 계산이 된다. 이처럼 생산관리시스템을 사용해서 원가 계산하는 경우는 BOM과 MRP가 사용된다.

사전 준비로서의 공정 인식과 지시서 구조의 정의

MRP에서 정확하게 원가 적산하는 경우는 원가를 품목별로 적상하기 위해 확인해야 할 공정이 정의되어 있어야 한다.

예를 들어, 실제 시간과 실제 임금률을 집계하는 공정이 BOM상에서 정의되어야 하고, 원가 계산에서 인식되는 공정은 제조지시서로 제조 지시가 나와야 인식되는 공정과 일치한다. 제조 지시를 토대로 MES에서 다시 작업 공정별로 작업을 전개하고 결과도 공정별 작업 실적으로 집계한다. MES에서 수집한 작업 공정별 작업 실적과 투입 실적이 생산관리시스템에 건네지고 제조지시서의 공정에 집계되어 실적으로 적상되어 계산된다.

직접비의 원가 계산 흐름

직접비는 MRP에서 적산한다. 공정별 실제 직접 재료비(실제 투입 재료 수량 × 실제 단가), 실제 직접 노무비(실제 투입 공수 × 실제 임금률), 실제 직접 경비가 공정을 경유해서 상위의 구성품에 원가로 반영되어 집계, 적산된다.

상위 품목이 재공품인 경우 일단 재공품으로 계상하고 다음 공정에 투입했을 때 마찬가지로 실제 직접 재료비(= 실제 재공품)의 사용 실제 자산 평가액이 투입되어 계산된다. 재공품을 출고하는 쪽에서는 출고 후 재고가 감소하여 자산으로 소비된 것이므로 재고가 준다. 이처럼 재고가 잇따라 (출고 = 투입) ⇒ (소비 = 적산)으로 변환된다. 상위 품목에 양품으로 계상되지 않는 수율이나 폐기품은 결함 비용이지만 양품에 원가로 적산된다. 양품의 완성품이 적을수록 낭비로 수율이나 폐기품의 비용이 계상되므로 개당 원가가 악화한다.

간접비의 배부와 원가 센터의 정의

간접비는 한번 집계되고 나서 규칙에 따라서 품목, 공정별로 배부된다. 간접비는 일단 원가 센터라 불리는 원가 집계 단위로 집약된다. 원가 센터는 제조의 조(組)와 시프트 같은 평가·개선을 담당하는 기능 조직인 경우도 있지만 단순한 집계 단위로서 제조부와 공장 전체가 되기도 한다.

예를 들면 가공 공정의 광열비는 가공 공정이라는 원가 센터에 집계되고 생산 수에 맞춰 제조지시서에 따라서 가공품으로 배부된다. 또한 공장의 간접 인원의 노무비는 간접비로서 공장 전체에서 집약되어 생산 수에 맞춰 완성품으로 배부된다.

간접비에 관해서는 집계 대상인 품목의 특정과 적산 시의 공정 정의가 필요하다. 이것은 지시서에 기초하지 않는 작업이기 때문에, 실적은 지시서를 삭제하는 게 아니라 원가 계산용으로 적산하는 방법을 설정한다.

원가 센터의 정의와 배부 규칙은 생산관리시스템 내에 있어도 원가 계산에 관련된다. **생산 BOM의 구조를 전제로 원가 센터와 배구 구조, 배부 규칙을 정의하고 최상위품으로 원가를 적상, 계산할 수 있도록 구조를 정의한다.**

생산 BOM을 사용하여 원가 센터와 배부 규칙을 정의하고 MRP를 활용하면서 원가를 적산할 수 있으면 원가 계산이 시스템화되어 신속하게 실제 원가 계산이 가능하다. 또한 표준 원가 계산과 실제 원가 계산이 동일한 정의로 구조화되어 있으므로 원가 차이도 바로 가시화할 수 있다.

이러한 구조가 없는 경우는 표계산 소프트웨어를 사용해서 원가 적산 장치를 만들어야 하므로 포맷의 작성·유지, 실적 입력 작업이 번거롭다.

또한 원가 구조 정의가 사람 중심이라면 담당자밖에 알지 못하고 또한 원가 발생 지인 부서에 피드백하는 것도 어렵기 때문에, 시스템 구축에 수고는 따르지만 원가 계산 시스템화를 생산관리시스템화와 같은 타이밍에 전 조직에서 실시하고 각 마스터 등의 작성, 유지 운용도 정해야 한다.

원가계획을 시스템화하기 위해서는 **생산 관리 부문, 제조 부문, 생산 기술 부문, 원가 관리 부분이 협력해서 공정을 정의하고 BOM의 설정과 공정 정의, 원가 센터, 배부 규칙에 합의해야 한다.** 합리적이고 납득할 수 있는 구조와 책임이 합의되면 도출된 수치를 보고 개선해야 할 책임 소재도 가린다.

글로벌 관리 차원의 공정 인식 통일과 표준 시간 공유

각국 제조 거점의 실적 원가를 비교하려면 원가 계산의 기준을 통일해야 한다. 공정 인식과 재공품과 완성품에 대한 원가 정산 방법을 통일한다.

또한 각국 제조 거점이 표준 원가와 실제 원가, 원가 계산의 계산 근거가 되는 표준 작업 시간과 실제 작업 시간, 표준 임금률과 실제 임금률, 조달품의 표준 구입 단가와 실제 구입 단가를 공유하고 비교할 수 있도록 한다.

공정 간의 표준 원가와 실제 원가를 비교할 수 있으면 대체 생산 거점을 선정할 때 가장 저비용으로 제조할 수 있는 생산 거점을 택할 수 있다. 또한 각 제조 거점에 대해 원가 차액이 없도록 개선하거나 원가 저감을 요구하는 것도 가능하다.

원가 계산의 기준이 통일되어 있고 글로벌로 원가 관리를 하고 있는 기업은 많지 않다. 그러나 **원가 관리의 글로벌 표준화와 원가 계산 관련 표준 원가 데이터 및 실제 원가 데이터가 공유되면 수익을 최대화할 수 있는 활동이 가능하다.** 쉬운 일은 아니겠지만 글로벌 원가 관리 시스템 PCM(Product Cost Management) 구축을 지향해야 한다.

생산 관리 기능⑼ **생산 매니지먼트: 실적에 의한 제조지시서 삭제, 원가 적산**

ERP(MRP)를 사용한 원가 적산에 의한 원가 계산

┃제조지시서 삭제에 의한 원가 적산

실적이 수집되면 원가를 계산한다. 제조지시서가 삭제됨에 따라 MRP를 반대로 거슬러서 원가를 적산해갈 수 있다. 투입된 원재료, 손실, 직접 부과할 수 있는 경비를 MRP의 역전개로 적산 계산을 한다.

제조지시서에 직접 집약할 수 있는 직접작업비가 있는 경우 완성 수량에 대한 표준 작업 시간과 표준 임금률로 계산해서 이론값으로 직접 노무비를 직접 부과할 수도 있다. 만약 MES 등에서 실적 작업 시간을 취득할 수 있다면 실적 작업 시간과 표준 임금률로 계산하여 직접 부과한다.

MES와 ERP에 실제 임금률을 저장해서 원가를 계산하는 것은 상당히 어려워 원가 차분 분석 중에서 개별로 수행하는 것이 일반적이다. 재료비는 입고·청구 시의 단가를 취득할 수 있으면 실제 재료비로 가산한다.

┃직접 부과할 수 없는 간접비를 MRP의 원가 적산으로 배부하는 경우

제조 작업 자체에 직접 가산(직접 부과)할 수 없는 간접 노무비와 간접 경비는 배부를 하고 소요된 경비를 원가 센터에 집약한다.

제조 현장에서는 여러 작업장을 적은 인원이 관리하거나 다른 작업장이나 공장에서 지원하는 일도 있다 보니, 지시서에 단순히 작업 시간 베이스로 직접 부과할 수 없다. 따라서 일단 원가를 풀어서 적절한 배부 기준으로 배부하게 된다. **지시**

서 단위로 배부가 가능하면 원가 센터의 원가를 지시서 단위로 배부한다. 이 경우는 ERP(MRP)로 적산이 가능하다.

직접 부과할 수 없는 간접비를 품목별·과목별로 배부하는 경우

지시서 단위로 배부하려면 간접 노무비와 직접 경비를 적절하게 배부하기 위한 논리에 합리성, 납득성이 있고 또한 배부 기준이 되는 데이터가 올바른 내용이어야 한다. 이런 점이 곤란한 경우는 원가 센터에 집계된 원가를 품목 단위와 과목 단위로 집계하고 회계 처리해서 배부하게 된다.

◆ 간접비의 배부 계산 예

대개의 경우는 표계산 소프트웨어를 사용해서 외부에서 계산한 최후의 금액 데이터를 품목별로 다시 집계해서 재공품 재고에 계상하거나 제품 재고에 계산해서 제조 원가로 바꾼다. 이 작업은 품목별 재고 데이터에 가산하기 위해 표계산 소프트웨어를 사용하는 수밖에 없다.

ERP(MRP)의 원가 계산 구조가 제조지시서와 병행해서 품목별 적상 계산되어 있으면 품목별로 집계하고 마지막에 재고 평가로 품목별로 원가가 집계되어 품목별 원가 적산이 가능하다.

그러나 그러한 상세 설정과 구축이 되어 있지 않은 경우 ERP(MRP)에서 원가 적산은 불가능하기 때문에 표계산 소프트웨어로 품목별로 원가를 적상한다. 마지막은 분개(分介)로 고쳐서 분개 데이터로 ERP(MRP)에 입력한다.

원가의 차이 분석 등은 ERP(MRP)로도 가능하지만 상세한 분석을 수행하려면 BI가 더 낫다. 다만 원가 차액의 상세한 원인을 분석할 수 있으면 분석 가능한 원 데이터가 축적되어 있는지가 열쇠가 되므로 MES의 실적 데이터를 BI에 연계할 필요가 있다. 원가 관리 절차는 아래 그림과 같다.

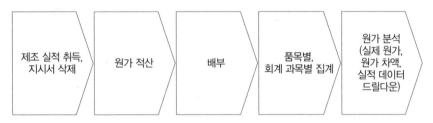

◆원가 관리 절차

▮배부 기준의 다양한 종류와 배부 기준의 정도

주요 배부 기준은 생산 수량과 플로어의 면적, 인원 등이다.

제조설비의 상각비는 생산 수량으로 배부한다. 예를 들면 설비 Z의 상각비가 100만 원이라고 하자. 제품A가 30대, 제품B가 70대 생산된다고 하면 생산 수량을 배부 기준으로 하는 상각비의 배부는 다음과 같다.

제품 A의 상각비 배부: 100만 원 × 30대 ÷ (30 + 70대) = 30만 원

제품 B의 상각비 배부: 100만 원 × 70대 ÷ (30 + 70대) = 70만 원

배부 기준은 간접비를 직접 부과할 수 없기 때문에 배부 계산에 사용되는 임시방편의 기준이다. 절대적으로 정확하다고 단언할 수 없기 때문에 배부 기준의 정확도가 문제되는 일도 있다. 그러나 일정 수준의 정확도를 검증해서 설정해야 한다.

5-5 손익분기점 분석과 비용 절감

변동비와 고정비 절감으로 이익에 기여

손익분기점과 손익분기점 분석

손익분기점이란 이익도 손해도 아닌 매출을 말한다. **손익분기점 분석**이란 회계 방법 중에서 말하면 관리 회계의 분석 방법이다. **관리 회계**란 보고용 **재무 회계**와 달리 회사 내 관리를 위해 하는 회계 방법이다. 직접 원가 계산과 예측 원가 계산은 관리 회계의 예인데, 손익분기점 분석도 그중 하나이다.

손익분기점은 **이익을 내기 위한 가격 설정과 판매 수량을 분석하는 데** 사용할 수 있다. 또한 손익분기점을 구성하는 비용을 변동비와 고정비로 나누고 각각의 영향도를 분석해서 중점적으로 개선을 촉구할 수도 있다. 손익분기점의 산출은 고정비 ÷ (1 - 변동 비율)로 계산한다. 변동 비율이란 매출에 대한 **변동비의 비율**이다.

예를 들면 본사비와 제조간접비 등의 고정비가 2,000만 원이고 제품 1대당 변동비 원가가 1,500만 원, 제품 단가가 2,500만 원인 회사가 있다고 하자.

이 회사의 손인분기점은 2,000만 원 ÷ (1 - 1,500만 원/2,500만 원) = 5,000만 원이 된다.

따라서 이 회사에서는 5,000만 원의 매출로 손익이 같아지고, 제품 수로는 2대 팔면 된다.

현실은 이렇게 단순하지 않으며 고정비와 변동비의 분류도 원가 관리상 어느 쪽으로 분류해야 할지를 판단하는 것이 어렵다.

손인분기점 분석과 비용 절감

생산 관리에서 손익분기점 분석이 유효한 것은 비용 절감을 할 때 시점을 제공해 주는 점이다. 위의 예에서 가령 제품 단가를 2,000만 원으로 해야 한다고 하자. 그렇게 하면 손익분기점은 2,000만 원 ÷ (1 - 1,500만 원 ÷ 2,000만 원) = 8,000만 원이 되어 4대 이상 판매하지 않으면 적자인 것을 알 수 있다. 이 경우 영업 부문에서는 판매 대수를 늘릴 대책을 강구해야 하겠지만, 더 이상 만들면 물건이 팔리는 시대가 아니기 때문에 현실은 그리 쉽지 않다.

그래서 비용을 절감해서 손익분기점을 낮추는 방법을 택한다. 손익분기점 계산 식으로 보면 매출에서 변동비를 뺀 이익(한계 이익(총수익)이라고 한다)이 고정비를 웃돌면 수지상 이익이 나는 것을 알 수 있다. 따라서 **비용 절감 방법으로는 고정비를 낮춰 한계 이익이 낮아도 이익이 나오도록 하거나 변동비를 낮춰 한계 이익을 올리는 방법을 생각할 수 있다.**

구체적으로 말하면 아웃소싱과 파트타임을 이용한 설비비와 간접 노무비 같은 고정비의 삭감이나 저렴한 재료 변경을 통한 재료비 저감 등의 변동비 저감이

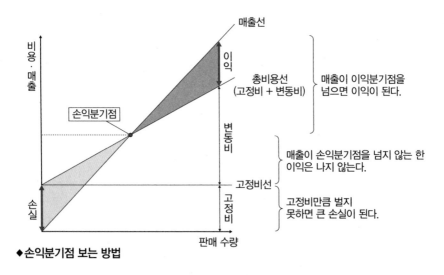

◆손익분기점 보는 방법

있다.

호황기라면 변동비 저감은 양산효과도 기능해서 효과가 크다. 한편 불황기와 같이 판매량도 생산량도 늘지 않을 때는 높은 공정비는 부하가 된다. 고정비는 매출·생산에 관계없이 발생하는 비용이므로 **고정비 저감은 호황·불황에 상관없이 저비용의 생산 체제를 유지하는 의미에서 우선적으로 대응해야 할 비용 절감 방법이다.**

한편 손익분기점 분석은 고정비와 변동비를 나누어 집계할 필요가 있다.

이에 관한 정의는 원가 계산 시스템 또는 회계 데이터를 취득한 후 BI 시스템으로 집계하고 가시화한다.

고정비와 변동비의 정의가 중요하다

손익분기점 분석은 오래전부터 있는 분석 방법이지만 제대로 사용하지 못하고 있다. 그 원인 중 하나는 비용을 고정비와 변동비로 나누는 어려움 때문이다.

원칙적인 설명에 따르면 매출의 증감에 연동해서 움직이는 비용을 변동비, 매출의 증감에 관계없이 일정한 금액이 소요되는 비용을 고정비라고 한다. 가령 설비의 상각비와 고정 자산세 등은 고정비, 수송비와 수도광열비는 변동비이다.

한편 직접 노무비는 어떨까? 원래라면 변동비인데, 간단하게 해고할 수 없는 경우는 고정적인 비용이 되기 때문에 고정비가 좋을지도 모른다. 또한 수도광열비도 기본요금은 고정비, 사용량에 비례해서 종량 과금되는 사용료는 변동비일 것이다.

또한 **기간 시스템에서는 '이 계정 과목은 고정비, 이 계정 과목은 변동비'와 같이 식별하는 것은 불가능하기 때문에 BI로 식별한다.** 그런데다 계정 과목 중에서도 거래별로 고정비가 되기도 변동비가 되기도 해서 식별하기 어렵다.

이처럼 실태에 맞춰 고정비와 변동비를 나누는 것은 꽤 번거롭다. 결국 간단하게 비목 단위로 고정비, 변동비라고 정의하고 사용하는 것이 일반적이다. 때문에 비목의 정의에 따라서 손익분기점이 달라지므로 꽤 상세한 분석에 사용하기에는 어려운 경우가 있다.

공장의 개선에서는 변동비 비용 절감보다 고정비 비용 절감이 장기적인 효과가 있으므로 **고정비를 개선하기 위한 판단에 사용하는 정도**이고, 손익분기점 분석은 쉽게 실무에서 사용할 수 없다. 그러나 손익분기점 분석은 매출과 관련지어 비용을 분석하는 수법이므로 공장 내 작업 개선에만 머물 게 아니라 시야를 넓혀 매출에 직결되는 개선 방법을 생각하는 계기가 되므로 활용해보기를 바란다.

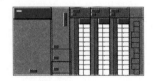

5-6 이익 관리와 다른 현금 흐름 관리

자금 조달 파악을 위해 현금 흐름 관리가 필요

▎회계상의 이익이란 무엇인가?

원가 관리는 원가 계산에 의해서 원가를 집계한다. 공장은 계산된 제조 원가를 토대로 영업부에 제품을 인도(또는 판매)함으로써 인도 가격과 제조 원가의 차이에서 공장 이익을 산출한다.

생산 관리에서 원가를 관리해서 이익을 내면 되는가 하면, 사실 그렇지도 않다. 이익이 좋아도 흑자 도산이라는 것도 있을 수 있기 때문이다.

이미 본 것처럼 전부 원가 계산에서는 다음 기로 인계되는 재고는 당기의 원가에 산입되지 않고 이익이 계산됐다. 이익이 나긴 했지만 현금은 이미 유출하고 있다. 현금의 움직임으로 보면 다른 양상이 보인다.

당기에 조달하고 이미 지불을 마친 원재료와 부품이 기말 재고로 다음 기로 인계되거나 제품이 되어 다음 기로 인계되거나 하면 현금은 유출했는데 이익은 나온 게 된다. 노무비와 재료비, 경비도 당기에 지불되었는데 재공품과 제품에 계상해서 다음 기에 인계되는 몫은 다음 기의 자산으로 인계된다.

회계상 이익인 한편 현금이 당기에 유출하고 있는 것이다. 때문에 이익과 자금 조달의 갭이 생긴다. 잘못하면 이익은 나왔지만 현금이 고갈되는, 흑자 도산 사태도 발생할 수 있다. 이익은 회계 기간의 손익을 계산한 결과이며 현금 흐름과는 다르기 때문에 자금 조달도 함께 파악하지 않으면 안 된다. 그래서 필요한 것이 **현금 흐름 회계**이다.

▌현금 흐름 회계로 흑자 도산이 되지 않도록

현금 흐름 회계는 현금의 흐름을 파악하는 관리 방법이다. **현금 흐름 계산서**에 따라서 회계상의 이익과 현금의 증감 차이를 보정한다.

예를 들면 외상금과 재고의 증가는 현금이 들어온 게 아니기 때문에 현금 흐름상 감소가 된다. 전부 원가 계산에서는 재고가 증가할수록 이익이 증가했지만, 현금 흐름 계산서는 악화한다는 얘기이다.

이익이 아무리 늘어도 현금이 고갈되면 회사는 자금 조달이 막혀 도산한다. **회계 상은 흑자인데 현금이 고갈되는 일이 생기는 것이다.** 차입과 증자로 현금을 조달하는 것이 어려운 경우 회사는 위기에 놓인다. 이처럼 현금의 움직임을 파악하고 현금 조달에 활용하기 위해 현금 흐름 계산서가 중요해진다. 물론 공장은 재고 저감과 비용 절감이 이익 향상뿐 아니라 현금 흐름도 개선된다.

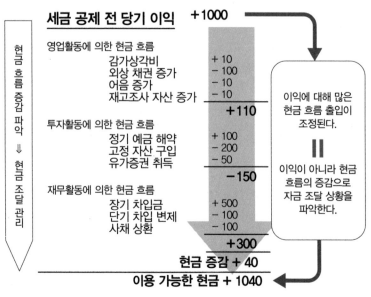

◆현금 흐름 계산서 작성 흐름

그러나 개별 비목 단위의 저감 활동이 아닌 제대로 회계 수치를 보고 전체적인 개선 활동을 해야 한다. 개선에 급급한 나머지 원가 저감과 현금 흐름에 큰 영향이 없는 개선 활동에 힘을 쏟을 가능성이 있기 때문이다.

생산 관리에 종사하는 자는 재무 보고용 회계(재무 회계)와 내부 관리용 회계(관리 회계)뿐 아니라 현금 흐름 회계 모두를 잘 알아야 한다.

▌이익이라는 기간손익의 인식과 현금 흐름의 차이를 의식한다

생산 관리에 종사하는 사람도 회계에 대해 잘 알아야 한다. 그렇다고 회계만 알아도 판단을 그릇칠 수 있다. 알기 쉽게 말하면, 앞에서 말한 흑자 도산과 같은 현금 고갈은 경리상 큰 문제이다.

또한 회계의 **기간(期間)손익**이라는 개념이 현금 흐름을 경시하는 점도 있기 때문에 주의가 필요하다. 회계의 세계에서는 연도로 구분해서 이익을 확정한다. 동시에 자산으로 남은 재고를 평가해서 이미 지불한 노무비와 재료비, 경비 비목이 재고에 가산되어 다음 기로 인계된다.

이때, 대량의 재고를 생산해서 남길수록 이미 지불한 경비가 재고에 가산되어 다음 연도로 이월되어 당기 원가에 산입되는 비용이 줄어드는 현상이 일어난다. 다시 말해 이미 지불했는데도 비용이 되지 않기 때문에 악의를 갖고 당기의 이익을 부풀리는 것도 가능하다는 얘기다.

그러나 실제로는 현금이 유출해서 재고가 늘어나고 있기 때문에 자금 조달이 악화하여 리스크가 높아지는데 호실적으로 오판할 가능성이 있다.

이처럼 **기간이익을 보고하기 위한 이익 계산과 현금 흐름에는 차이가 있으므로, 생산 관리자도 이러한 구조를 이해하고 자금 조달뿐 아니라 업적 변동을 감시하는** 능력을 갖춰야 한다.

특수한 원가 관리: 활동 기준 원가 계산, 스루풋 회계

개선과 의사 결정을 위한 회계 방법

▌기존의 배부 기준이 판단을 그릇치기도 한다

제조업에서는 일찍이 직접비가 주요 원가 구성 비목이었다. 그러나 제조업의 형태도 양상도 변화하여 간접 부문의 존재가 커지고 비용 구성도 간접비 비율이 높아졌다. 결과 간접비의 배부가 정확하지 않으면 원가를 정확하게 파악할 수 없게 됐다.

간접비는 배부에 의해서 원가가 산입된다. **배부 기준으로는 생산량과 인원, 부지 면적 등 다양한 편의적인 기준이 채용되고 있다.** 이러한 배부 규칙이 때로는 판단을 그릇치는 원인이 된다.

어느 공장에서는 인원을 기준으로 해서 각 작업장에 간접비를 배부하고 있다고 하자. 공장 간접 부문의 노무비가 각 공장 작업 구역의 인원 비율로 할당되는 경우로 생각하면 가령 제1공장이 50명, 제2공장이 30명이라고 하면 제1공장:제2공장에서 5:3의 비율로 간접 노무비가 배부되어 각 공장의 생산 품목에 배부된다.

배부 기준은 너무 다양하면 관리할 수 없기 때문에 이처럼 어느 정도 단순한 방법을 택하고 있다. 그러나 이런 단순한 배부 기준이 현실에 합치하지 않는 경우가 많다.

앞의 예에서는 가령 간접 노무비가 80원이라고 하면 제1공장에 50원, 제2공장에 30원이 배부된다. 그러나 실제로 생산 관리부 등 간접 부문의 일량은 제1공장:제2공장에서 1:3이다. 그렇다면 제1공장에 20원, 제2공장에 60원이 배부돼야 한다.

이렇게 배부 규칙을 단순화해서 관리를 간소화하는 것은 일반적이지만 **배부 규**

칙과 현실이 괴리되어 있으면 잘못 판단할 우려가 있다. 또한 생산량으로 간접비를 배부하고 있는 경우 생산량이 많은 제품에 배부되는 비용 비율이 높아지고 생산량이 적은 제품의 배부 비율이 낮아진다. 비효율적인 소량 생산의 원가를 대량 생산품이 흡수해버려 소량 생산이 실제로는 고비용 제품이어도 개선의 여지를 놓칠 가능성이 있는 것이다.

이러한 폐해를 막고 정확한 간접비를 배부하기 위한 방법이 **활동 기준 원가 계산**(**ABC**; Activity Based Costing)이다.

▌활동 기준 원가 계산이란

활동 기준 원가 계산이란 배부 기준을 보다 현실에 맞게 세부적으로 설정하는 개념이다. 우선 제조간접비를 **코스트 풀**이라는 원가 집계 과목에 모아 보다 정확하게

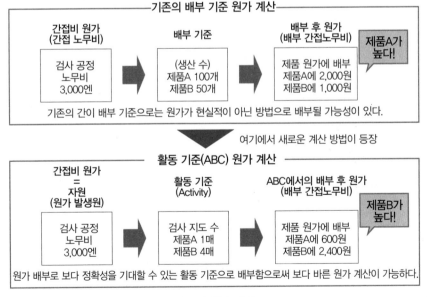

◆배부 기준 원가 계산에서 활동 기준(ABC) 원가 계산으로

원가를 배부할 수 있는 **코스트 드라이버**라 불리는 배부 기준에 의해서 배부하는 방법이다.

간이 배부 기준인 인원과 생산량 등의 임시방편이 아니라 원가를 정확하게 배부할 수 있는 코스트 드라이버를 분석하고 설정하는 것을 실현함으로써 정확한 원가를 계산하고 보다 이익률이 높은 제품의 선택과 우선적으로 비용 절감을 할 대상을 찾아낼 수 있다. 앞서 말한 간접인건비의 예에서는 각 공장의 소속 인원이 아니라 간접 부문의 공장 지원 실제 시간이 비용 드라이버이다.

▌활동 기준 원가 계산에서 활동 기준 원가 관리로

활동 기준 원가 계산에 의해서 활동(코스트 드라이버)을 분석한 결과, 원가를 발생시키는 프로세스를 밝혀 개선하게 됐다. 활동 기준 원가 계산에서 **활동 기준 원가 관리**(ABM; Activity Based Management)로 진화함으로써 비즈니스 프로세스 엔지니어링에 도움이 되고 있다.

▌스루풋 회계는 고정비를 최대화해서 조업도의 영향을 배제

직접 원가 계산의 변동비·고정비 분리 개념이 더 발전한 것이 **스루풋**(처리량, Throughput) **회계**이다. 직접 재료비 이외의 모든 비목을 고정비라고 생각하고 매출-외부 구입 재료비(원재료비와 부품비를 포함)를 스루풋으로 정의하는 개념이다.

직접 재료비만을 변동비로 취급하기 때문에 다른 비용은 모두 고정비라고 생각하고 이익 계산에서 조업도와 과거의 의사 결정에 의한 계속적인 비용 지불 영향을 배제하는 것이다. 이 경우 노무비도 경비도 모두 고정비로 취급한다. **다른 원가 계산에 비해 고정비가 최대화되어 이 고정비분을 벌어들인 후에 이익을 최대화하는 것이 목적이다.**

스루풋 회계는 노무비와 경비를 고정비로 당초의 비용에 반영하므로 개념 자체는 현금 흐름 회계에 가까워 현금 유출을 감안한 개념이다.

▌시간당 스루풋 계산은 보틀넥 이용을 최대화한다

같은 스루풋이라는 단어를 사용하는, 제조업에 더욱 더 현실적인 관리 방법에 **시간당 스루풋 계산**이라는 개념이 있다. 이것은 **TOC**(Theory of Constraint; **제약 조건의 이론**)라는 개념으로 발표된 회계 방법이다.

TOC에서는 공장에서 보틀넥(Bottleneck) 이외의 공정이 아무리 고가동이라도 최종적으로는 보틀넥 공정에서 만들 수 있는 수량이 전체의 생산 수 = 스루풋(처리량)의 상한이 되기 때문에 보틀넥 공정의 가동을 최대한 줄여서 가장 스루풋이 높아지는 제품을 만드는 것을 권장한다.

보틀넥 공정이 생산성을 규정하는 것은 생산 관리자라면 쉽게 알 수 있는 내용이다.

납기를 철저하게 준수하기 위해서는 보틀넥을 고려한 소일정 계획을 입안해야 하며, 노무비·경비는 예산으로 확정되어 있어 실제로는 고정비로 취급되기 때문에 원가 계산상 변동비라고 해도 실질적으로는 고정비로 인식되고 있기 때문이다.

스루풋 회계는 전부 원가 계산을 토대로 모든 비목을 기간 비용으로 분류하는 재무 회계 및 전통적인 원가 계산과는 상당히 거리가 먼 개념이다. 때문에 이해하고 인지하기까지는 시간이 걸릴 것이다.

전제: 가동 시간 9,600분/월(8시간 ×2 0일)
　　　표준 임금 20원/분(시급 1,200원, 1,200/60분 = 1분당 20원)

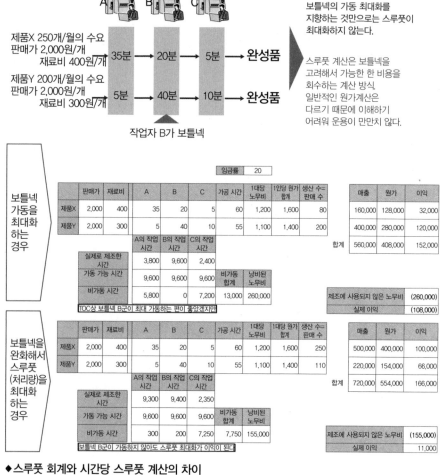

A　　B　　C

제품X 250개/월의 수요
판매가 2,000원/개
　　재료비 400원/개　　35분 → 20분 → 5분 → 완성품

제품Y 200개/월의 수요
판매가 2,000원/개
　　재료비 300원/개　　5분 → 40분 → 10분 → 완성품

작업자 B가 보틀넥

TOC를 단순하게 이해해서 보틀넥의 가동 최대화를 지향하는 것만으로는 스루풋이 최대화하지 않는다.

스루풋 계산은 보틀넥을 고려해서 가능한 한 비용을 회수하는 계산 방식. 일반적인 원가계산은 다르기 때문에 이해하기 어려워 운용이 만만치 않다.

보틀넥 가동을 최대화 하는 경우

임금률　20

	판매가	재료비	A	B	C	가공 시간	1대당 노무비	1인당 원가 합계	생산 수=판매 수		매출	원가	이익
제품X	2,000	400	35	20	5	60	1,200	1,600	80		160,000	128,000	32,000
제품Y	2,000	300	5	40	10	55	1,100	1,400	200		400,000	280,000	120,000
										합계	560,000	408,000	152,000

	A의 작업 시간	B의 작업 시간	C의 작업 시간		
실제로 제조한 시간	3,800	9,600	2,400		
가동 가능 시간	9,600	9,600	9,600	비가동 합계	낭비된 노무비
비가동 시간	5,800	0	7,200	13,000	260,000

TOC상 보틀넥 B군이 최대 가동하는 편이 좋았겠지만

제조에 사용되지 않은 노무비	(260,000)
실제 이익	(108,000)

보틀넥을 완화해서 스루풋 (처리량)을 최대화 하는 경우

	판매가	재료비	A	B	C	가공 시간	1대당 노무비	1대당 원가 합계	생산 수=판매 수		매출	원가	이익
제품X	2,000	400	35	20	5	60	1,200	1,600	250		500,000	400,000	100,000
제품Y	2,000	300	5	40	10	55	1,100	1,400	110		220,000	154,000	66,000
										합계	720,000	554,000	166,000

	A의 작업 시간	B의 작업 시간	C의 작업 시간		
실제로 제조한 시간	9,300	9,400	2,350		
가동 가능 시간	9,600	9,600	9,600	비가동 합계	낭비된 노무비
비가동 시간	300	200	7,250	7,750	155,000

보틀넥 B군이 가동하지 않아도 스루풋 최대화가 이익이 된다.

제조에 사용되지 않은 노무비	(155,000)
실제 이익	11,000

◆스루풋 회계와 시간당 스루풋 계산의 차이

┃기타 특수 관리: 자본 효율을 고려한 자본 비용과 EVA

ABC나 스루풋 회계와 같이 생산 관리로 받아들여 관리와 개선에 참고하는 회계 방법과는 다소 차이가 있지만, 이익뿐 아니라 자본의 조달 비용을 고려한 재무적 시점의 분석 방법이 있다.

이것이 EVA(Economic Value Added; 경제 부가가치, Stern Stewart & Co.의 등록 상표명이다)이다.

유럽과 미국에서 주주의 힘이 강해지고 투하 자본에 대한 리턴 중시 풍조가 있었을 때 자금을 최대한 유효하게 활용해서 이익을 최대화해 배당을 냄으로써 주가를 높이는 개념이 확산했다. 때문에 조달한 자금(자본) 대 리턴을 계산하는 개념으로 **자본 비용**이라는 개념이 도입됐다.

자본 비용이란 출자된 주식의 자금과 차입 자금 조달에서 생기는 비용을 말하다. 상세한 내용은 복잡하기 때문에 생략하겠지만, 배당과 지불 이자의 가중평균 수익률이다. 기존의 회계는 이익과 자산 규모, 현금 흐름을 베이스로 기업을 비교했지만 자본 비용에 의해서 투자 대 리턴이라는 새로운 구도가 생겼다. 자본 비용을 크게 웃돌아 배당을 창출할 수 있는 기업을 추구하게 된 것이다.

EVA는 이익에서 자본 비용을 뺀 것으로 **세금 공제 후 경상 이익** - (**투하 자본 × 자본 비용**)으로 계산한다. 단순히 이익을 내면 되는 것이 아니라 재고와 설비 등의 투하한 자본이 과잉인 경우에 EVA가 평가하기 때문에 재고 압축과 설비의 유효 가동으로 효율화를 요구하게 된다.

공장은 재고와 설비의 덩어리다. EVA에서 평가받으려면 재고 압축, 설비 유효 가동, 비용 절감이 강하게 요구된다.

생산 관리의 미래 ⑤ 생산 전략에 파이낸스 관점이 필요하다

전략적인 투자 판단과 파이낸스 관점의 부재, 짧은 시야가 약체화를 가속화

■ 비용 절감으로 작아지는 일본의 제조업

기간 시스템 구축을 도와준 제조업의 이야기다. 소재를 만드는 장치 산업 C사에서는 설비 투자 부담이 크자 서서히 아웃소싱으로 생산을 전환했다. 기술 혁신이 빠른 업계임에도 불구하고 최신 설비 투자에 대한 승인이 경영진에서 떨어지지 않아 아웃소싱 비율이 늘었다.

아웃소싱 대상지는 해외이고 저렴한 비용으로 생산이 가능하다. 비용이 저렴하기 때문에 점점 아웃소싱 양을 늘려 C사의 자사 생산 비율은 축소했다. 생산수가 적기 때문에 자사의 설비 투자 고정비를 회수할 수 없게 되어 제품별 원가로 보면 점점 비용이 상승하게 되자 투자를 하지 않게 됐다. 다시 말해 축소 재생산이다.

C사가 속한 업계는 장치 산업이기 때문에 신제품 가동 시에는 생산 기술 부문의 제조 설계 기술이 핵심이다. 신제품을 가동할 때마다 아웃소싱 상대에게 노하우와 인재가 빠져나갔다.

■ 짧은 시야, 고정비 회수 시점 부재가 전략 투자 판단을 그르친다

아웃소싱에 의해 단기적으로는 이익을 얻었다. 제조비용이 변동비화했기 때문에 제품별 원가를 보면 아웃소싱한 제품의 이익이 높아 보여 자사 제조를 차츰 멀리하게 됐다.

결과, 경영자의 지시로 자사 제조는 더욱 줄어들고 공장의 설비 투자 고정비 회수가 불가능하게 됐다. 공장은 서서히 매각되고 생산 기술 인재는 유출되고 이번에는 설계 부문이 짐으로 여겨져 마침내 C사는 제조업으로서 기능을 하지 못해 회사 자체가 해체·매각되고 말았다.

단기적인 이익에만 급급하여 제품별 원가가 낮은 생산을 추구하면 고정비 회수가 불가능해져 생산을 지속할 수 없다. **눈앞의 이익만을 좇으면 투자 회수를 노린 생산·투자 전략과 투자 회수를 고려한 파이낸스 관점이 결여된다.** 기업의 지속성을 담보하기 위해서라도 장기적인 관점에서 투자를 회수하는 개념을 갖는 것이 중요하다.

제 **6** 장

KPI 관리와
가시화 시스템

제조 실적 관리와 관리 지표(KPI) 관리

데이터 상태의 제조 실적을 관리 지표(KPI)화해서 가시화·공유한다

제조 실적을 데이터베이스화해 가시화한다

보통 제조 실적의 원 데이터는 종이와 현장의 컴퓨터, 담당자의 표계산 소프트웨어에 각각 분산되어 있는 일이 많다. 원 데이터를 집계하거나 가공한 집계·가공 데이터도 담당자의 표계산 소프트웨어에 나뉘어 보관·개인 관리되고 있기 때문에 어느 데이터가 맞는 데이터인지 알 수 없게 되는 일도 자주 일어난다. 회의에서 데이터가 바른지 어떤지 어느 데이터를 사용하고 있는지를 놓고 혼돈을 겪는 일도 일상다반사이다.

이런 문제를 방지하기 위해 **데이터의 보존을 시스템화하고 일원 통합 관리함으로써 전원이 같은 데이터를 보고 사용할 수 있도록 해야 한다.** 그렇지 않으면 작은 트러블이 생겼을 때 상황 파악에 시간이 걸리거나 잘못된 판단을 할 우려가 있다.

IoT라고 떠들썩하게 소동을 피워 놓고, 현장의 데이터를 종이에 옮겨서 다시 표계산 소프트웨어에 옮겨 적고 사람이 가공하면서 데이터를 만든다면 신속한 대응도 정확한 대응도 불가능하다. 이런 상황이 되면 빅데이터 분석과 인공지능에 의한 자동 판단은 먼 미래의 이야기이다. 사람의 손이 개입해야 하는 것이 전제인 상황에서는 데이터를 가공하는 사람의 자질에 좌우된다. 그런데다 데이터의 날조마저 가능한 상황이라면 안전한 데이터 관리는 가능할 리 없다.

제조 실적은 시스템에 자동으로 수집할 수 있도록 하고 데이터베이스화해서 제조·공정 관리상의 현장 개선과 생산 매니지먼트상의 검증과 계획의 재검토에 사용

할 수 있도록 해야 한다. **공장 내의 제조 실적을 즉시 수집하기 위해서는 공장 내 IT 인프라 구축과 시스템 통합이 필수이다.** 데이터를 데이터베이스에 저장해서 일원 관리하여 가시화함으로써 누구나 같은 데이터를 공유할 수 있도록 해야 한다.

▌제조 실적은 MES를 기준점으로 수집하고 직접 BI 또는 ERP 경유로 BI에 연계

제조 실적은 MES에 저장된다. 양품률과 불량률 등은 MES에서 직접 BI에 연계한다. 품목 단위의 데이터를 제품 그룹 단위와 조직 단위로 마무리하는 것은 BI의 역할이다. 이 경우 BI에 데이터 집약을 위한 제품 그룹 구성 마스터, 조직 구조 마스터를 갖게 해야 한다.

MES의 데이터는 수량 등의 데이터이기 때문에 금액 데이터를 함께 보지 않을 거라면 ERP를 경유해서 BI에 연계한다.

▌설비 가동 상황은 설비 ⇒ PLC ⇒ SCADA ⇒ BI 연계

설비 가동 데이터는 설비에서 수집하고 PLC를 거쳐 SCADA에 집약한 후에 BI에 연계한다.

공장에 네트워크 인프라가 구축되어 있어 '설비 ⇒ PLC ⇒ SCADA ⇒ BI'로 연결되지 않으면 데이터 연계 과정에서 사람이 개입해야 해서 IoT 베이스의 관리는 불가능하다.

공장의 네트워크 인프라가 정비되고 설비가 PLC, SCADA를 경유해서 BI 등의 상위 시스템과 연결되어 있어야 한다.

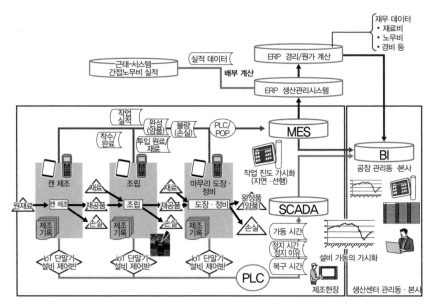

◆제조 실적을 관리 지표(KPI)화해서 가시화 · 공유하는 시스템 구성

▮재무 데이터와 수발주 관련 데이터는 ERP와 BI를 연계

재무 데이터와 거래 데이터는 ERP가 보관하고 있다. 매출, 재고, 원가, 총수익 등의 재무 데이터와 수주 잔고, 발주 잔고 등의 거래 데이터를 BI에서 가시화하고자하는 경우 ERP에서 BI로 연계해서 가시화, 분석한다.

ERP는 거래 데이터가 집적되어 있을 뿐 가시화에는 적합하지 않기 때문이다.

BI는 분석하고자 하는 데이터의 종류에 따라서 MES, SCADA, ERP 등으로부터데이터를 연계한다. **MES, SCADA, ERP에서 데이터를 연계할 때는 데이터를 변환해야 한다.**

보통은 MES와 SCADA에서 데이터 변환 시에는 시스템 간의 인터페이스가 필요하다. BI와 ERP의 연계는 제품에 따라서 시스템 간의 인터페이스가 표준화되어 있는 경우가 있는데, 이때는 원활하게 데이터를 연계할 수 있다.

6-2 경보등을 이용한 가시화, 제어반, PLC의 가시화

제조업에서는 '눈으로 보는 관리'가 개선의 시작

경보등, 표시판 등으로 공정의 상황을 가시화하는 장치

일본의 제조업은 예전부터 공정의 상황을 가시화해 왔다. **경보등(또는 표시판)**과 같이 설비의 가동 상황을 알리는 기기를 부착하고 고장을 미리 알려주는 장치를 구축했다. 라이트가 빛나거나 소리를 내거나 해서 설비가 멈춰 있음을 알려 복구를 촉구하는 장치이다.

경고등과 같은 장치뿐 아니라 생산 수량, 계획에 대한 작업의 진도 정도, 양품 수와 수율 수 등을 표시하는 **디지털 표시판**과 같은 모니터도 설정되어 왔다.

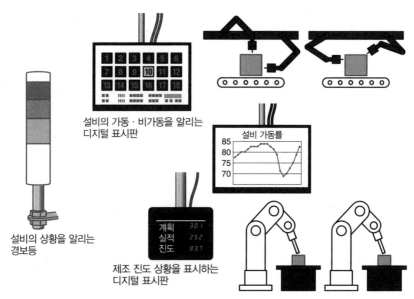

설비의 가동·비가동을 알리는
디지털 표시판

설비 가동률

설비의 상황을 알리는
경보등

제조 진도 상황을 표시하는
디지털 표시판

◆경보등과 디지털 표시판의 예

이와 같이 설비나 공정 진도 상황을 제조 현장에서 가시화하는 장치는 일정 수준 도입되어 공장의 가동과 효율을 최대화하기 위해 활용되고 있다.

▌제어반, PLC에서의 가시화와 사무실까지의 가시화

제조 현장의 가시화도 상황을 알리는 경보등과 디지털 표시판뿐 아니라 좀 더 고도의 정보 제공이 가능하게끔 돼 있다. 설비 제어반에 가동 상황, 매출, 온도, 압력, 회전 토크 등 제조 기록의 토대가 되는 제조 조건이 데이터로 수집, 공개되어 있다.

각 설비의 제어반 데이터는 공장의 네트워크 회선이 있으면 PLC에 연계된다. PLC에 디스플레이가 있으면 가동 상황, 매출 등 제조 조건을 표시하는 것도 가능하다. 설비의 제어반과 PLC에서 제조 상황의 가시화가 가능하다.

그러나 그것만으로는 단순히 제조 현장에 한정된 정보 전달, 정보 공유에 불과하다. 어떤 문제가 일어났을 때 제조 현장만으로는 대응 불가능한 경우도 있다. 그럴 때는 생산 기술 부문의 기술자를 불러야 하는데, 사무실이 떨어져 있다 보니 상황을 전달·설명하고 해결될 때까지 시간이 걸린다.

때문에 **설비 제어반에서 PLC를 경유해서 사무실의 컴퓨터에 설비의 가동 상황 신호와 제조 조건 데이터 및 경고 등을 가시화할 수 있어야 한다.**

제조 현장을 중심으로 '눈으로 보는 관리'가 관행처럼 이루어졌지만 제조 현장뿐 아니라 공장 내 사무실에도 현장의 상황 정보를 전달할 필요가 있다. 실제로 프로세스형 공장에서는 플랜트 설비의 가동 상황을 사무실에서 모니터링하고 있다. 또 엔지니어링 회사 및 계장 제조사와 협력해서 가시화 시스템을 구축하고 있다.

▎공장 IT 인프라의 구축이 필수

프로세스계 플랜트 설비와 같은 거대한 시스템과 달리 가공과 조립을 담당하는 제조 현장에서는 사내 인력과 계장 제조사, 설비 제조사가 함께 가시화 장치를 따로따로 구축하는 일이 자주 있다. 거대한 공장은 아니라고 해도 공장 내 사무실과 공장 건물에서 떨어진 사무실에 정보를 전달하려면 네트워크 회선이 필요하다.

공장 안에는 다양한 회선이 깔려 있지만 사무실과 연결되어 있지 않은 경우도 있다. 또한 회선이 제대로 정리되지 않아 무엇과 무엇을 연결하면 데이터가 제대로 흐르는지 알 수 없는 경우도 있다.

상황이 이렇다면 공장 내 IT 인프라를 다시 구축해야 한다.

보통 공장의 IT 인프라 도입·관리는 생산 기술부 등이 일부분만 수행하고 있고 개인적인 판단으로 공장 내에 서버를 구축하거나 계장 제조사와 설비 제조사의 권유로 개별로 서버를 구축하는 식이어서 마무리되지 않은 경우도 자주 있다.

이렇게 하면 설비의 제어반 정보는 외딴섬과 같은 존재에 불과하다. 데이터는 연결해서 수집해야 비로소 지시와 실적 대비와 통제, 분석이 가능해서 매니지먼트에 기여하게 된다.

클라이언트 공장에서도 생산 기술과 IT 부문이 서로 협력해서 IT 인프라를 정리하고 재구축에 나서고 있다. 눈으로 보는 관리의 발상이 공장이라고 해서 정보의 가시화를 현장에만 국한해서는 부족하다. 공장 전체를 고려한 제조 현장의 IT 인프라를 구축해야 한다.

▎공장 IT 인프라 프레임워크의 필요성

공장 IT 인프라의 프레임워크에 관해서는 계층화해서 생각해야 한다.

일반적으로 공장의 설비에 의존한 데이터 등은 한정된 이용을 전제로 시스템이 구축되어 있어 매우 폐쇄적인 네트워크와 기기로 조합되어 있다. 기존의 공장 내 회선도 대체로 각 공정 내와 시스템 내의 설비 데이터를 수집·관리하는 폐쇄적인 네트워크이다. 따라서 다른 공정 간이나 장치 간을 걸친 데이터 연계와 네트워크가 고려되어 있지 않다.

범위가 폐쇄적이고 일부 업무에 한정되어 구축되어 있기 때문에 공장 플로어의 IT 인프라는 네트워크 인프라와 관리 체제가 정비되어 있지 않다. 네트워크의 설계, 시큐리티가 취약하여 운용·관리가 불충분하고 서버의 설치도 리스크가 있어 백업도 불충분하다. 이런 상황에 놓여 있다 보니 많은 제조 현장에서는 IoT 센서 등 새로운 기기와의 접속, 막대한 데이터의 컨트롤, 상위 애플리케이션과의 연계 등은 고려하지 않았다. 현대에는 공장의 IT 인프라를 구축하는 프레임워크를 갖지 않으면 안 된다. **프레임워크가 없으면 설비와 공정이 따로 구축되어 계(시스템) 차원의 데이터를 사용할 수 없기 때문이다.**

▌공장 IT 인프라의 프레임워크

공장 IT 인프라의 프레임워크로 생각할 수 있는 것은 각 계층의 역할 정의와 연계한다.

우선 최하층 계층에는 센서와 액추에이터가 있는 **컴포넌트 계층**이 존재한다. 각종 데이터를 수집하거나 설비 제어 데이터를 보내서 기기를 제어한다. 데이터를 다시 상위에 연계한다.

컴포넌트 계층 위에는 **디바이스 계층**이 있다. 디바이스 계층은 설비 제어반과 제어 디스플레이, 핸디터미널과 터치패널, PLC 등의 디바이스 층이 있다.

컴포넌트 계층, 디바이스 계층 위에 **데이터 관리 계층**이 있다. 데이터 관리 계층은 하위 계층으로부터 수집된 데이터를 축적하는 층으로, 여기에서 SCADA 등의 제

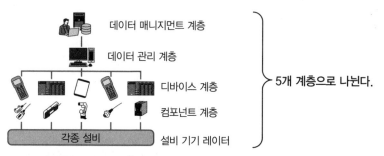

계층명	대응하는 시스템
데이터 매니지먼트 계층 (공장 관리 계층에 속한다.)	MES, BI 등의 공장 관리용 애플리케이션
데이터 관리 계층	SCADA
디바이스 계층	설비 제어반, 제어 디스플레이, 핸디터미널과 터치패널, PLC 등
컴포넌트 계층	IoT 센서, 액추에이터 등
설비 기기 계층	제조 기기와 컨베이어 등의 기계 설비군

◆공장 IT 인프라의 계층과 대응 시스템

어와 데이터 축적 정보를 관리하는 기능이 작용하고 있다.

공장 IT 인프라로는 **데이터 매니지먼트 계층**이 다시 상위의 MES와 BI 등 공장 관리 계층의 애플리케이션에 연계되어 작업 통제와 실적 수집, 가시화 업무 기능에 활용된다.

이러한 공장 IT 인프라의 프레임워크는 각 계장 제조사, 엔지니어링 기업, FA 기업이 제공하고 있다. 각 사마다 특징이 있기 때문에 여기서 소개한 프레임워크와 차이가 있는 경우도 있다. 따라서 여기서 소개한 프레임워크는 개요라고 파악하기 바란다.

컴포넌트/디바이스 계층과 데이터 관리 계층을 표준화한다

공장 IT 인프라로서 필드 네트워크 구성 표준화

▌컴포넌트/디바이스 계층을 구성하는 기기와 PLC의 표준화

컴포넌트 계층은 설비 장치의 제어반 및 패널과 연동한 데이터 네트워크이다. **설비 장치와 PLC가 연결되어 통일된 프로토콜(통신 룰)로 접속된 네트워크를 구축하는 것이 목표이다.**

이 계층은 설비 장치와 PLC, 컴퓨터를 연결하는 것이 중요하다. 때문에 각 제조사가 자체적으로 네트워크를 개발하면 네트워크 접속이 곤란해지기 때문에 통일 모델(**OSI**; Open Systems Interconnection, **참조 모델**)이 작성됐다.

그러나 현재도 각사마다 경쟁적으로 다양한 프로토콜과 필드 네트워크 제품을 제공하고 있는 상황이다. 또한 회사뿐 아니라 나라마다 사양이 다르기 때문에 설비 장치의 신호를 간단하게 취할 수 없는 일도 벌어지고 있다. 저자가 담당한 클라이언트 기업에서도 설비 장치가 이탈리아 제품에 한정되어 있다 보니 네트워크에 접속할 수 없는 경우도 보인다.

설비 장치의 경우 전용 머신을 사용해야 하는 제약이 있어 도입에 선택지가 없는 경우도 있지만 센서 등을 도입·설치할 때는 가능한 한 통일된 제품군으로 구성, 마무리해야 한다. 또한 필드 네트워크 제품은 통일해서 도입하여 각사의 제품이 섞여 있는 사태는 가능한 한 피하도록 한다.

독일의 인더스트리 4.0은 IT 인프라의 표준화를 지향하여 필드 네트워크 모델로 프로토콜을 통일해서 상위층인 데이터 관리층에 수월하게 접속하려는 시도이다.

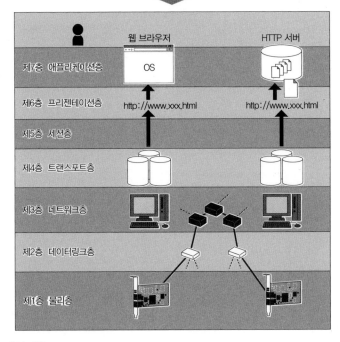

계층	계층명	주요 역할
제7층	애플리케이션층	애플리케이션의 종류 규정
제6층	프리젠테이션층	데이터 포맷의 교환
제5층	세션층	• 커넥션의 확립과 절단 • 트랜스포트층 이하의 관리
제4층	트랜스포트층	노드 간의 데이터 전송 관리
제3층	네트워크층	데이터 전송을 수행하는 기기 간의 어드레스 관리와 경로 선택
제2층	데이터링크층	직접 접속된 기기 간의 데이터 프레임 식별과 전송
제1층	물리층	물리적 접속 방법 규정

◆OSI 모델의 계층

컴포넌트/디바이스 계층에서의 데이터 흐름

IoT 센서와 설비 장치, 터치패널과 같은 디바이스의 데이터는 PLC에 연계된다.

장소별로 있는 PLC(슬레이브라 부른다)와 마더가 되는 PLC(마스터라 부른다)가 있는 경우는 마스터와 슬레이브 간에서 데이터 통신이 이루어진다.

설비 장치의 제어 데이터가 마스터에서 슬레이브를 경유해서 컴포넌트/디바이스에 전송되고 설비 장치와 터치패널 등의 컴포넌트/디바이스에서 발생한 데이터는 슬레이브를 경유해서 마스터에 데이터 통신된다.

PLC에서의 데이터 연계와 SCADA에서의 가시화, MES, BI 연계

컴포넌트/디바이스의 데이터는 PLC를 거쳐서 데이터 관리 계층인 SCADA와 접속된다. PLC에서도 설비 장치를 감시 및 제어할 수 있지만 **SCADA의 규모가 더 크고 각 네트워크를 하위에 배치하여 집중 관리하는 장치이다.**

SCADA는 설비 장치에서 수집한 데이터를 네트워크를 통해서 한 곳에 모아 감시하는 동시에 필요에 따라서 제어를 수행한다. SCADA를 사용함으로써 공장의 각 층에 흩어져 있는 모든 기기의 상태를 한눈에 확인하고 제어할 수 있다.

SCADA에서의 가시화, 분석, 제어와 중앙감시형 제어

SCADA와 PLC는 정해진 제어를 수행하기 위한 데이터를 생성·송신하고 설비 장치와 각종 디바이스의 상태 데이터를 수집하여 가시화한다. 그러나 **SCADA와 PLC가 제어 데이터의 토대가 되는 제조 지시 데이터를 만들어내는 것은 아니다.**

또한 수집된 데이터가 그대로 제조 실적·기록 데이터와 분석 데이터가 되는 것도 아니다. 단순히 데이터가 나열되어 있는 상태로는 사용할 수 없기 때문이다.

SCADA에 축적된 데이터를 사용하면 설비 장치의 작동 상황, 투입 수량, 완성 수량, 불량 수, 진도 상황 등을 가시화할 수 있다. SCADA는 공장 내의 제조 관리 부문과 사무실 등에 둘 수 있고 관리자는 그 정보를 컴퓨터와 태블릿 등에서 확인할 수 있다. 담당자가 필요에 따라 SCADA를 제어하여 설비 장치를 멈추거나 회전 토크와 유량 등의 제조 조건을 변경할 수 있다.

PLC가 있으면 PLC별 가시화·제어가 가능하기 때문에 가시화와 제어라는 점에서만 보면 PLC로 충분하며 SCADA는 불필요할 수 있다. 그러나 **사무실에서 일괄로 가시화하고 공장 전체를 파악하면서 적절한 지시를 내리는 중앙감시형 장치를 만들 거라면 SCADA를 도입한다.**

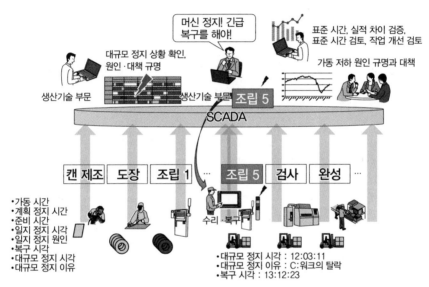

◆SCADA를 이용한 가동 관리 이미지

|MES/BI 연계로 데이터 매니지먼트 계층에 접속

PLC와 SCADA의 데이터는 제조 현장의 가시화와 제어에는 뛰어나지만 어디까지나 제조 실적만을 파악하므로 제조 지시와 실적을 대조하는 것은 불가능하다. 또한 문제에 대응할 수는 있지만 **계획이나 지시에 대한 진도 확인과 적절한 판단은 보다 상위의 계층인 데이터 매니지먼트 계층에 접속해야 한다.**

제조 지시에 대한 실적 반환은 MES가 담당한다. 한편 지시 사항은 MES에서

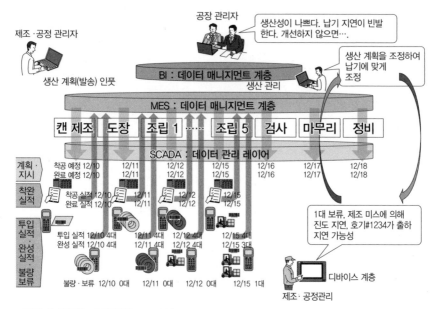

▶현장과 상황을 가시화하는 MES와 SCADA

SCADA를 경유하여 PLC로 연계되거나 또는 SCADA를 거치지 않고 직접 PLC에 연계하여 실적을 수집한다.

　　MES에서 내린 제조 지시는 제조 지시 번호가 있으므로 제조 지시별 처리와 작업을 연동해서 'SCADA ⇒ PLC ⇒ 디바이스/컴포넌트'에 흘리고, 제조 실적과 그때의 제조 조건을 반대로 '디바이스/컴포넌트 ⇒ PLC ⇒ SCADA ⇒ MES'로 흘림으로써 추적용 제조 조건을 반영한 제조 실적이 연동되어 수집된다.

　　또한 설비 가동 실적과 설비 장치의 정지 시간, 정지 이유, 복구 시간 등은 '디바이스/컴포넌트 ⇒ SCADA/PLC'로 기동하여 SCADA/PLC에서의 설비별 가동률 가시화, 정지 이유 확인 등이 가능하다. 다만 보다 더 상세하게 분석하려면 BI에 데이터를 연계한다.

　　BI에서는 설비 장치별 상황뿐 아니라 고도의 분석이 가능하다. 제조 품목별, 제조 품목 그룹별, 직장 조직별, 공장별로 가동 상황을 분석하거나 설비와 품목/품목 그

류의 조합으로 정지 횟수와 정지 시간 등을 분석할 수 있다.

SCADA/PLC의 데이터는 MES/BI에 연계함으로써 단순 신속한 액션이 아니라 보다 분석적인 대응이 가능하도록 데이터 관리를 고도화할 수 있다.

SCADA/PLC도 가시화·제어라는 점에서는 효과적이지만 보다 제조·공정 관리의 대응 수준을 높일 거라면 MES/BI에 연계할 수 있도록 공장의 IT 인프라를 구축해야 한다.

▌입력 장치는 사용하기 편리한 것으로 한다

현장의 상황을 가시화하는 데 있어서 데이터의 원류가 되는 것이 제조 현장이다.

제조 현장의 주된 역할은 효율적인 제조이기 때문에 실제로는 데이터의 입력 등은 하고 싶지 않은 것이 본심이다.

설비와 IoT 센서에 의해 자동으로 데이터 수집이 가능하면 좋겠지만 시스템화를 했다고 해도 사람의 손을 거쳐야 한다. 예를 들면 핸디터미널을 도입했다고 해도 데이터의 입력을 완전히 자동화할 수는 없다. 핸디터미널을 사용한다고 해도 바코드를 읽어 수동 입력을 하지 않게끔 시스템을 구축하지 않으면 안 된다. 구축했다고 해도 바코드 라벨을 부착하는 공정이 생길지도 모른다. 공수에 변동이 있으므로 가능한 한 현장에서 사용하기 쉬운 사용자 인터페이스와 부대 작업이 되도록 설계한다. 또한 조달 품목은 공급자에게 라벨을 부착해서 납입하도록 하는 등 작업의 외부 진행도 생각하자. 물론 공급자의 공수가 늘게 되면 교섭도 필요할 것이다. 그래도 수동 입력이 발생하는 경우가 있다. 처음부터 숫자와 언어를 일일이 입력하는 것은 무리가 있으므로 선택식으로 하는 등 가능한 한 현장 부하가 늘지 않도록 디바이스의 사용자 인터페이스에는 신경을 써야 한다.

업무 피드백으로서의 KPI

가동률, 납기 준수, 효율, 품질, 기타 KPI

SCADA에서 가시화해야 할 지표

SCADA에서 수집하고 가시화하는 주요 데이터는 설비의 가동 정보이다. 아래 표와 같은 데이터를 수집하고 가시화한다.

◆SCADA에서 가시화해야 할 데이터

설비의 가동 정보
- 가동 시간
- 일시 정지 횟수
- 정지 시간과 정지 이유, 이유별 고장 횟수
- 수리/복구 시간
- 설비 가동률
- 쇼트 수(금형별)
- 회전 토크 실적
- 온도 변화 등 기타 정의한 가동 정보

BI에서 가시화해야 할 제조 · 공정 관리 지표

<u>BI에서 우선 가시화해야 할 것은 MES에서 수집하는 데이터이다.</u> 또한 SCADA에서 수집할 수 있는 데이터에서 BI화해야 할 데이터도 있다. 제조 · 공정 관리 데이터로서 MES와 SCADA에서 BI에 인도해서 가시화한 데이터에는 다음 페이지의 제조 · 공정 관리의 지표 등이 있다.

BI에서 가시화해야 할 생산 매니지먼트의 지표

생산 관리부와 공장 매니지먼트층이 가시화하는 지표 데이터는 다음의 생산 매니지먼트 지표에 기재한 바와 같다. 제조·공정 관리 데이터보다 조직별이나 주별, 월별 등의 마무리된 단위로 집약·변환하는 것이 보통이다. 공장 경영상 분석·판단에 사용하기 위해 생산 매니지먼트상 지표로서 중요한 관리지표(KPI)인 경우가 많다.

◆BI에서 가시화해야 할 데이터

제조·공정 관리 지표

[제조·공정 정보(MES에서)]
- 완성 수량(설비별, 공정·조직별, 제조지시서별, 품목별, 품목 그룹별)
- 결함·불량 수량, 보류품 수량(상동)
- 재고(원재료, 재공품, 제품)　　• 투입 실적
- 제조 지시별 작업 시간　　　　• 양품률
- 표준 가공 시간 대 실적 가공 시간
- 미스 횟수(투입 미스, 작업 미스 등)
- 제조지시서(제조 지시) 완료·미착수 등의 진척 상태
- 지시 대 완료 실적 대비
- 제조 지시별(제조 로트 번호별) 제조 조건
- 제조 실적별 로트 트레이스 추적 등, 기타 정의한 제조·공정 정보

[설비 가동 정보(PLC/SCADA에서)]
- 가동률(설비별)　　• 가동 시간
- 정지 시간, 정지 이유　• 일시 정지 횟수, 일지 정지 시간

생산 매니지먼트의 지표

- 양품률(공장⇒조직별⇒공정별⇒설비별/전 품목⇒품목 그룹별⇒품목별)
- 양품 가동률(설비 종합효율)　　• 일별 생산량
- 재고 수량/금액(원재료, 재공품, 제품)　　• 계획 대 생산 실적 수량
- 인원 수(공정별·시프트별, 일별, 주별, 월별)
- 공급자별 납기 준수율(월별/발주별, 품목별)
- 자공장 계획 납기/출하 지시 준수율
- 사고 수(월별)　　• 클레임 수(월별)
- 공장 출하액(공장 매출·이익·원가) 등, 기타 정의한 생산 매니지먼트상 필요한 정보

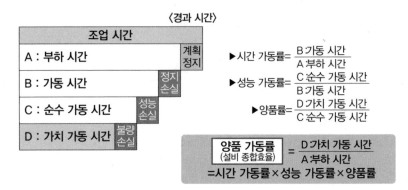

◆양품 가동률(설비 종합효율)

▌BI를 SCADA, MES, 생산 관리 매니지먼트(ERP)와 연계

BI에서 가시화하기 위해서는 SCADA와 MES의 데이터 연계만이 아니라 생산관리 시스템(ERP)의 데이터와도 연계할 필요가 있다. 가동 정보는 SCADA에, 제조·공정 관리 정보는 MES에 있고 조달에 관련한 데이터, 금액 정보와 지시서 데이터, 원가에 관련한 데이터는 생산관리시스템(ERP)에 있기 때문이다.

또한 시스템과 관계없이 표계산 소프트웨어로 관리되는 데이터도 있다. 예를 들어 사고 수, 크레임 수 등이다. **표계산 소프트웨어로 관리되는 표계산 소프트웨어에서 적시에 데이터를 연계하거나 수동으로 입력해야 한다.**

6-5

BI에서 계층화한 데이터의 가시화, DB, DWH, 데이터마트, 뷰어

데이터 가시화에서 BI의 기능 계층화

▌BI는 데이터 모델의 설계가 가장 중요

BI에서의 가시화를 위해서는 지표의 계산식 정의뿐 아니라 계층 구조의 정의가 중요하다. 지표의 계층 구조를 위의 계층부터 상세 분석(드릴다운)하거나 아래 계층부터 집약해서 하위 표준의 상위 영향(드릴업)을 수행할 때에는 계층 간을 왕래하는 구조가 제대로 정의되어 있어야 한다.

아래 그림을 보기 바란다. 같은 제품 그룹 A에 속하는 A1 제품을 제1공장에서 만들고 A2 제품을 제2공장에서 만든다고 하자. 또 A1 제품은 제조라인1에서도 제조

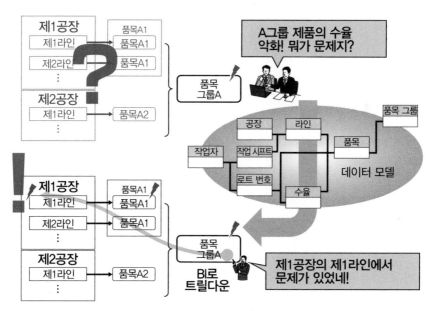

◆BI에서는 비즈니스 구조에 맞는 데이터 모델화가 필수

라인2에서도 만들 수 있다고 하자.

제품 그룹A의 수율이 악화되어 큰 손실금액이 발생한 경우 '제품 그룹A 악화 ⇒A1 제품 악화'로 거슬러 올라가 A1 제품을 만드는 제1공장에 문제가 있음을 알 수 있다.

제1공장에서는 라인1과 라인2 모두에서 제조가 가능하지만 여기에서 하위의 구조가 설정되어 있지 않으면 불량 제조가 어느 라인에서 일어났는지를 바로 알 수 없어 문제를 발견하기까지 시간이 걸린다.

계층 구조를 정의해서 실적을 수집하고 분석 가능케 해두지 않으면 단순한 지표 감시에 불과해 BI의 의의는 없어진다.

계층 구조는 단순하지 않아 제품 축, 조직 축, 공장 축, 설비 축, 담당자 축 같은 기준이 있고 복잡하게 관련되어 있기도 하다. 이러한 구조를 이해하고 다차원으로 구축하는 데이터 모델을 설계하는 것이 중요하기 때문에 전문가가 필요하다.

하위 계층에서는 수량으로 상위 집약 가능해도 어딘가에서 금액으로밖에 집약할 수 없는 포인트가 나타난다. 예를 들어 공장 전체의 생산량을 볼 때, 하위의 제품은 수량으로 볼 수 있어도 측정법이 다른 제품끼리는 합산이 불가능하다.

1개, 2개로 셀 수 있는 제품과 그램으로 셀 수 있는 가루 제품을 합산해서 '몇 개로 하거나 또는 몇 그램'으로 하는 것은 무의미하다. 금액으로 환산해서 엿 제품은 예산 100만 원에 대해 99만 원, 분말 제품은 예산 200만 원에 대해 140만 원의 매출을 올려, 합계 300만 원의 공장 예산에 대해 239만 원이 되어 달성률 약 80%에 크게 모자란다. 원인은 구입 원료의 불량에 있다. 다시 말해 금액으로 환산해서 합산하는 구조로 하지 않으면 안 된다.

목표와 예산의 연계, 금액을 계산하기 위한 단가 연계, 환율 연계 등 BI는 기간 시스템과 연계할 필요도 있다.

▌'다양한 단면'으로 불리는 분석은 DWH➡데이터마트로 만든다

데이터베이스 구조가 정의됐다고 해도 실제로 가시화하고자 하는 '가시화 방법' 은 때로 불명확해서 '저렇게 보고 싶다, 이렇게 보고 싶다'와 같은 요구가 그때마다 나온다. 이런 요구사항을 모두 데이터베이스(DB) 실현하는 것은 어렵다.

데이터베이스에서 필요한 데이터를 꺼내서 사용하기 쉬운 데이터로 마무리하는 것이 **데이터웨어하우스(DWH**; Data Warehouse)이다. 모든 데이터가 저장되어 있는 거대한 DB를 대신해 DWH에서 데이터를 적정하게 정리한다.

그러나 DWH에서도 여전히 데이터의 취급이 효율적이지는 않다. 여기에서 항상 사용하는 데이터를 꺼내서 가시화 테이블을 만든다. 이것을 **데이터마트**(Data Mart) **화**라고 한다. 원 데이터베이스의 거대한 데이터 소스를 취급하기 쉽도록 데이터마트화하는 것이다.

데이터마트도 구조를 갖고 있기 때문에 데이터 모델화할 수 있는 전문가의 존재가 중요하다.

▌유저 베이스로 유연하게 분석하는 데이터 큐브와 뷰어형 BI

한편, 매번 데이터 모델과 IT 전문 부서에 의뢰해서는 시간이 걸리기 때문에 고정적인 데이터 세트를 만들어둔다. 이것이 **데이터 큐브**(Data Cube)이다.

최근에는 사용자 부문에서 데이터를 꺼내서 자유롭게 가공할 수 있는 툴이 나와 있다. 데이터 큐브를 만들 수 있는 **뷰어형 BI**이다. 데이터를 자신의 컴퓨터에 입력하고 테이블도 화면도 유연하게 가공할 수 있다.

표계산 소프트웨어로도 가능하다고 하면 가능한데, **뷰어형 BI는 사용자 인터페이스가 우수하며 다양한 분석용 템플릿이 준비되어 있다.** 뷰어형 BI는 사원에게 데이터로 판단하는 습관을 갖게 해서 통계 지식을 지니게 한다는 점에서도 의의가 있다.

모든 것을 IT 부문 내지는 통계 해석 전문가에게 맡기지 말고 사원의 지식과 자질을 끌어올리기 위해서라도 뷰어형 BI는 적극적으로 도입해야 한다.

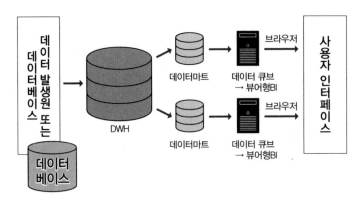

◆DB. DWH. 데이터마트. 뷰어형 BI의 관계

▌BI와 연계한 표계산 소프트웨어의 활용과 제한

BI에서 자신이 보고 싶은 데이터를 만들 수 없는 경우 표계산 소프트웨어가 사용된다. 표계산 소프트웨어는 자유도가 높아 자신이 보고 싶은 것을 볼 수 있도록 가공할 수 있기 때문에 편리하다.

BI에서 만들 수 없는 데이터 또한 일과성 분석은 표계산 소프트웨어로 처리하면 낮은 비용에 효율적인 데이터 가공이 가능하다. 또한 정형화한 데이터를 BI에서 표계산 소프트웨어에 다운로드해서 가공하는 방법도 효율적인 경우는 적극적으로 활용한다.

표계산 소프트웨어는 매우 유연성이 높은 한편, 이를 이용하여 만든 데이터의 계산식이나 가시화 방법이 사람 중심으로 되는 일이 있다. 결국에는 만든 사람밖에 내용을 알지 못하거나 만들지 못하기도 하고, 만든 사람의 개인 폴더에 있어 공유되지 못할 뿐 아니라 정작 만든 사람이 퇴사하면 유지할 수 없는 문제가 일어나기 쉽다.

데이터 분석 방법과 가시화 포맷은 표준화해서 BI에서 만들고 정식 자료는 BI에서 공유하는 것이 중요하다. 개인적인 가공은 표계산 소프트웨어로 허용한다고 해도 그러한 개인적인 표계산 시트가 회사의 정식 문서가 되지 않도록 신경 쓰지 않으면 안 된다.

물론 표계산 소프트웨어로 만든 시트를 회사의 표준 문서 포맷으로 하는 것은 문제가 없다. 중요한 것은 회사에서 표준화한 후에 규정된 것인지 개인적인 것인지를 구별할 필요가 있다는 점이다. 누구든 허용하면 무엇이 표준이고 어느 데이터가 맞는지 알 수 없어 혼란스러우므로 가능한 한 사람 중심을 배제해야 한다는 점에 유념하자.

표계산 소프트웨어를 BI 대신 사용한다

BI를 사용하기 위해서는 BI에 필요한 DB를 구축해야 할 필요가 있고, 정보 시스템 부문의 업무가 증가한다. BI 패키지에 따라서는 고액인 것도 있고 데이터 마트와 데이터 큐브를 만드는 데도 비용이 든다.

고액인 것치고는 자유도가 없는 것이 BI이다. 뷰어형 BI는 그러한 결함을 보완하기 위한 것이지만, 그래도 도입 비용과 배우는 데 드는 시간이 걸림돌이 되기도 한다.

때문에 BI를 넣지 않고 표계산 소프트웨어로 BI와 동시에 분석 장치를 만드는 회사도 있다. 표계산 소프트웨어는 저렴하고 자유도가 높기 때문에 선호하지만 관리가 사람 중심이 되어 데이터가 흩어질 우려가 있다. 대량의 데이터를 정형 포맷으로 가시화하려는 경우는 BI가 더 뛰어나지만, 비용과 사용 편의성 면에서는 표계산 소프트웨어가 우수하므로 목적에 맞게 사용할 필요가 있다.

6-6 공장의 IT 인프라와 KPI 관리의 과제

IoT 기기만으로 IoT는 구축할 수 없고 KPI는 업무와 데이터 모델 지식이 필요

▌공장 IT 인프라를 현장에 맡기지 않고 공장 단위, 회사 단위로 표준화

많은 공장에서 IT 인프라는 긴 시간 공장과 제조 현장에 맡긴 채 다양한 설비업자가 참여하여 거의 통제되지 않는 상태로 구축되어 있다. 공장은 ERP를 거쳐 본사와 이어져 있는 경우도 있지만 거기서 연계가 끊겨 ERP인 생산관리시스템과 제조·공정 관리를 담당하는 장치는 없고, 있어도 수작업 내지 표계산 소프트웨어의 파일을 업로드해서 생산관리시스템과 연계하는 것이 고작이다. 시간이 들고 월 단위 사이클로 단순한 보고에 사용하기 위한 데이터 연계 수준인 경우도 있다.

또한 제조·공정 관리는 시스템화와는 거리가 멀어 일부 공장에만 사용되다 보니 작업 지시와 일부만 실적 수집에 사용되는 어중간한 상황도 있다.

이와 같이 기껏 준비한 기능도 충분히 사용되지 않고 어중간한 방법으로 사용하는 일도 많다. 예를 들면 제조 실적을 얻을 수 있는 MES를 계량 등의 부적합 제품이나 작업 실수를 방지하는 시스템(장치)으로밖에 사용하지 않거나, 실적 수집이 있는데 ERP로 돌리지 않고 현장의 작업 진도 관리에만 사용하는 등의 예가 그렇다.

목적이 작업 개선이나 현장 개선에 한정되고 말아 시스템으로서의 공장 관리, 생산 매니지먼트를 의식하지 않기 때문이다. 가령 좋은 사용법이라도 작업 현장에 닫혀 있어 이른바 수평 전개도 하지 않는다. **공장 단위와 회사 단위로 생각하고, 있어야 할 업무와 시스템을 생각하는 기능이 없다면 안타까운 일이다.**

이러한 업무와 시스템을 종합적으로 검토하고 표준화해서 설계·도입·전개·유지/개선해가는 조직 기능이 필요하다.

▮공장 IT 인프라와 정보 시스템 부문의 명확한 책임 분담과 협업 체제

공장은 자체적인 독립국처럼 행동한다. 공장의 IT 인프라는 제조설비의 일부이 므로 '본사의 IT 부문은 참견하지 말라'는 식이다.

그러나 공장의 기술 부문도 IT에 정통한 것은 아니고 설비 기기 또한 일취월장하 기 때문에 설비 기기의 도입과 공장 네트워크의 구축도 외부업자에게 의존하다 보 니 지식이 부족하다.

때문에 공장의 IT 인프라는 매번 도입 이후에 어떻게 되어 있는지조차 알 수 없 는 상태이다. 가령 IT 인프라를 표준화하고자 해도 무엇을 어떻게 해야 좋을지 알 수 없어 당장 눈앞에 보이는 것만 변경하는 정도가 고작이다.

더욱이 기술 부문이 설비 분야의 IT 인프라를 관리해도 MES와 SCADA가 되면 명확한 책임이 없고 왠지 개인이 관리하고 있는 모양새다.

현대의 모든 업무는 IT 없이 돌아가지 않는다. 사람이 노력하는 것만으로 생산이 효율적으로 되는 시대는 아니고 '사람은 실수를 한다'는 전제하에 미스를 방지하는 수단으로 IT의 활용이 필요하다. 또 데이터를 마무리 관리하고 사람이 데이터 인터 페이스를 하는 등 부가가치가 없는 작업은 계속해서는 안 된다. 이것은 사람이 중요 한데 사람을 기계의 부속물로 여기는 셈이다.

제조업은 공장의 IT 인프라를 책임질 부서를 명확히 정의하고 사람을 육성해야 한다. 그런 다음 공장과 본사를 연결하고 정보의 의의와 적시성을 위해 정보 시스템 부문의 명확한 책임 분담과 협업 체제를 구축해야 한다.

KPI 설계 시 업무·관리에 밝은 인재와 데이터 모델 전문가가 필요

또한 KPI의 설계도 사람에게 맡기지 않고 회사에서 필요한 KPI를 정의해서 전개하는 기능이 생산 매니지먼트 기능으로서 필요하다. 그런 다음 업무에 밝고 어느 KPI를 어떻게 관리하면 충분히 목표대로 생산할 수 있을지를 판단할 수 있는 인재가 요구된다.

또한 **KPI는 구조화한 지표의 데이터 모델 정의가 필요하다.** 그러한 자질을 가진 IT 인재를 육성해둘 필요가 있다.

IoT의 실현에는 통계 및 생산 기술·보수·제조 전문가가 필요

공장의 IT 인프라로서 네트워크를 구축하고 제조 현장의 말단 센서 등의 디바이스 레벨, 핸디터미널과 터치패널 등의 컴포넌트 레벨에서 PLC ⇒SCADA/ MES ⇒BI/ERP까지 데이터 연계하지 않으면 IoT 시스템의 구축은 불가능하다.

시스템 인프라 구축의 과제	KPI BI의 과제
• 공장의 제조 부문 IT 설계 주담당자가 불분명하여 담당자에게 맡김 • 정보 시스템 부문이 관여하지 않고 공장 일임	• KPI를 이해하고 KPI 설계가 가능한 인재 부족 • 데이터 모델 설계가 가능한 엔지니어 부족 • 설비 관리·보수 담당자의 KPI화 자질 부족 • 통계 전문가 부재 또는 부족

대책
• 설비와 IT의 프레임워크로서의 구분

• 설비 관리 부문과 정보 시스템 부문의 책임 분담의 명확화

대책
• KPI 설계 시에는 업무 관리에 밝은 인재와 데이터 모델 전문가가 필요
• IoT의 실현에는 통계 및 생산 기술, 보수, 제조 전문가를 갖춘다

◆**공장의 IT 인프라 과제와 대책**

또한 IoT 센서 등의 신규 툴을 도입해도, 즉흥적으로 데이터를 취득한 결과 사용할 수 없는 데이터가 된다. 데이터에서 어떤 가설과 영향이 나와야 하는지, 또 같은 모델 설계가 가능하고 그 추론이 통계적으로도 확실한지 판단할 수 없으면 무용지물이 된다.

IoT를 실현하려면 데이터의 의의를 이해하고 모델을 짤 수 있는 통계 전문가와 실제로 데이터를 취하고 **의미 있는 피드백이 가능한 생산 기술·보수·제조 전문가를 둬야 한다.** 그렇지 않으면 투자 대 효과에 맞는 제대로 된 IoT 시스템을 구축할 수 없다.

█ 그 데이터를 취득해서 좋은 일이 있는가?에 대답

툴을 우선하는 사람들 중에는 버릇처럼 '이 도구(기술)를 도입하면 엄청난 걸 할 수 있다'고 말하는 사람이 많고, 타사의 사례라고 하면서 정말로 가능했는지 어땠는지 알 수 없는 사례를 들먹이는 사람이 있다. 정보 시스템 부문 안이나 매니지먼트 층 안에서 드물게 보인다.

툴을 우선해서 도입한 결과 어떻게 사용해야 할지 모르는 난감한 상황에 빠지는 것은 대개 이 유형이다. 이것은 투자 낭비이자 이후의 검토도 낭비이다. '결국 무엇이 가능한지 알 수 없고', '어떤 의미가 있는지 알 수 없고', '원하는 데이터를 얻지 못하는' 문제가 생기기 때문이다.

이러한 실패를 사전에 방지하기 위해서라도 **'그 데이터를 얻으면 무엇에 좋은지', '원하는 데이터를 실제로 얻을 수 있는지'를 철저하게 규명해야 한다.**

IoT 기기뿐 아니라 모든 시스템과 디바이스에서 우선 도입했지만 사용할 수 없는 실패가 너무 많다. 특히 IoT 도입에서도 유사한 실패 사례가 나오는 만큼 툴 자체에 연연하지 말고 목적과 효과를 제대로 생각하고 나서 도입해야 한다.

생산 관리의 미래 ⑥ 탁상의 KPI 관리를 전략에 합치한 KPI로

재고는 나쁜 것이 아니다, 전략적인 재고 배치와 생산 방식에 합치한 KPI 관리를

■ '재고는 나쁘다'고 여기는 SCM의 우수성을 나타내는 KPI

제조업에는 '재고는 나쁘다'는 생각이 뿌리 깊다. 확실히 재고는 자금 조달에 영향을 미치고 보관 비용도 든다. 진부화할 리스크가 있고 그렇다고 폐기하면 큰 손해다. SCM의 세계에서는 SCM의 우수성을 측정하는 지표에 CCC(Cash Conversion Cycle; 현금 전환 주기)라는 것이 있다. CCC는 재고 회전 기간+외상 채권 회전 기간 - 외상 채무 회전 기간으로 산출한다. 재고 회전 기간이 길다＝매출에 대해 재고가 많다, 매출에 대해 외상 채권이 길다＝회수가 더디다, 구입에 대해 외상 채무가 짧다＝지나치게 빨리 지불되어 자금을 압박하는 지표가 된다. 재고가 적어지면 CCC 평가가 좋기 때문에 재고를 줄이는 활동이 촉진된다는 것이다.

■ KPI가 우수해도 2위 기업은 1위 기업을 쫓아갈 수 없다

일찍이 의뢰를 받은 D사는 업계 2위로 업계 1위보다는 재고가 적고 CCC가 좋은 것으로 평가받았다. 확실히 1위 기업은 D사보다 재고가 많아 CCC는 낮았다.

D사는 재고는 바람직하지 않다는 생각에 수주 생산을 하고 있었다. 한편 1위 기업은 예측 생산으로 재고를 보유하고 수주하면 즉시 납품하는 체제를 취하고 있었다. 기계 부품을 취급하는 이 업계에서는 고객은 즉시 납품을 요구하고 있으며 어느 고객이든 처음에 1위 기업에 주문을 넣는다. 아무리 재고가 적다고는 해도 1위 기업에 재고가 없을 때가 아니면 D사에 주문할 일이 없어 매출 규모에서 4배나 차이가 났다.

■ 탁상 KPI 관리가 아닌, 시장과 고객 요구, 기업 전략에 합치한 KPI를

평준화 생산할 수 있는 1위 기업의 제조 원가는 낮고 매출 규모에서 생기는 현금의 여유로 압도하는 상황이다. 아무리 회사의 관리 지표인 KPI가 우수하다고 해도 4배의 매출 차이는 재고효율 사정이 조금 낫다고 해서 자금 조달에서 이길 수 없다. CCC는 우수한 지표이지만 1위 기업에 CCC로 이겨도 비즈니스에서 진다면 의미가 없다. 시장과 고객 요구, 기업 전략에 합치한 KPI 평가가 필요하다.

제 7 장

생산 관리
비즈니스와 기술 조류

생산 관리를 표준화하여 글로벌 매니지먼트를 지향한다

사람 중심이 아닌, 공장 매니지먼트의 인텔리전트화를 추구

▎인수인계에 며칠, 몇 개월이 걸리는 비효율은 피한다

어느 기업이든 업무 규정과 업무 프로세스가 명확히 정해져 있지 않은 경우가 있다. 국내 공장에서 타 공장으로 옮기거나 해외 공장에 부임하는 경우 인수인계에 몇 주, 잘못하면 몇 개월이 걸리기도 한다.

업무 방법과 관리 방법이 어디나 공통이고 어디에 가도 같아야 하지만 거점별, 부서별, 담당자별로 방법이 제각각이다 보니 효율성이 떨어진다.

기업은 해외 진출을 서두른 나머지 현지의 오퍼레이션이나 시스템을 현지에 맡겨왔다. 공장 가동을 우선하고 업무 정의, 업무 프로세스 설계, 매니지먼트 프로세스 설계, 시스템의 표준 전개는 뒤로 미뤘다.

업무 프로세스를 표준화하는 사상과 시스템을 통일해서 전개하는 인식이 결여되어 있는 기업에서는 사람만 파견하거나 또는 채용해서 보톰업 방식으로 업무를 마무리하는 것이 관행처럼 돼 있다.

그러나 자국과 현지 인재의 질적 차이를 고려해서 **본사에서 표준 업무를 톱다운 방식으로 정하는 것이 필요하다.**

▎전 세계 어디서든 같은 업무 프로세스, 같은 시스템을 구축한다

전 세계 어느 공장에 가도 업무 프로세스와 시스템은 통일되어야 한다. 예산 세우는 방법, 생산 계획, 능력 계획, 제조 지시, 실적 수집 등의 방법, 현장 관리 지표의 정의와 계산식, 보고 사항과 보고 방법 등을 통일할 필요가 있다.

시스템을 통일한다고 해도 소규모 거점과 외부 IT 벤더의 지원이 취약한 국가에서는 이용 가능한 시스템도 다를 것이다. 그래도 **도입하는 애플리케이션은 가능한 한 통일하고, 또한 공장의 정의, BOM, 원가 계산 방법, 품목 코드 등의 정의는 표준화한다.**

업무가 표준화되어 시스템이 통일되어 있으면 이동이 쉽고 교육도 채용도 쉬워진다. 특히 거의 커스터마이즈 없이 통일 시스템을 도입할 수 있으면 세계 어디에 가도 같은 계획, 같은 항목 정의, 같은 입력 방법이기 때문에 알기 쉽다.

또한 커스터마이즈하지 않고 메이저 애플리케이션을 도입하면 채용 기준에 그 시스템의 이용 경험을 받아들일 수 있다. 채용된 인재도 과거에 있던 회사와 같은 화면, 같은 항목 정의, 같은 입력 방법이기 때문에 고생하지 않고 사용할 수 있다.

운용과 버전업을 생각해도 메이저 애플리케이션을 가능한 한 커스터마이즈 없이 표준형으로 도입할 것을 추천한다.

▌전 세계 어디든 동일한 관리가 가능한 것이 중요

일상 업무뿐 아니라 **매니지먼트 업무도 표준화**한다. B2C 업계라면 판매 계획 세우는 방법, B2B라면 상담 절차 단계 정의와 파이프라인의 스테이터스 보고 등을 수요 계획으로 정의한다.

또한 생산 계획 세우는 방법, 공장별, 공정별 능력 계산과 보고 형태, 재고의 정의와 보고 형태, 원가 계산 방법과 공장 간 원가 비교를 위한 정의, 보고 형태 등이다.

계획 세우는 방법, 매니지먼트해야 할 항목과 보고 방법이 표준화·통일화되어 있으면 이동한 당일부터 관리가 가능하다. 이전에 근무했던 외국계 기업에서는 자리를 이동해도 매니지먼트 형태가 같아 체크해야 할 내용도 같았기 때문에 인수인계 업무는 하루 이틀에 마치고 바로 매니지먼트 업무에 임할 수 있었다.

회사로서 공장으로서 매니지먼트상의 상황, 체크해야 할 중요한 사항이 같고, 이동해도 즉시 알 수 있는 형태로 표준화, 통일화해둬야 한다.

많은 기업 · 공장의 현황
업무가 표준화되지 않아 거점별로 제각각이고 시스템도 거점별로 제각각

• 거점과 조직이 다르면 업무도 시스템도 다르다.
• 업무가 사람에 할당되어 있어 인수인계에 시간이 길다.
• 잘못하면 사람을 따라 업무가 타 부서로 옮겨진다.

거점 A   거점 B   거점 C

X 시스템   Y 시스템   Z 시스템

업무 · 시스템이 달라 비효율적이다. 매니지먼트 형태에 편차가 있고 관리도 통일되어 있지 않기 때문에 전체의 통합도 정도가 낮다.

이상적인 모습
업무가 표준화되고 어느 거점이든 방법과 시스템도 통일되어 있다.

• 거점과 조직이 달라도 같은 업무, 같은 시스템
• 업무가 정의되어 있어 인수인계에 매우 짧은 시간
• 업무에 사람이 할당되어 있다.

거점 A   거점 B   거점 C

X 시스템   Y 시스템   Z 시스템

어디에 가도 업무 · 시스템이 같아 효율적이다. 매니지먼트 형태와 관리 방법이 통합되어 있다.

◆업무 절차와 시스템의 현황과 이상적인 모습

7-2 생산의 글로벌 매니지먼트와 공장 통합 매니지먼트로 진화

공장 글로벌 매니지먼트 구축의 필요성

┃글로벌 S&OP/PSI의 구축과 본사 공장의 의사결정 통제

매니지먼트 업무에서 생산 관리로서 가장 강화해야 할 것은 계획 업무, 특히 글로벌 수준에서 S&OP/PSI를 표준화하고 통일해야 한다.

판매 계획과 상담 관리 방법도 전 세계에서 통일한다. 우선 본사와 본사 공장의 판매 계획에 대한 의사 전달을 정의한다. 각 **거점이 임의대로 판매 계획을 만드는 게 아니라 본사의 의사를 반영해서 판매 계획을 세우게 한다.**

예를 들어, 판매하기 쉬운 제품만 판매하는 것이 아니라 본사가 우선적으로 판매해야 하는 제품, 판매를 억제해야 하는 제품을 전달하는 것이다.

판매 계획이라면 판매 실적 분석 방법과 보고 방법, 수요 예측에서 마케팅 담당자 등 사람의 의사를 반영한 계획으로 변경, 계획을 바꿨을 때의 거점 보고 방법까지 통일한다. 사입·판매·재고 계획, 생산·판매·재고 계획의 재고 방침, 마무리 수의 방침, 생산 계획과 조달 계획의 버킷, 커패시티(Capacity) 계획 등을 정의한다.

┃글로벌 수요의 관리와 커패시티 매니지먼트

각 거점 계획을 집약해서 글로벌 수급 계획을 마무리하는 것은 본사의 역할이지만, **가령 어딘가의 거점에서 판매 계획이 크게 늘어서 자공장에서 공급이 곤란한 경우에는 본사 공장이 전체의 커패시티를 보고 생산 거점을 재배분한다.**

생산이 재배분되면 생산을 배분한 공장의 커패시티와 조달 계획을 재조정할 필요가 있기 때문에 배분 가부도 체크하고 조정하는 권한이 필요하다.

내가 아는 기업에서는 일찍이 북미 공장의 생산 능력이 부족한 것을 방치한 결과 설비 고장으로 생산 불가능한 상황이 된 예가 있었다. 대응을 뒤로 미루다가 다른 공장에서 생산에 들어갔을 때는 이미 때를 놓쳐 비용은 막대하게 증가하고 공급 기간에 쫓기게 됐다. 이런 사태를 사전에 파악하여 계획적으로 생산을 타 공장에 생산 이관하면서 설비를 메인터넌스할 수 있었다.

수요는 언제든 변동하므로 때로 생산 능력을 초과하는 일도 있다. 이런 상황을 방치하지 말고 **본사 공장의 책무로 여기고 글로벌의 공급 담보와 비용 유지를 목표로 글로벌 커패시티를 조정할 수 있어야 한다.**

또한 때로 생산이 저하하여 예산 달성이 어려운 공장도 있다. 이때는 생산을 배분하여 공장의 재무를 돕는 의사 결정도 가능하다. 글로벌로 생산 매니지먼트를 수행하고 수익을 최대화하는 것은 연결 경영상 바람직한 매니지먼트이다.

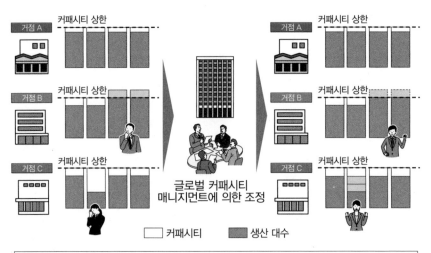

각 거점 공장의 개별 매니지먼트로는 해결하지 못하는 문제를 글로벌 생산 매니지먼트 체제를 통해서 해결하는 것이 바람직한 생산관리의 모습이다.

◆글로벌 수요 관리와 커패시티 매니지먼트

▌글로벌 조달 품목의 커패시티 합의와 배분 조정

생산뿐 아니라 조달도 글로벌화되는 추세이다. A국 공장도 B국 공장도 공급자 C로부터 같은 자재를 구입하는 일도 보통이다. 이런 때에는 중요한 자재의 공급자라면 글로벌로 마무리해서 조달 수량을 마무리하고 공급자와 조정·합의해서 전 거점에 공급을 담보해야 한다. 공급자와 거점별 조달 계획, 글로벌 합산 조달 계획을 공유하고 재고와 공급 능력을 합의한다.

글로벌 조달품의 경우 갑작스러운 수요 변동에 대비하기 위해 통일된 교섭 창구가 필요하다. 각 거점에서 저마다 공급자에게 조정을 의뢰하면 폐가 될 뿐 아니라 공급자는 공급 배분의 우선순위를 알 수 없게 된다. 따라서 글로벌 기업으로서 어느 거점을 우선하고 어느 거점을 나중에 할지 본사가 전체의 매출과 수익을 고려하여 배분(할당)을 판단해야 한다.

이러한 점에서 글로벌 조달 품목의 매니지먼트는 본사 공장이 담당해야 한다.

▌글로벌 수급 관리와 글로벌 조달 관리는 SCP + BI로 수행

국내외 있는 여러 공장의 수급 상태와 능력, 조달 계획을 일원 관리해서 공유·가시화하는 시스템은 SCP가 담당한다. 가능하면 모든 공장에서 통일된 SCP를 활용한다. SCP만으로 충분한 가시화가 불가능한 경우는 공통의 BI로도 가시화 데이터를 공유한다.

기간 시스템(ERP)과 MES는 거점의 규모, 구축·운용이 가능한 현지 벤더의 유무와 자질 수준에 차이가 있어 전 세계 공통의 시스템을 도입할 수 없다. 그러나 SCP와 BI는 클라우드화하면 전 거점에서 공통의 플랫폼으로 표준화가 가능하다.

가령 거점별로 기간 시스템(ERP)과 MES가 달라도 SCP와 BI만 공통화되어 있으면 각 거점의 계획과 실적을 가시화할 수 있다.

엔지니어링 체인, 생산 기술 부문의 강화

설계력, 생산 기술력의 약화를 막고 본사 공장으로 강화

▍설계 관련 엔지니어링 체인의 약화

생산 관리를 성립시키는 중요한 업무 기능에 대해 알아본다. **최근 들어 생산을 수행하는 데 있어 제품 설계와 생산 설계 부분의 파워가 약해지고 있다.** 제품 설계 시에 설계자의 판단하에 독자의 부품과 원료를 이용한 결과 부품과 원재료의 종류가 무한정 늘어나 품목과 BOM의 관리가 번잡해지는 상황이다.

설계력과 자재의 평가력도 떨어졌는지 설계 변경이 빈발하고, 그에 따른 변경 관리와 이력 관리가 제대로 되지 않아 막대한 인적·물적 낭비가 발생하고 있다. 생산 설계가 약화된 탓에 설계대로 만들기 어렵고 공정 또한 복잡해지고 있다.

엔지니어링 체인이라 불리는 제품 설계에서 생산 설계·서비스 부품 설계에 이르는 설계 업무의 흐름이 제대로 돌아가지 않게 됐다. 해외 생산량이 증가하여 생산 기술이 외부화한 탓도 있을 것이다.

과거 생산 기술 부문과 엔지니어링 부문은 파워가 있었고 공장에서도 핵심 부서였다. 담당자들의 뛰어난 능력에는 혀를 내두를 정도였다. 지금도 그런 강고한 체제를 갖고 있는 기업도 있겠지만, 생산의 주요 거점이 해외로 옮겨지면서 또는 **EMS**(Electronics Manufacturing Service; 전자기기의 수탁 제조 서비스)와 같은 외주 생산으로 바뀌면서 입지가 약해진 기업도 있을 것이다. 제품 설계와 생산 설계는 생산 관리와 제조의 기초로, 엔지니어링 체인 매니지먼트의 강화는 서플라이 체인 매니지먼트와 생산 관리의 강화와 함께 중요한 테마이다.

도면 정보, 생산 설계와 생산 기술의 본사 공장 집약

해외 생산이 많아지면서 **설계 자체도 해외에서 하는 사례가 증가했다.** 그렇게 되면 해외 공장의 자체 도면이 늘어 본사에서 마무리 관리를 할 수 없게 된다.

본사도 도면을 마무리 관리하는 체제가 약해 기껏 CAD로 도면을 그렸는데 전자데이터로 도면 정보를 제공하지 못해 여전히 종이 도면을 국제항공편을 이용해 전달하는 상황이다. 종이 도면은 반출 우려도 있어 가능하면 전자화해서 보안 수준을 높여야 한다. **도면에는 권리와 기밀 정보가 집적되어 있으므로 전자화해서 본사 또는 본사 공장에서 일원 관리해서 마무리 관리한다.**

또한 생산 설계와 생산 기술의 자질은 다시 한 번 본사 공장에 집약해야 한다. 생산 기술은 전략적인 기술이며 생산의 강점과 직결된다.

시스템적으로는 글로벌로 이용하는 CAD 시스템의 통일, 설계 룰과 설계 절차의 통일, 도면의 본사 공장 집약 관리와 배부 규칙의 강화가 필요하다. **CAD의 통일, 설계 표준의 통일, 도면 배부의 통합은 반드시 선결되어 한다.**

'마스터' 정보의 본사 공장 통합과 코드의 일원화 및 PDM

도면 관리뿐 아니라 **마스터 관리**도 마무리해야 할 중요한 요소이다.

기업은 거점별로 원하는 시스템을 도입하고, 마스터도 좋아하는 대로 만들므로 마스터 항목과 마스터에 등록하는 내용도 자유였다.

그러다 보니 제품 코드가 제각각이어서 동일 품목을 다른 품목 코드로 관리하는 결과가 됐다. 데이터를 취득해도 재차 품을 들여 읽어 들이거나 또는 변환 프로그램을 만들어 대응해야 한다.

이런 문제를 방지하기 위해서라도, **시간은 걸리겠지만 전 세계의 시스템을 통일하는 동시에 코드 체계를 통일해야 한다.** 이것은 해결해야 할 큰 테마이다.

제품과 구성품의 데이터를 관리하는 장치가 PDM 시스템이고, 품목의 마스터 데이터를 일원 관리하여 송신할 수 있다.

▌PLM을 이용한 글로벌 구성 정보 송신의 구조화

글로벌 차원의 데이터 마무리에서 향후 중요한 역할을 하는 것이 PLM 시스템이다. PLM은 도면과 설계 정보를 관리하고 설계 BOM을 관리한다.

설계상의 제품, 부품의 구성, 품목 코드 등이 마무리되어 있다. CAD 데이터와 PDM 데이터를 마무리 관리하는 기능이 있다.

PLM으로 전 세계의 거점에 도면과 설계 정보를 송신함으로써 생산 BOM과 서비스 BOM을 거점별로 생성할 수 있다. PLM이 전체를 총괄하므로 설계 변경 정보도 PLM에서 송신되어 설계 변경이 효율적이다.

설계 도면의 통일, 품목 코드 통일, 구성 정보의 통일을 설계 변경 정보의 일원적 송신이 가능한 장치로서 향후 PLM을 도입할 필요가 있다.

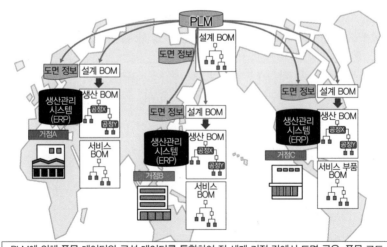

PLM에 의해 품목 데이터와 구성 데이터를 통합하여 전 세계 거점 간에서 도면 공유, 품목 코드 통일, 구성 정보 통일, 설계 변경 정보의 일원적 송수신이 가능한 시스템을 구성한다.

◆PLM을 이용한 품목 정보의 일원 관리와 송수신

7-4

IoT와 MES, SCADA, 생산관리 시스템, BI가 만드는 지적 공장
기술이 여는 미래의 공장과 사람, 기계의 통합

▌IoT 등 정보기술 혁신을 공장에 뿌리내리는 조직 기능 설계와 인재 육성

인터넷의 보급으로 일찍이 유비쿼터스 사회라 불리는, 어디에서나 인터넷에 연결되는 세계가 완성되고 있다. 인터넷 기술을 구사하여 저렴하게 네트워크를 구축하고 데이터도 쉽고 저렴하게 저장할 수 있게 됐다.

동시에 각종 장치의 가격도 낮아지고 있어 IoT라는 사물에 관련된 정보를 포함해서 모든 정보를 전자화해서 관리할 수 있는 세계가 도래했다.

사람의 손으로 수집하고 손으로 입력하던 데이터 수집과 저장 업무가 IoT 센서의 보급으로 사람의 손을 거치지 않고 수집, 저장할 수 있게 된 것이다. 공장 내 IT 인프라를 정비하여 장치화되어 있기만 하면 데이터의 취득, 수집, 변환, 전송, 저장이 자동화된다.

그러나 현재는 이런 공장 내 IT 인프라를 구축하는 역할을 담당하는 조직 기능과 인재가 부족하다 보니 외부 기업에 의존하고 있다.

또, 제조 현장의 상위에 위치하는 간접 관리 부문과 본사도 접속되어 있지 않다. 공장의 IT 부문도 취약해서 본사와 연계되어 있지 않고, 본사도 공장은 '치외법권'으로 인식하고 있어 본사의 IT 통제를 받지 않는 공장도 다수 있다.

그러나 IoT를 뿌리내리고, 이를 통해 수집하는 데이터를 현장 관리 이외에 활용하려면 공장의 IT를 표준화하여 본사의 IT 통제하에 두고 사무실동과 본사의 시스템을 연계하는 조직 기능이 필요하다.

다시 말해, 공장에 제대로 된 IT 조직 기능을 두는 것이 필수이다. **IT의 선정, 도입, 보수/운용, 보안 정책 등을 기업체에서 제정, 준수하고 공장이 멋대로 IT 도입을 하지 못하도록 해야 한다.**

또한 설비 측 시스템이라도 표준을 정해서 공장별로 인프라를 도입하는 것은 피해야 한다. 생산 기술과 공무 부문은 현장에 IT를 도입할 때는 반드시 본사의 IT 부문과 조정하여 인터페이스 작업을 하는 절차를 정해야 한다.

공장장도 공장이 멋대로 설비를 도입한다는 생각을 재고하고 설비의 표준화, 공장 IT 인프라의 표준화, 생산관리시스템을 비롯한 간접 부문의 IT 표준화에 따라야 한다. 언제, 자신이 다른 공장의 공장장이 되어도 대신하는 사람이 같은 정의의 데이터, 같은 분석, 같은 프로세스로 관리할 수 있도록 해둬야 한다.

개별 최적을 추구하는 것은 무의미하다. 연결 관리가 당연하므로 마무리된 IT를 도입하여 연결 관리를 담당하는 체제를 정비한다.

▌사람과 기계의 상호 연관으로 최적 생산을 지향

IoT가 도입되면 생산 활동 모두가 자동화될 거라는 환상이 만연한데, 결코 그런 일은 없다. 독일의 인더스트리 4.0에서는 콘셉트로서 수주가 변경되면 자동으로 BOM을 전환하여 생산 지시를 설비 측에 전송하여 자동으로 생산이 개시되는 방식의 모델을 제시했지만, 이것이 가능한 것은 극히 일부의 경우에 한정된다.

실제의 생산 활동은 훨씬 더 복잡하다. 기계로 모든 생산이 가능할 정도로 유연하지 않으며, 애초에 모든 제조 행위를 기계로 할 수 있는 것도 아니다. 반드시 사람과 설비가 공동으로 제조를 수행하는 형태가 남기 마련이다. 중화학산업과 같은 거대 프로세스 생산이 아닌 한 생산 모두를 기계만으로 수행하는 생산 방식은 경직되고 유연성 없는 고비용 생산을 초래한다.

또 **생산을 완전히 자동화한 수주 생산 방식이 아닌 한, 사람의 의사 결정에 따라 계획적으로 생산과 조달이 이루어지기** 때문에 시스템에서 자동으로 계획, 지시하는 것은 불가능하다. 반드시 사람의 의사 결정이 필요하다.

IoT에 의해서 자동화할 수 있는 영역은 한정적이다. 이런 툴 베이스의 환상을 그리기 전에 생산 매니지먼트와 제조·공장 관리의 표준화와 시스템화, 프로세스의 정의와 시스템 마무리을 수행할 수 있는 것이다. 그런 다음 사람·기계가 분담하는 기능을 최적화할 수 있는 공장 IT 인프라를 구축하는 것이 우선이다.

IoT는 단순한 도구이고, 이 도구를 사용하는 본체가 제대로 구축되어 있지 않으면 낭비되는 데이터 취득 장치에 머물 뿐, 여전히 사람이 데이터를 연결하는 노예가 될 뿐이다.

▌생산 관련 시스템을 마무리해서 생산 관리를 고도화한다

생산 활동은 복잡하여 고도의 관리가 필요하다. 그러나 고도의 관리는 사실 심플한 정의를 전제로 표준화해서 만들어야 IT의 지원을 받으면서 고도의 분석, 의사 결정이 가능하다. 생산 관리라는 프레임워크는 현재의 관리 체제와 IT 도입의 방법을 재검토하여 재구축하지 않으면 안 된다.

생산 관리 업무·시스템 마무리은 업무의 표준화와 시스템의 최적 연계를 실현해야 한다. **관리 계층별로 업무를 설계하고 필요한 시스템을 정의하여 연계를 의식해서 도입**한다.

개별 조직의 기능을 고도화하는 동시에 조직 기능을 망라해서 데이터 연계를 정의하고 업무 프로세스와 시스템 연계를 마무리하는 것은 간단하지 않다.

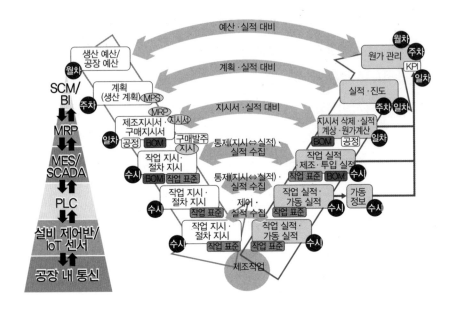

◆계층별 기능을 연계한 통합된 생산 관리 업무·시스템의 재구축이 필요

　넓은 시야로 각 업무의 연계를 이해하는 동시에 각 업무에 대한 깊은 식견 그리고 시스템 마무리 스킬이 필요하다. 개인이 그 모든 것을 익히는 것은 곤란하다. **각 조직의 전문가와 시스템 전문가를 참가시키고, 모든 것을 총괄하는 강력한 리더가 필요하다.** 생산 관리의 재구축은 기업 경쟁력을 높이고 기업의 영속성을 담보한다.

생산 관리의 미래 ⑦ DX와 정보 시스템 부문의 전략 부문화

절망적으로 뒤처진 일본 제조업의 DX는 반대로 가능성이 있다

■ 일본 제조업의 IT화는 상당히 더디다

일본 제조업의 IT화는 더디다. 사람에 의존해서 생산 활동을 해왔기 때문에 사람 중심으로 길들여져 시스템 투자를 게을리했다. 경영진도 IT를 어떻게 사용하면 좋을지 제대로 이해하지 못하고 있다. 아직도 표계산 소프트웨어를 시스템이라고 착각할 정도의 수준에 머물러 있다. 영업 상담 일지도 메일이나 표계산 소프트웨어로 만들고 청구서도 워드프로세서 소프트웨어나 표계산 소프트웨어로 작성, 생산 계획도 표계산 소프트웨어, 실적 데이터 수집은 종이, 원재료 발주 소요량 계산도 표계산 소프트웨어로…와 같은 상태이다. 경영 보고서도 표계산 소프트웨어로 만든다. 시스템을 활용하는 부분은 극히 일부이다.

■ 시스템 없이 사람에 의한 작업으로는 경쟁에서 이길 수 없다

시스템이 갖춰져 있지 않아 여분의 사람이 필요하다. 속도가 더뎌 고객에게 폐를 끼칠 뿐 아니라 비용도 든다. 일본에서는 질 높고 충성심 있는 정사원을 중심으로 업무를 해 왔다. 한편 유럽이나 미국에서는 시스템을 도입한 업무 방식을 구사하여 사람의 질에 의존하지 않고 업무를 한다. 일본 기업에서는 근무지를 옮겨 다른 사업장에 가거나 외국인이 와서 같은 시스템을 사용해 곧바로 일하는 것이 불가능하다. 이래서는 모든 업무를 철저하게 표준화하고 사용 편리성이 높은 시스템을 사용하는 기업에게 이길 수 없다.

■ DX라는 단어는 몇 년 후에는 사라질지 모르지만, 지금의 대세는 이용해야

DX(Digital Transformation)라고 해서, 기업을 디지털 기술로 변혁시키는 대응의 필요성을 자주 언급한다. 몇 년 후에는 DX라는 단어는 사라질지 모르지만 이 단어를 사용해서 시스템화를 추진하는 것도 하나의 방법이다. DX라는 단어로 시스템에 소홀한 경영진에게 의지를 부여해서 시스템 투자를 하고 경쟁력을 높이는 프로젝트를 세우는 것이다. 업무 프로세스와 시스템은 일체라고 이해시키고 투자를 하고 경쟁력 강화에 도움을 주자.

생산 관리의 미래 ⑧ SCM/DCM의 재구축과 경쟁

SCM을 재구축하고 DCM과 연계하여 조직 마무리력을 높인다

■ 부분 최적, 전체 붕괴에 어쩔 방도가 없는 조직 분단 업무

제조업의 생산 활동은 고객, 영업 조직, 공장, 공급자가 하나가 되어 영위되는 업무이다. 공장 안에도 생산 관리 부문, 제조 부문, 조달 부문, 품질 관리 부문, 원가 관리 부문, 물류 부문, 공장의 경리 부분 등 각 부문이 유기적으로 연계해서 업무가 영위된다.

본래, 서로 연계하고 협력해야 할 각 조직이 과도하게 전문 특화되어 개별 조직의 생산성과 이익을 추구하게 됐다. 그 결과 상호 협력하는 게 아니라 적대적이 되어 부분 최적을 추구한 나머지 전체가 삐거덕거리게 됐다.

■ 서플라이 체인상의 조직 벽을 없애고 SCM을 재구축한다

조직 단위로 개별 최적화한 업무를 바꾸어 조직의 벽을 없애고 전체의 이익 최대화에 의한 이익 배분과 상응하는 리스크 부담을 가능케 하는 SCM 업무의 구축이 필요하다. 기업은 유기체이며 각 조직이 연계하여 제약과 리스크를 이해하고 한정된 리소스(자원)를 어떻게 사용할지를 조절함으로써 전체 수익의 최대화를 지향한다.

■ SCM과 DCM을 연계시켜 제조업의 경쟁력을 만회한다

SCM뿐 아니라 신제품 개발 계획과 설계 절차의 연계도 재구축해야 한다. 최근의 짧은 제품 교체 주기에 이끌려 조직 간의 이해 조정 없이 개발·설계가 선행하고 만다. 결과적으로 생산 활동 중이나 판매 후에 문제가 드러나는 경우를 자주 본다.

SCM과 개발·설계 절차를 담당하는 **DCM**(Design Chain Management)을 연계시켜 제품 개발의 경쟁력을 강화하는 활동도 큰 과제가 되고 있다.

저자의 경우 생산과 영업, 양자의 미팅에 각각 3분의 1씩 시간을 사용하고 있다. 최근에는 개발·설계 부문과 미팅이 늘었고 생산, 영업, 개발·설계 합동 미팅도 늘었다. 경쟁력 강화를 위해서는 조직의 벽을 없애고 조직 간에 연계한 프로세스 개혁과 시스템 도입을 단행하지 않으면 안 된다.

제 **8** 장

생산관리시스템 도입을 위한 9가지 단계와 5가지 관점

전체 단계와 체제의 구축

생산관리시스템의 도입 단계를 구상하고, 팀에는 에이스를 투입

생산관리시스템 구축 단계

생산관리시스템을 구축할 거라면 제대로 단계를 그리고 나서 도입한다. 생산 관리는 복잡한 계(시스템)이기 때문에 전체의 마무리을 유지하기 위해서라도 순서에 따르는 **워터폴형**이어야 한다. 그 점에서 패키지를 사용하면서 그때그때 요건을 추가하는 애자일형 개발은 해서는 안 된다. 생산관리시스템의 구축 단계는 8-2항부터 8-10항에서 설명한다.

체제에는 각 업무의 에이스를 투입하고 프로젝트는 사장 직속으로

체제를 구축하는 데 있어 프로젝트 리더도 각 팀 리더도 각 업무의 에이스를 투입한다. 생산관리시스템 구축을 우습게 보는 회사에서는 남은 인재를 프로젝트에 배치하거나 겸업으로 겸사겸사 참가시키기도 한다. 이렇게 하면 거의 실패가 보증된 거나 마찬가지다.

생산관리시스템은 복잡하고 난이도가 높고 필요에 따라서 현재의 업무 방식을 바꾸자는 제언을 해야 할 때도 있다. 그럴 때 '이 사람(리더)의 말을 듣자'는 분위기가 조성되지 않으면 추진하는 것이 곤란하다. 또 생산관리시스템의 구축은 운명을 좌우하는 프로젝트이기 때문에 **사장 직속의 프로젝트로 하고 경영진의 지원을 얻어야 한다.**

8-2

생산관리시스템 도입 성공의 1단계

목적과 목표의 설정

경영 관점에서 생산관리시스템을 구축하고 목표를 설정한다

▌시스템 노후 대책부터 시작해도 좋지만 목적·목표를 재고해야

많은 경우, 생산관리시스템을 재구축하는 계기는 시스템이 노후했기 때문이다. 그렇다 해도 노후 대책이 목적이 돼 버리면 현상 답습·현행 재탕이 될 뿐이다.

▌작업 수준이 아니라 경영 관점의 목적·목표를 설정한다

막대한 돈을 들여서 시스템을 교체할 거라면 회사의 경쟁력을 강화하거나 수익 증가를 목적으로 해야 한다. 가능하면 목표를 수치화해서 시스템 구축 후에도 추적이 가능하도록 한다.

다만 금전적인 효과만을 목표해서는 안 된다. 생산관리시스템과 같은 기간 시스템은 투자 대 효과로 평가하면 투자에 맞지 않는 것이 보통이기 때문이다. 기간 시스템에서 크게 공정이 줄거나 인원이 절감되는 일은 없다. 그렇다고 해서 구축을 포기하면 장래의 업무를 지속하는 데 어려움이 따른다. 지금의 생산 수량을 처리하려면 시스템 없이는 무리이다.

경영 차원에서 인지하고 분명한 목적과 목표를 설정하는 것이 필수이다. 예를 들면 내가 지원하는 프로젝트에서는 '고객 서비스 향상을 통한 수익 향상', '앞날 예측을 통한 변화 대응력 강화', 'QCD 향상', '컴플라이언스 강화'와 같은 목적을 내걸었다. 목표는 '재고 목표 ○○원', '비용 절감 ○○원', '고부가가치 업무로 인원 이동 ○○명'과 같은 식으로 구체적으로 설정한다.

생산관리시스템 도입 성공의 2단계
현상 조사

논리로 추진해서는 안 된다, 현상 이해가 필수

현 상황을 무시하면 대실패

시스템 도입에 임해 일부의 경영진으로부터는 '현상에 얽매이지 마라, 당위론으로 가라'라는 말을, 외부 컨설턴트와 패키지 벤더로부터는 '우리에게는 풍부한 시스템 구축 경험이 있다'라는 말을 자주 듣는다.

이런 말을 진지하게 받아들여 논리에 따라 시스템 도입을 단행하여 도중에 단념하거나 전혀 사용할 수 없는 시스템이 되는 예는 얼마든지 있다.

패키지에 맞춰서는 대실패, 베스트 프랙티스 같은 건 없다

또한 세계 표준이라는 말만 믿고 아무런 검증도 없이 잘 팔리는 패키지를 도입한 결과 대실패한 예는 수없이 많다. 많은 기업에서 도입했다느니, 각사의 베스트 프렉티스가 들어 있다느니 하는 선전에 넘어가서는 안 된다.

현행 업무 중에는 필요한 일, 바른 일이 있다

긴 세월 영위해온 업무는 분명 사람 중심이고 비효율적인 부분도 있다. 그러나 필요한 일이기 때문에 그대로 해온 업무이기도 하며, 오래된 시스템에 포함된 업무 기능도 있다. 이런 필요한 일을 무시하면 업무가 성립되지 않는다. **외부에서는 복잡하고 비효율적으로 보여도 생산 특성과 특수성을 고려하면 생산을 성립시키기 위해서는 바른 일이기도** 하다.

8-4 생산관리시스템 도입 성공의 3단계
구상 책정

실현해야 할 '상(像)'이 없으면 어떤 집을 지을지 알 수 없다

▌복잡해진 현대에 구상 없는 시스템 도입은 미로에 빠진다

생산관리시스템에 국한된 얘기는 아니지만 시스템을 도입하기 앞서 구상을 입안하지 않으면 미로에 빠질 가능성이 있다.

시스템 구축에서는 복잡한 시스템 기능의 실현 여부를 판단해야 하는 어려운 업무가 필요하다. 요구되는 기능을 시간과 돈을 들여서라도 구현해야 할지 말지를 판단할 수 없는 상황에 직면하는 일이 있다.

예를 들면 납기 회답의 요건을 정하는 것을 둘러싸고는 자주 혼란이 일어난다. 수주에 대해서만 납기 회답할지 아니면 출하 가능성 문의에도 회답할지, 또 납기 회답 시에는 제품 재고의 할당 가능만을 체크할지 아니면 소일정 계획까지 체크하여 실제 설비의 빈 상황까지 확인할지의 논의로 발전하면 미로가 시작된다.

▌구상을 책정할 때는 나가야 할 경영과 업무의 방향성과 현실을 균형 있게

구상을 책정할 때는 '무엇을 어떻게 실현해야 할지'를 그리고 구성원 간에서 공유한다. **이상뿐 아니라 현실적인 타협점까지도 감안해야 한다.** 불가능한 구상에 대한 판단은 빠를수록 좋다.

지금은 불가능해도 개혁과 개선을 통해 장래에 실현할 가능성을 기대할 수도 있다. **구상 책정에서는 이상상의 실현 타이밍도 전개 계획에 포함한다.**

8-5 생산관리시스템 도입 성공의 4단계
업무 설계와 그랜드 디자인
각 업무의 기능 간 정합성 담보와 업무 담당 의견 획득

▎업무를 실행하는 사람들이 업무를 설계하고 합의하는 책임을 진다

시스템 개발을 할 때 무턱대고 요건 정의부터 시작해서는 안 된다. 먼저 시스템 기능 간의 관련성과 업무 설계를 하지 않으면 요건 정의가 흔들릴 수 있다. 시스템 간의 기능 연계가 애매한 상태로는 어느 시스템에서 기능을 담당할지 논의가 수습되지 않아 요건 정의가 길을 잃는다.

시스템에 대한 요구는 표준화에 중점을 두고 과도하게 복잡한 기능을 요구하지 않는 심플한 기능에 한정할 필요가 있다. 업무로서 시스템화에 대응해야 할 필요한 일·바른 일을 식별한다. 사용자를 중심으로 자신들의 편의를 위해서 뿐만 아니라 전사에 필수인 표준 업무 기능에 한정해서 시스템을 구현하고 또한 정한 일을 사용자의 책임으로 인식한다.

▎업무 기능 간의 관련성, 전후 의존 관계를 정리한다

업무 설계 결과에서 업무 기능 간의 관련성을 명확히 정하고 업무의 전후 관계와 의존 관계를 정리해둔다. 예를 들면 생산관리시스템의 MRP에서 제조지시서를 발행하고 제조지시서를 MES에 건네서 제조 지시를 생성하는 식의 순서를 요건 정의 전에 규정한다.

또 기능의 관련성에 기초하여 어느 애플리케이션으로 시스템 기능에 대응할지를 그리는 **시스템 기능 배치도**를 그려둔다.

8-6

생산관리시스템 도입 성공의 5단계
패키지 선정

업무 기능에 대해 적절한 패키지 시스템을 선정한다

▌모두가 사용하고 있다는 이유로 패키지를 선정하지 않는다

업무 시스템은 자사에 맞는 시스템은 신중하게 선정해야 한다.

실제로 **패키지 벤더의 판매 멘트를 그대로 받아들여 ERP나 SFA**(Sales Force Automation; 영업 지원 시스템)**의 패키지를 넣어 막대한 추가 비용이 드는 회사는 많다.** 신중하게 선정하면 자사의 기능 요건에 맞는 저렴한 시스템을 찾을 수 있다.

▌업무 설계부터 업무 흐름, 업무 기능을 명확히 하여 Fit&Gap한다

패키지 시스템을 선정하려면 업무 설계부터 실현하고자 하는 업무 기능을 분명히 하고 기능에 합치하는지 어떤지 **Fit&Gap** 검증을 한다. 여러 개의 패키지 후보를 선정하고 각각 검증한다. Fit&Gap은 각 기능의 적합(Fit)한 정도, 부적합(Gap)했을 때 대응 방침 등을 명확히 정한다. 부적합한 경우의 추가 개발, 업무 대응 등의 비용과 수고를 검증한 후에 가장 적합하고 합리적인 비용으로 구매가 가능한 패키지 시스템을 선정한다.

▌자사에서 Fit&Gap하는 경우와 IT 벤더에 Fit&Gap시키는 경우

Fit&Gap은 자사에서 수행하는 경우와 패키지 벤더에게 맡기는 경우, IT 벤더에게 맡기는 경우 등이 있다. 그때에는 프레젠테이션을 통해 **패키지 기능뿐 아니라 벤더의 자질과 성실함, 리더의 인간성 등도 확인해둔다.**

생산관리시스템 도입 성공의 6단계
IT 벤더 선정

단순 작업자가 아닌 시스템 통합 능력을 따진다

▌자사만으로 개발할 수 있는 것은 드물다, IT 벤더를 선정한다

생산관리시스템과 같은 복잡한 시스템을 자사만으로 구축하는 것은 어려우므로 구축에 임해서는 외부의 시스템 개발 회사인 IT 벤더를 채용할 것이다.

IT 벤더도 업계마다 전문, 비전문이 있어서 회계에는 강하지만 생산 관리에는 약하거나 하는 특징이 있다. 패키지 역시 과거의 프로젝트 참여 여부에 따라서도 경험의 깊이에 차이가 있다.

따라서 IT 벤더는 **전문·비전문, 자질과 경험을 중시하여 선정해야 한다.**

▌제안 의뢰서 RFP를 만들고 제안을 의뢰한다

IT 벤더를 선정하는 데 있어 **RFP**(Request for Proposal; 제안 의뢰서)를 만든다. RFP에는 시스템 구축의 목적, 범위(스코프), 실현하려는 기능, 스케줄과 납기 등을 기재한다. 패키지의 사용이 정해져 있으면 그것도 알린다. 이미 구상되어 있거나 현상과 있어야 할 업무 흐름과 업무 기능 요건 일람 등이 완성되어 있으면 기타 추가 보충 정보로서 필요에 따라 배포한다.

IT 벤더에는 프로젝트를 추진하기 위한 추진 방법(어프로치) **체제, 스케줄, 금액 등을 제안 요구한다.** 통상은 여러 회사를 후보로 기밀 유지 계약을 맺고 RFP와 보충 추가 정보를 건네고 **2주간부터 1개월 정도에 걸쳐 제안서를 만들어 제출하도록 한다.**

8-8 생산관리시스템 도입 성공의 7단계
요건 정의

시스템 설계 전, 요건 정의에서 대강의 기능을 확정한다

▌프로젝트가 지연되는 원인은 요건이 불명확하기 때문

IT 프로젝트가 지연되는 가장 큰 원인은 요건이 불명확하기 때문이다.

우선 요건 정의 단계에서 요건 자체를 정하지 못하는 지연이 일어난다. 이것은 업무 측, 시스템 측 양방에서 요건을 규명하여 어딘가의 단계에서 요건을 동결하지 않으면 안 된다.

요건은 명확하고 바르게 적지 않으면 안 된다. **요건 정의 단계에서 요건이 애매하면 이후의 설계 공정, 개발 공정, 테스트 공정에서 다시 되돌아가야 하기 때문이다.** 요건 정의를 하느라 설계가 여러 번 바뀌기도 한다. 심한 경우에는 테스트 공정에 들어가고 나서야 요건이 잘못됐음을 알게 되어 요건 정의, 설계, 개발을 몇 번이나 반복하는 사태도 발생한다. 프로젝트의 상류 단계인 요건 정의가 명확하지 않은 채 진행하면 어느 단계에서 문제점이 단숨에 분출한다.

▌요건 정의는 사용자 책임이지만, 정보 시스템과 벤더가 리드하는 책임도

요건이 불명료한 것에 기인하는 문제가 일어나면 원인을 정보 시스템 부문에 추궁하는 일이 있다. 때로는 외부 벤더가 추궁받기도 한다.

본래 요건 정의는 사용자에게 그 책임이 있다. IT 벤더에게 위탁한 때도 발주한 회사에 책임이 있다. 따라서 요건을 채우고 확정하는 책임은 사용자에게 있다.

생산관리시스템 도입 성공의 8단계

설계 · 개발 · 이행 · 테스트

설계와 개발을 마치고 테스트 정의 후에는 조속히 준비한다

▌요건 정의 후의 단계는 담담히 추진한다

요건 정의가 제대로 되어 있으면 설계, 개발, 테스트 업무는 크게 지연되거나 품질이 떨어지지 않을 것이다. 물론 개발자의 경험과 자질에 의한 차이는 있겠지만, 책임자가 제대로 이끌면 상당히 안정적으로 작업을 추진할 수 있다.

▌패키지의 경우 추가 개발의 질은 설계 나름

그렇다고 해도 **패키지의 표준 기능에 없는 추가 개발 부분(애드온)의 설계와 개발은 설계자와 프로그래머의 질에도 의존한다.** 때문에 패키지라도 설계자, 프로그래머가 중요한 일을 처리하는 기술자는 신중히 선정한다.

선정된 기술자는 정당한 대우와 보상을 제대로 하여 좋은 시스템을 구축하도록 해야 한다.

▌테스트를 제대로 정의하고 이행도 조기에 준비한다

외부에서 IT 벤더를 고용할 때 또는 복수 IT 벤더가 동시에 참가하면 테스트의 정의가 달라진다. 프로그램 테스트, 시스템 테스트, 유저 테스트의 정의와 역할을 제대로 분담하여 **서로의 책임 범위를 명확히 해서 조기에 준비를 한다.**

테스트 시나리오는 누가 준비해서 리뷰하는가, 테스트용 데이터는 누가 준비하는가를 빨리 결정한다. 데이터 이행과 마스터 이행도 조기에 준비한다.

8-10 생산관리시스템 도입 성공의 9단계
컷오버와 정착화
빅뱅 또는 병행 런을 결정, 정착까지 지원과 운용 설계가 필요

▌공장의 경우 생산 일정, 공사 일정과의 조정이 필요

생산관리시스템과 공정 관리 시스템의 경우 공장에 도입해야 하기 때문에 공장의 생산 일정을 확인하고 공장 정지일에 한다. 계절에 따른 성수기가 있는 경우는 피한다. **계절성이 있는 제품의 마무리된 생산과 원료 조달 시기의 제약, 재고 조사 같은 업무 사정상 움직일 수 없는 일정은 피한다.**

공장에서는 설비 보전과 신규 설비의 도입 공사 등도 공사 일정과의 조정이 필요하다. 제조업은 생산을 멈추는 일이 없도록 컷오버 계획을 수행한다.

▌컷오버 전략을 사전에 세운다

컷오버(Cutover) 방법도 가동 리스크를 감안해서 결정한다. 한꺼번에 시스템을 전환하는 **빅뱅형**으로 할지, 서브 시스템을 포함해 **단계적으로 가동**할지, 리스크 헤지를 위해 신구 시스템 양쪽을 가동하는 **병행 런**으로 할지 컷오버 전략을 제대로 계획한다.

▌컷오버 시의 리소스 플랜, 정착까지의 리소스 플랜

컷오버 시와 정착하기까지는 업무에 부하가 생기므로 사전에 인력도 수배하지 않으면 안 된다. 예를 들면 병행 런의 경우 두 시스템을 동시에 사용하므로 공정이 두배가 된다. 사람을 외부에서 고용하면서까지 대응해야 하는 경우도 있다.

생산관리시스템 도입 성공의 관점 ①
프로젝트 매니지먼트
프로젝트 매니지먼트의 정확도를 높인다

프로젝트 매니지먼트의 프레임워크를 활용한다

프로젝트를 추진할 때는 프로젝트 매니지먼트의 프레임워크를 활용해야 한다. 자사에 프레임워크가 있다면 이를 사용하자.

만약 자사에 프로젝트 매니지먼트 프레임워크가 없으면 미국의 비영리단체 PMI가 프로젝트 매니지먼트 노하우를 체계적으로 마무리한 **PMBOK**(Project Management Body of Knowledge)을 활용하는 것도 한 방법이다. PMBOK에서는 프로젝트 프로세스와 관리(컨트롤) 대상이 정리되어 있으므로 **활용하면 관리 정확도가 높아지고 프로젝트 컨트롤 수법을 활용할 수 있다.**

단 PMBOK은 개념적인 부분도 많기 때문에 다른 프로젝트 매니지먼트 방법론을 연구하여 실무적인 관리 체계로 해야 한다. 컨설팅 회사와 IT 벤더 등도 방법론을 갖고 있기 때문에 프레임워크를 활용해서 프로젝트 매니지먼트를 고도화한다.

PMO는 사무국이 아닌 PM 서포트의 요직으로 이해한다

PMO(Project Management Office, 프로젝트 운영 지원팀)는 프로젝트의 핵심이기 때문에 전문가로 팀을 구성하고 강력한 컨트롤 권한도 부여한다.

정보시스템 부문을 강화한다

생산 관리와 같은 대규모 시스템 구축 시에는 강력한 체제가 없으면 추진력이 약해진다. 정보시스템 부문을 강화하는 것이 필수이다.

8-12

생산관리시스템 도입 성공의 관점 ②
인재 육성과 컨설턴트의 활용

생산 관리 인재 육성은 필수, 컨설턴트 채용은 사람이 엄선

▎생산 관리 인재의 고갈과 내부 육성의 긴급성

생산관리시스템 구축 시 사내의 내부 인재에 생산 관리 전문가가 없으면 원만히 돌아가지 않는다. 유감스럽게 기업 중에는 생산 활동을 '작업'이라고 착각하고 있는 사람이 있다. 생산 관리를 작업의 일환으로 여겨 눈앞의 작업 절차를 수행하고 지시·감독하기만 하는 기능이라고 생각한다. 이래서는 장기적인 자원 배분, 리스크 대응, 영업·고객 조정, 공급자 조정 등의 기능이 결여될 뿐 아니라 생산 관리 업무의 이상적인 모습 실현과 시스템 도입 추진은 불가능할 것이다.

생산 관리 인재를 육성하여 실무를 맡게 하고 생산 관리에만 갇히지 않는 넓은 시야와 타 부문과 연계 가능한 유연성을 갖게 하자.

생산관리시스템 구축의 성공 여부는 사람에 따라 좌우되므로 내부의 생산 관리 전문 인재를 육성해야 한다.

▎생산 관리 구축 시 컨설턴트 활용의 주의점

생산 관리 전문가가 없으면 컨설턴트를 고용하면 된다고 단락적으로 생각하는 사람이 있다. 그러나 컨설턴트는 사내의 깊은 실정까지는 모른다. 더욱이 외부인이 장기적으로 기업을 관리해주지도 않는다. **컨설턴트는 프레임워크와 구축 경험, 방법론, 자질을 활용하기 위한 존재**이기 때문에 전적으로 의존하지 말고 내부 인재를 지원하는 역할자 정도로 인식하자.

패키지인가? 수작업인가?의 선택

수작업은 힘들지만 패키지도 그대로 도입하는 것은 아니다

▌생산관리시스템을 일일이 수작업하는 것은 큰일

자사의 생산은 특수하고 관리도 복잡하기 때문에 일반적으로 팔리고 있는 생산 관리 패키지는 포함하지 않는다고 단언하는 기업도 있다.

나는 그렇게 생각하지 않는다. 확실히 특수한 생산 방식은 있지만 일반화할 수 있는 기능도 있다. 특수성을 주장하는 사람은 자사의 생산 관리와 제조·공정 관리에서 표준화·일반화 가능한 부분과 특수한 부분을 식별할 수 없을 뿐이다.

생산 관리에서는 계획과 소요량 계산, 지시서에 한정하면 대개의 경우 패키지 베이스의 생산관리시스템 도입이 가능하다. 거기에 소일정 계획, 작업 지시 등의 제조·공정 관리를 혼재시키거나 소요량 계산과는 별도로 작업자 교대 계획 등을 시스템에 무리하고 넣으려고 해서 무리가 발생하는 것이다.

▌생산 관리의 프레임워크화를 수행하여 패키지를 선택한다

패키지 시스템은 영역별로 기능이 제한되어 있다. 자사에서 필요한 MRP, 스케줄러, MES와 같은 고급 기능의 시스템을 수작업으로 추가하는 것은 어려운 작업이다.

이 책에서 제시한 바와 같이 생산 관리를 프레임워크화하고 기능에 적합한 패키지 시스템을 선정해서 도입하되, 적합하지 않는 'Gap' 부분은 검토 시 추가 개발(애드온)로 사람이 대응한다. **표계산 소프트웨어로 보충하는 일도 나쁘지 않다.** 한정된 스코프 업무에 적합한 패키지를 선택하여 'Gap'에 대응 도입한다.

8-14

생산관리시스템 도입 성공의 관점 ④

클라우드? 온프레미스?의 선택

생산관리시스템(ERP)은 클라우드도 OK, MES는 선택·판단이 필요

▌생산 활동을 멈추지 않는다는 명제에 대해 클라우드는 어떨까?

공장의 생산이 시스템 오류로 멈추는 일은 없어야 한다. 오류가 일어나지 않아야 하지만, 만에 하나 **오류가 일어나면 단시간에 원인을 규명하고 복구하는 것이 중요하다.** 따라서 생산에 관련된 시스템은 클라우드가 아니라 자사의 서버상에서 움직이는 온프레미스(Onpremise)가 좋을 것이다. 클라우드는 외부 서버에 시스템을 두고 외부 네트워크를 경유해서 사용하기 때문에 장애가 발생해도 원인 특정과 복구에 시간이 걸리는 일이 있다. 생산 활동을 멈추는 일은 피해야 한다. 생산 활동을 멈추지 않으려면 클라우드가 아닌 온프레미스를 채용하는 게 좋을 것이다.

▌생산관리시스템(ERP)은 클라우드의 선택도 있다

생산관리시스템과 같은 기간 시스템·ERP는 클라우드화 방향으로 가고 있다. 생산 관리 중에서도 계획과 MRP에 관련한 기능은 실시간이 아니므로 업무 사이클에 미치는 영향은 최소화할 수 있다. 또 **ERP 등의 고장 복구는 익숙해져 있기 때문에 생산관리시스템(ERP)은 클라우드를 선택해도 좋다.**

▌MES는 제조 현장의 제조 지시에 사용하기 때문에 선택이 필요

MES는 제조 지시에 해당하기 때문에 멈추면 제조가 불가능해진다. 때문에 온프레미스로 할지 클라우드로 할지 판단하기 어렵다.

ERP 등의 기간 시스템은 사용자를 위한 시스템이 아니다

시스템 도입에서 사용자의 사용 편의성, 입력의 수월함으로 지켜야 한다고 말하는 경영진이 있는데, 가능하면 그런 말은 하지 않았으면 하는 게 본심이다. **시스템은 업무를 위해 있는 것이지 사용자를 위해 있는 것은 아니다.**

업무를 표준으로 통제해서 처리를 고속화·효율화하고 업무의 종적과 데이터를 남기는 것이 시스템의 역할이다. 사용자는 시스템에 따라서 업무를 처리하고 필요하면 데이터를 인풋하는 역할을 한다.

일본에서는 시스템을 작업자 입장에서 구축하기 때문에 시스템이 작업을 통제하고 경영진에 종적과 데이터를 제공한다는 개념이 자리잡혀 있지 않다. 즉, 시스템이 작업 처리를 지원하는 존재로 간주되어 막대한 개발 비용을 투입한다.

사용자의 편의성을 어디까지 추구해야 할까

사용하기 편한 시스템이라는 것은 부정하지 않겠지만, 커서로 움직일 것인가 입력 데이터에 의해 표시 항목을 변경할 것인가. 익숙해지면 될 작업까지 일일이 시스템화한다면 끝이 없다.

내가 아는 클라이언트들은 ERP의 전표 화면은 표준으로 사용한다. 익숙해지면 문제없는 것을 해결하는 데 거액의 자금을 투자하는 일은 피해야 한다.

맺음말

▌생산 관리 업무는 복잡함을 해결하는 즐거움이 있다

생산 관리 업무를 하는 것은 정말로 뼈가 으스러질 정도로 힘들다. 공장 안팎의 조직을 전방위로 배려하면서 1년 앞의 계획, 수개월 앞의 계획, 수 주간의 계획, 내일의 계획, 지금 당장 일어나고 있는 것에 대한 대책을 세워야 하는 등 여러 시간 축에 대처해야 한다. 수량, 율, 사람, 시간, 금액 같은 단위를 바꾸어가면서 분석·판단도 해야 한다. 원인 관계도 복잡하다.

이루 다 열거하지 못할 정도의 복잡함 중에서 문제를 해결해가는 것은 대단한 작업이다. 그만큼 생산 관리라는 업무는 제조업의 중추를 맡고 있다.

이 복잡한 계(시스템)를 풀어 해결해간다는 것은 즐겁고 보람이 있는 업무이다. 그 업무를 시스테머틱하게 설계하고 시스템화하는 업무 또한 괴롭고도 즐겁다. 내가 생산 관리에 관련한 업무를 의뢰받을 때는 정말로 긴장하고 기합을 넣는다. 진심이 아니면 안 되는 업무이기 때문이다.

새삼스러운 질문이 되겠지만, 생산 관리란 어떤 업무라고 생각하는가? 나는 세간이나 학문 세계에서 통하는 정의에는 그다지 흥미는 없지만, 만약 내가 생산 관리라는 것을 굳이 정의한다면 다음과 같이 정의하겠다.

생산 관리란 합리적이고 계획적인 경영 활동이다. 그러나 그 활동은 매우 인간적이라고 생각한다.

> "생산 관리란 서플라이 체인상 여러 조직의 정보를 복수의 시간 축으로 마무리하면서 한정된 자원(리소스) 제약을 조정해서 의사를 결정하고 지시·통제를 함으로써 기업 수익의 목표 달성과 리스크 최소화를 지향하는 매니지먼트 활동이다."

▌정서적인 '제조'에서 과학적인 '생산 관리'로

생산이라는 행위가 매우 인간적인 탓인지 일본의 제조업은 '제조'라는 잘 알지 못하는 캐치프레이즈로 사람에게 부담을 가해왔다. '장인의 기술'을 존중하는 것은 이해하지만 그래서는 '공업'이 아니라 '공예'의 세계가 되고 만다.

역시 제조업이라는 산업에 속하는 우리는 과학적인 '생산 관리'를 지향해야 한다. 업무 프로세스를 표준화하고 시스템화함으로써 효율적이고 효과적인 경영과 실행 통제 '장치'를 만들지 않으면 안 된다.

그러한 의미에서 지금까지 사람에 의지해서 경쟁력을 유지해온 일본의 제조업에 시스템화에 의한 '장치화'로 경쟁력을 강화하는 데 공헌하는 것이 우리가 선배의 노력에 보상하는 방법이다.

일본은 제조업 강국이다. 이렇게 진지하게 품질을 추구하고 물건을 제조해가는 것은 일종의 재능이며 둘도 없는 자질이다. 거기에 합리적이고 과학적인 태도를 접목함으로써, 오히려 사람을 소중히 하고 환경을 지키고 영속성을 담보하는 투자가 있어야 제조업을 부활시킬 수 있다.

마지막으로 나는 많은 제조업 종사들을 보고 배우며 자랐다. 그 사람들에 대한 나의 공헌은 미미했을지 모른다. 그리고 조금이라도 보답을 해야 한다고 생각하고 이 책을 썼다. 이 책이 현재도 그리고 앞으로도 제조업에 종사하는 여러분에게 조금이라도 도움이 되기를 바란다.

2021년 3월 이시카와 카즈유키

찾아
보기

288

엔지니어가 알아야 할
생산관리시스템의 '지식'과 '기술'

2022. 4. 1. 초 판 1쇄 인쇄
2022. 4. 8. 초 판 1쇄 발행

지은이 | 이시카와 카즈유키
감 역 | 오영택
옮긴이 | 황명희
펴낸이 | 이종춘
펴낸곳 | BM ㈜도서출판 **성안당**
주소 | 04032 서울시 마포구 양화로 127 첨단빌딩 3층(출판기획 R&D 센터)
       | 10881 경기도 파주시 문발로 112 파주 출판 문화도시(제작 및 물류)
전화 | 02) 3142-0036
     | 031) 950-6300
팩스 | 031) 955-0510
등록 | 1973. 2. 1. 제406-2005-000046호
출판사 홈페이지 | **www.cyber.co.kr**
ISBN | 978-89-315-5768-8 (03320)
정가 | **19,000원**

이 책을 만든 사람들
책임 | 최옥현
진행 | 디엔터
본문·표지 디자인 | 디엔터
홍보 | 김계향, 이보람, 유미나, 서세원
국제부 | 이선민, 조혜란, 권수경
마케팅 | 구본철, 차정욱, 나진호, 이동후, 강호묵
마케팅 지원 | 장상범, 박지연
제작 | 김유석

■ **도서 A/S 안내**

성안당에서 발행하는 모든 도서는 저자와 출판사, 그리고 독자가 함께 만들어 나갑니다.
좋은 책을 펴내기 위해 많은 노력을 기울이고 있습니다. 혹시라도 내용상의 오류나 오탈자 등이 발견되면 "좋은 책은 나라의 보배"로서 우리 모두가 함께 만들어 간다는 마음으로 연락주시기 바랍니다. 수정 보완하여 더 나은 책이 되도록 최선을 다하겠습니다.
성안당은 늘 독자 여러분들의 소중한 의견을 기다리고 있습니다. 좋은 의견을 보내주시는 분께는 성안당 쇼핑몰의 포인트(3,000포인트)를 적립해 드립니다.
잘못 만들어진 책이나 부록 등이 파손된 경우에는 교환해 드립니다.